New Perspectives on Faculty Development and Staff Development

学生・職員と創る大学教育

大学を変える
FDとSDの新発想

清水　亮
橋本　勝
編著

ナカニシヤ出版

はじめに

　2008年暮れに出された中央教育審議会答申『学士課程教育の構築に向けて』では，大学教育の教育観を従来の教員中心，知識重視のものから，学生中心，ラーニングアウトカム重視のものへ転換することの必要性が強調されている。つまり，大学教育において，「教員が何を，どれだけ教えるのか」という教育から，「学生が何を学んだか，何ができるようになったか」を重視し，「学士力」（学士課程共通の「学習成果」に関する参考指針）の達成を各大学に求めている。この背景には日本の大学が大学全入時代に突入する一方，グローバル化の進展の中で学生の国際間移動あるいは国境を越えての学生獲得競争が進み，教育の質保証のために，「学士」の称号に伴う最低限の能力の保証を国内外に対して行わざるをえない状況がある。
　答申は，各大学に，学生を4年間で，いかに育成するかについての，「学位授与の方針（DP：ディプロマ・ポリシー）」「教育課程編成・実施の方針（CP：カリキュラム・ポリシー）」「入学者受入れの方針（AP：アドミッション・ポリシー）」を明確に示した。その上で，これら「3つの方針」に基づく教育を行うために，FD及びSDをさらに組織的に推進することを求めている。
　一方で2008年に義務化されたとはいえ，FDは必ずしも進んでいるわけではない。むしろ，形式的なFDが学内の自発的・主体的教育改善の動きに水をさすケースすらある。このような状況の中で，実効性のあるFDを推進するためには，FDに対する発想の転換が必要ではないだろうか。このような考え方にたって私たちは，2009年に，『学生と変える大学教育―FDを楽しむという発想』を世に問うた。学生中心の学びが重要というなら，いわば「学びの主権者」ともいうべき学生と一緒に進めるFD実践や学生の目が輝いている授業実践に光を当てることこそが重要であろう。そして理論的な整理よりも授業担当者の苦心やひらめきをできるだけ生の言葉で自然に語っていただくことによって，各大学で日々努力と試行錯誤を重ねられている人たちに何がしかのヒントを与えられるのではないかと考えたのである。
　実際，各大学には，これまでもFDという概念を意識する，しないにかかわらず，また，上述の答申が出ようと出まいと，常に学生を核に教育改善を進めてきた実践例が数多く蓄積されている。もちろんそうした実践例の多くは，教員評価や大学の組織評価のために生まれたものではない。それらは学生の知的成長を自らの課題とし，学生の目の輝きを自らの喜びとすることを第一義的に考えた結果，自然に生ま

れたものなのである。

　本書は，前作の狙いを踏襲し，学生主体型授業の意欲的実践例を展開している「仲間の輪」をさらに広げようとしたものである。加えて大学という知的協働体の中で，職員がいかに教育支援に積極的に取り組むかが学生たちの目を一層輝かせるかどうかを左右しているという考えに立ち職員の方々にも教育支援実践についての経験談を素直に語っていただいた。大学教育は教員が一方的に行うものではなく，「学生・職員と創る」ものに他ならないというのがわれわれの立場である。

　内容的には5部構成となっていて，おおまかに起承転結の形を取っている。

　まずPART 1「21世紀の大学に求められるもの」で，清水が，自らの視点からこの間の大学教育の変容・無変容ぶりを振り返り，これからの日本の大学のあるべき姿を，理論と実践ともにリードする論客である国際基督教大学の鈴木典比古学長に今の大学に必要な教育改革とは何かについて論じていただき，現在の状況とこれからの大学教育のあり方についてマクロの考察を加える。

　続いて，PART 2「学生力を伸ばす大学のプログラム」では，学生力を伸ばすプログラムを作りFDを推進している立命館大学の沖裕貴氏，愛媛大学の佐藤浩章氏，山形大学の杉原真晃氏にそれぞれの大学の取組についてご紹介いただき，学生力の向上をFD推進に結びつける大学プログラムの内容と実践に目を向ける。

　PART 3, PART 4では，学生力を学生主体型授業や学生主体型プロジェクトで学生の能力を可能な限り引き出し，伸ばそうとするさまざまな取組を取り上げている。

　PART 3「学生力を伸ばす学生主体型授業」は，学生参画授業を進めるにあたっての手法や仕組みについての紹介である。手法について，まず，共編者の橋本が，前作で概要を紹介した「橋本メソッド」の真の狙いについて語り，東京外国語大学の小山昌宏氏が「橋本メソッド」による授業は留学生に通用するかについて検討している。そして，同志社大学でのPBL型授業の教員サイドのリーダーである山田和人氏には，文学部の実践されているプロジェクト型授業，仮名手本忠臣蔵検定についてご披露してもらっている。さらに2011年度からの大学で義務化されることになったキャリア教育を，学生中心の教育実践と理念で長年進めてこられた亜細亜大学の宇佐見義尚氏に，学生と教員を変えるキャリア教育の実践という観点から詳述してもらっている。一方，仕組みについては，関西大学の長谷川伸氏が，学生と授業づくりを楽しむ「運営委員会」の作り方と運用法，北海道大学（元金沢大学）の竹本寛秋氏が，学生クルーとのe-learning教材作成について紹介する。また，大

分大学（元金沢大学）の末本哲雄氏と金沢大学の青野透氏が，前作で鈴木久男氏に紹介してもらったクリッカーの金沢大学への導入の実践の効果を振り返り，その有効性を述べている．

　PART 4「学生・職員と創る大学教育」では，現在多くの大学で展開されているプロジェクト型授業が，どのように推進されているか，プロジェクトはどのように構築され，推進されているのか，学生にどのような力をつけているのか，教員と職員の関わりを含めて紹介する．まず，立命館大学の木野茂氏に，学生とともにつくる授業，学生とともに進める FD について説明いただき，同志社大学の中原伸夫氏に，同志社大学の PBL 型授業を職員がどう支えているのかを紹介いただく．そして，立命館大学の藤岡惇氏と NPO 法人代表の仲野優子氏に，地域パワーと連携したプロジェクト型授業による学生のやる気の引き出し方について，さらに名古屋大学の高野雅夫氏に，大学院教授がリードする専門を活かした教養セミナーの発想の高大連携から大学院博士課程の学生に至る汎用性について紹介してもらっている．また大分大学の市原宏一氏，早稲田大学の尾澤重知氏からは学生からの授業提案を活用しての新規授業のデザイン法について紹介してもらっている一方，和歌山大学の吉田雅章氏に，大学の学生参画型イベントの挑戦と課題について卒直なご意見をご披露いただいている．また名古屋工業大学の山下啓司氏に「なんでも相談室」の誕生と運用の秘訣について，名城大学の神保啓子氏に教職協働の FD を進めるということについて，日本福祉大学の齊藤真左樹氏に学生とともに教職員も身につける 4 つの力について熱弁をふるってもらっている．

　PART 5「FD を変える二つの発想：学生参画と教職協働」では，岡山大学で i*See2009 の実行委員長を務めた中里祐紀氏に，「学生本音トーク」と題し，学生の本音を炸裂させてもらっている．そして清水が，学生参画による学士課程教育の再構築について総括し，締めは，今後の大学・大学教員・学生・職員のありようについて，前作で評判の高かった同志社大学の圓月勝博氏に「1Q99：学生による授業評価アンケート真理教を脱会して」という，いかにも読者をひきつける絶妙の最終章という構成になっている．

　本書は各大学で，真剣に大学の教育力と，学生のラーニングアウトカムズの向上を図り，教育の「質」の確保と向き合おうと努力している現場教員の人々への応援歌となることをめざすものである．そしてそれが FD の自律的・主体的進展という新たな展開に寄与することを企図した．本書を手にしてくださった読者諸氏が，大学教育の現在と大学 FD の現状について考え，日本の大学教育の明日，FD の今後

に思いを馳せる，何かしなくては，そして，何かできるのではと感じていただければ，編者として嬉しいかぎりである。

2012年1月

清水　亮
橋本　勝

目　次

はじめに　*i*

PART 1　◉21世紀の大学に求められるもの

01　大学は変わったのか（清水　亮）————————————*2*
　0　魚店亜紗にて　*2*
　1　はじめに　*4*
　2　大学を変えようとする力と大学を変える力　*5*
　3　個性輝く大学が，これからの主流に　*10*

02　教育改革は現場主義で行こう　空理・空論の時期は過ぎた（鈴木典比古）————*14*
　1　はじめに　*14*
　2　学士力 vs. 教育力　*14*
　3　雑木林型教育が問う教師の教育力　*18*
　4　「大学間渡り鳥」制度の可能性　*24*

PART2　◉学生力を伸ばす大学のプログラム

03　「ピア・サポート」で大学が変わる（沖　裕貴）————————*30*
　1　はじめに　*30*
　2　ピア・サポートの定義と立命館大学における位置づけ　*31*
　3　立命館大学におけるピア・サポートの発展　*33*
　4　終わりにあたって　*38*

04　FDへの学生参加の意義と課題（佐藤浩章）————————*40*
　1　はじめに　*40*
　2　愛媛大学における事例　*41*
　3　FDへの学生参加の課題　*48*
　4　おわりに　*49*

05　学生の力を「育てる」協働的FD　山形大学の挑戦（杉原真晃）————*51*
　1　はじめに　*51*
　2　山形大学版「学生・職員と創る大学教育」の特徴　*52*

3　学生主体型授業開発共有化FDプロジェクト　54
　　　4　FD学生モニター制度　54
　　　5　他大学との学生交流　56
　　　6　山形大学元気プロジェクト　58
　　　7　おわりに　60

PART 3　●学生力を伸ばす学生主体型授業

　06　対話力から主張力へ　橋本メソッドの真の狙い（橋本　勝）――――64
　　　1　はじめに　64
　　　2　橋本メソッドに関する誤解（1）：シャトルカード　65
　　　3　橋本メソッドに関する誤解（2）：グループワーク　66
　　　4　謎のピラミッド　68
　　　5　対話力から主張力へ　69
　　　6　結びに代えて　71

　07　「橋本メソッド」は留学生に通用するか？
　　　　　大学の「講義」の質を変える「橋本メソッド」の現実的展開（小山昌宏）――――72
　　　1　橋本メソッドとの出会い　72
　　　2　「橋本メソッド」導入前に　73
　　　3　橋本メソッド　導入初期：国際学生（海外留学生）との出会い　74
　　　4　橋本メソッドの新展開：議論とフォローの両輪　75
　　　5　60人規模の一般教養課程での体験　77
　　　6　今後の課題と展望：橋本メソッドの「最適化」問題　78

　08　君は何ができるようになったのか
　　　　　プロジェクト型チーム学習と初年次の導入教育（山田和人）――――80
　　　1　はじめに　80
　　　2　初年次の導入教育としての基礎演習　81
　　　3　チーム学習の注意点　83
　　　4　『忠臣蔵検定』の授業運営の流れ　85
　　　5　チーム学習支援のためのデジタル・ポートフォリオ　95
　　　6　プロジェクト型チーム学習のための学びの空間　100
　　　7　むすび　103

目次 vii

09 キャリア教育で変わる学生と教員
　　　学生中心の教育実践と理念　（宇佐見義尚）――――――――105
- 1　手元に残る情熱の残骸　*105*
- 2　「人生と進路選択」科目で，学生と一緒に創る授業に挑戦　*107*
- 3　学生と一緒に創る授業は学生中心の教育によって実現し，キャリア教育はそのための教育理念を熟成させる　*114*

10 「授業運営委員会」のススメ
　　　学生たちと授業づくりを楽しむ居場所　（長谷川　伸）――――――――117
- 1　「乗っとられた」会議　*117*
- 2　「教員のお悩み相談室」として運営委員会を発足させる　*118*
- 3　コミュニケーションツールとしてのラベルと振り返り会議　*120*
- 4　教員の相談相手になることで運営委員会は自信と自己肯定感，当事者意識を高める　*121*
- 5　「教員のお悩み相談室」から授業の開発部隊へ　*122*
- 6　授業の開発部隊から授業運営部隊へ：一つの授業を運営委員会に丸ごと任せる　*125*
- 7　なぜ授業を運営委員会方式，学生参画型にしたのか　*127*
- 8　授業が終わっても運営委員会は終わらない？　学生FD活動への接続　*128*

11 学生クルーと創るe-Learning教材　（竹本寛秋）――――――――130
- 1　はじめに　*130*
- 2　ICT教材作成における問題　*131*
- 3　「学生クルー」を巻き込んだeラーニング教材作成　*133*
- 4　「学生クルー」の意味　*135*
- 5　「つなぐ」教員の存在　*136*
- 6　学生・教員の共同作業としての教材作りに向けて　*137*

12 学生と教員を結ぶクリッカー　（末本哲雄・青野　透）――――――――140
- 1　はじめに　*140*
- 2　金沢大学での導入　*141*
- 3　クリッカー活用の目的と設問パターン　*145*
- 4　学生のためのクリッカー　*149*
- 5　クリッカーから始まる授業内容改善　*151*
- 6　おわりに　*153*

PART 4 ●学生・職員と創る大学教育

13 学生とともに作る授業，学生とともに進める FD （木野　茂）――156
1　はじめに　*156*
2　原型は自主講座　*156*
3　アメリカで始まった大学授業のパラダイム転換　*158*
4　自主講座から双方向型授業へ　*159*
5　学生とともに進める FD へ　*162*
6　学生 FD サミットの開催へ　*164*

14 プロジェクト科目とは何か？　PBL 授業の支え方　（中原伸夫）――167
1　無限の可能性を秘めた，進化し続ける科目：学びの原点を考える　*167*
2　変容する職員の支援：教職協働への挑戦と限界　*168*
3　なぜ，プロジェクトで学生は成長するのか：求められる職員の支援とは？　*170*
4　学びを最大にするために　*173*
5　今後の職員による教員支援のあり方：全ては教育・研究のために　*174*

15 学生のやる気を引き出す地域連携　「持続可能な共生型社会」をめざす提言づくりの経験
（藤岡　惇・仲野優子）――176
1　はじめに　*176*
2　初回の講義：科目の意義と目標の共有　*177*
3　10 月：基礎理論を身につけ，到達点を伝承する時期　*178*
4　FW・VW 受け入れ団体との「お見合い」　*179*
5　10 月〜11 月：最初の学外活動を行い，問題発見レポートを書く　*179*
6　12 月：2 回目の学外活動を行い，FW・VW レポートを完成させる　*180*
7　1 月：最終レポートを完成させる時期　*181*
8　学外活動とレポートづくりに役立つゲスト講師を招いた　*181*
9　おわりに　*182*

16 地域づくりの現場で熱い思いにふれる授業
持続可能な地域づくり実践セミナー　（高野雅夫）――184
1　はじめに　*184*
2　授業の展開　*185*
3　学生たちは何を学んだか　*189*
4　おわりに　*190*

17　学生からの授業提案　評価と新規授業のデザイン　(市原宏一・尾澤重知) ── 193
　　1　「居酒屋のような授業」　193
　　2　「学生の声」をいかに共有するか　194
　　3　「学生の声」を共有する場としての学生教職員共同フォーラムの実施　195
　　4　学生教職員共同フォーラムの実施の課題と参加者からの評価　197
　　5　学生の授業提案の声にいかに応えるか　200
　　6　「居酒屋のような授業」を超えて　202

18　あったらいいな！こんな授業
　　　　学生参画型イベントへの挑戦と課題　(吉田雅章) ──────────── 203
　　1　はじめに　203
　　2　2006年の学生参画型イベント開催　204
　　3　2007年の第2回学生参画型イベントの開催　207
　　4　2008年の試みと課題：なぜうまくいかなかったのか？　210

19　学生と協働する　学習相談とピア・サポート　(山下啓司) ──────── 214
　　1　はじめに　214
　　2　学生支援の中の学生相談　215
　　3　学生による学生支援　219
　　4　ピアサポートによる教育改革　223

20　教職協働によるFDの場づくり　(神保啓子) ────────────── 226
　　1　はじめに　226
　　2　教職協働によるFDの場づくりへ　226
　　3　名城大学のFD活動の特徴　227
　　4　教職協働におけるFDの実践例　230
　　5　おわりに　232

21　学生とともに教職員も身につける4つの力
　　　　日本福祉大学スタンダード　(齋藤真左樹) ────────────── 234
　　1　はじめに　234
　　2　日本福祉大学の特徴　235
　　3　ブレンデッド学習による学生中心の教育改革：2007年現代のGPの取組から　236
　　4　福祉大学スタンダードきょうゆうプログラム：09年度GPの取組から　242
　　5　新たな専門職人材としての職員　245
　　6　まとめにかえて　247

PART 5 ●FDを変える2つの発想：学生参画と教職協働

22 学生本音トーク i*See をふりかえって
（語り手：中里祐紀，聞き手：清水　亮）——————250
- 1　FD に携わるまで　*250*
- 2　どのようにイベントを推進していったか　*251*
- 3　お祭りで終わらないためには？　*253*
- 4　イベントを継続していくには　*254*
- 5　成果の学内・学外へのフィードバック　*256*
- 6　イベントの連携性と大学教育へのフィードバックの理想と現実　*259*
- 7　学生参画型・学生主体型 FD の昨日・今日・明日
　：次世代の学生参画型・学生主体型 FD を担う教職員・学生諸君への想い　*263*

23 学生参画による学士課程教育の再構築（清水　亮）——————268
- 1　はじめに　*268*
- 2　「大学の実力」調査から見えてくるもの　*269*
- 3　学生主体型授業とその実践　*271*
- 4　大学全入時代における学生主体型授業活用の行方　*277*
- 5　むすび：高等普通教育の時代　*280*

24 1Q99 学生による授業評価真理教を脱会して　（圓月勝博）——————284
- 1　FD 元年パラレル・ワールド 1Q99　*284*
- 2　学生による授業評価真理教の登場　*285*
- 3　学生の声は神の声か　*286*
- 4　学生像に関する３つの偶像破壊的断章　*287*
- 5　学生の声に教員は何を学ぶべきなのか　*289*
- 6　学生の声は人間の声である　*291*

むすびにかえて　*293*

PART 1
◉21世紀の大学に求められるもの

01 大学は変わったのか

清水　亮

0 魚店亜紗にて

Ⓢ：初めて英語プレゼンテーションセミナーの参加者として、メディア教育センターで先生にお目にかかってから、もう13年以上になりますよね。こちらにはお馴れになりましたか？　今日は押しかけてしまってすみません。

Ⓨ：いえいえ、今日はわざわざ来ていただいて恐縮です。ところで話って何でしょうか？

Ⓢ：先生は、まだファカルティ・ディベロップメント（Faculty Development：以下、FD）という言葉が、大学で強調される前から、メディア教育開発センターでFDの研究に関わっていらっしゃって、留学を終えて、今また別の場所でFDの研究・推進の仕事を始められたわけです。メディア教育開発センターにいらっしゃった頃と比べて、大学でFDは広く定着してきているとお考えですか？

Ⓨ：義務化までされたわけだから、以前とは違う。つまり、あの大学では、やっているけど、あちらの大学ではやってはいないということは、かたちの上ではなくなったでしょうね。今の大学もそうだけど、大学でセンターや機構を立ち上げて推進しているところも多いし……。

Ⓢ：おっしゃるとおり義務化以降、どこの大学でもFDをすることになったわけです。だけど、私は非常に温度差があるように感じることが多くて、本当に浸透しているのだろうかと思うことも多いのでお伺いしているのですが。

Ⓨ：ん？　どういう時にそう感じるの？　具体的に教えていただけますか？

Ⓢ：3つあります。1つは、さまざまなFDフォーラムで、シンポジウムや私立大学連盟のFD推進会議などに参加し、いろいろな大学の先生とグループで

話す機会があったりする時。そして，学会での発表者を見て，大学教育学会などで発表する人は，だいたい同じと感じる時。最後に，幾人かライジングスターと称される先生方が出てきてはいるものの，だいたい FD のフォーラムや講演会で基調講演やパネリストとして登壇されるのは，お定まりの方が多いと感じる時。

Y：確かにそうかもね。幾人かの先生方が，定着している感じは確かにあるよね。また，センターや機構をもっている大学や組織がしっかり推進しているところの先生方と，かたちだけ授業評価アンケートはやってますという大学の中で，個人でがんばっている先生の間に温度差が出ても当然だよね。

S：そんな状況でグローバル化とユニバーサル化の波の中，全入時代に突入して，教育力の向上が急務の日本の大学の FD は大丈夫でしょうか？

Y：お互い学部で専攻だった国際政治の南北問題じゃないけど，二分化するだろうね。つまり先進国および BRICS にあたると考えられる大学と，後進国にあたる大学とに。前者のグループの大学は，トップ・教員・職員・学生の利益が一致していて，大学間の競争をテコにますます FD が進んでいくだろう。それに対し，後者のグループの大学では，往々にして，トップ・教員・職員・学生の利益が一致しないうえに，同じグループの大学間で足の引っ張り合いが始まって，大学間で連携して FD を推進して教育力を上げてがんばろうなんて雰囲気はなくなるだろうからね。

ある先生がここにいらしたら，ステークホルダーの学生が一番の犠牲者だと言われるだろうね。そうそう言い忘れるところだった，前者のグループの大学には，僕が今念頭においている先生のようなカリスマがいるだけでなく，FD の明日を担うライジングスターを確保したり育成しているから，結局，格差は広がるばかりでしょう？　新聞や雑誌が取り上げるのは，輝いている所ばかり。これは多少うがった見方をすれば新聞や雑誌が，前者のグループの大学の広報としても機能するから，広告をとりやすくなるというかたちで利益が一致してるんだよね。だから『これが，東大の授業ですか。』(佐藤，2004) みたいに暗の部分を見せて，後者のグループの大学に喝を入れないと，日本の大学は本当の意味で変わらないんだけどね。

1 はじめに

1-1 決断を迫られる大学

　大学全入時代を迎えた日本の大学は，大学のグローバル化とユニバーサル化のそれぞれに対し，どのように向き合っていくかの決断を迫られている。文部科学省もGP（Good Practice）などの競争資金の提供を軸に，大学の自助努力を支援してきたように思われる。同時に，2007年には大学院で，2008年には大学でFDを義務化し，グローバル化，ユニバーサル化に対応するには，研究中心の大学であれ，教育中心の大学であれ，ステークホルダーの学生に対する教育力の向上が不可欠であることを強調し，大学の教育現場の改善の必要性を示唆している。そんな中，2008年12月に，中央教育審議会は『学士課程教育の構築に向けて』の答申で，これからの大学教育では，「学生が何を学び，何ができるようになったのか」が中心に考えられるべきで，大学教育においてラーニングアウトカムズが重要視されるべきであると指摘した（文部科学省，2008）。

　日本の大学はどこに行くのか？　日本の大学は変わることができるのか？　このような問いを発しながら，中央公論が毎年2月号で，大学をテーマにした特集を組むようになって久しいし，2009年9月には，週刊東洋経済と週刊ダイヤモンドが次々と「大学」の特集を組んだ。2011年も週刊東洋経済が10月22日号で，週刊ダイヤモンドは12月10日号で特集を組んだ。このことは，朝日新聞社の『大学ランキング』編集部，読売新聞の『大学の実力』編集部はもちろん，産業界・経済界としても人材を輩出する日本の大学の行く末に関心をもたざるを得ない状況が到来しつつあることの現れのように思われる。一方，日本の大学の関係者の間で，文部科学省や中教審，経済界が示唆する危機感が共有されているかと問われると，共有されていると即答できる人はいったいどれくらいいるのだろうか。

1-2 なぜFDフォーラムは盛況なのか

　毎年2月，3月の年度末になると，大学コンソーシアム京都主催のFDフォーラムを中心に，全国各地の大学教育開発センターがGPの報告会やFDフォーラムを開催し，FDというコンテクストの中で自分たちの存在をアピールする。2010年は3月6日から3月19日までの14日間中，少なくとも7日間FDのフォーラムが全国のどこかで開催されていた。大学コンソーシアム京都のFDフォーラムは，コンソーシアム加盟大学と非加盟大学を合わせて，ここ数年，全国から1000人を越える参加者を集め，京都大学高等教育研究開発推進センター主催の大学研究フォーラ

ムは，700名ほどの参加者を集めている。

　年度末にそれだけ多くの大学関係者が全国から集まりフォーラムに参加する現状は何を意味しているのだろうか？　何をすれば自らの大学がよくなるかがわかっている大学関係者は，フォーラムに参加するよりも自らの大学の教育改革に時間を費やしているはずである。だとすれば，参加者の多くは，わらにもすがる思いで，フォーラムに参加し，何か自らの大学の教育改革のヒントになるものはないかと参加しているのではないだろうか。参加しているのは，大学は変わらなくてはいけないと気づきつつも，しかしどう変わらなければならないのかを暗中模索している大学関係者が大半ではないのだろうか。一方，毎年さまざまな場所で開催されるフォーラムでの講演者やパネリストの顔ぶれが定まりつつある状況は，変わりつつある大学といまだ変われずにいる大学が存在している状況を如実に示しているのではないか。

2 大学を変えようとする力と大学を変える力

■ 2-1　国立大学独立法人化の動き

　大学全入時代の中，日本の大学が，グローバル化とユニバーサル化に対応し，研究・教育のさらなる充実をはかり，ステークホルダーの学生のラーニングアウトカムズを向上させるには，大学は変わらなければならない。しかし，先述のように現状は，変わりつつある大学と変われないでいる大学が混在している。しかし700を越える全国の大学の中に，多くの大学が変われないでいるというこの現状を変えようとする力は確かに存在している。

　その力はまず，国立大学の独立法人化の推進というかたちで現れた。しかし，独法化の動きは，どちらかといえば，行政改革・財政改革の動きの中で，規制緩和と役人減らしの波が大きく寄与していると考えられ，内発的なものであったとはただちに考えられない。こうして内側から変わろうとする動きを待つことなく強行されたと考えられる法人化には，『2006年版　大学ランキング』(2005)の「国立大学の法人化が日本の大学全体にとってプラスになると思いますか」の質問に，39.4%（168大学）学長の学長が，「プラスになる」，10.1%（43大学）の学長が「プラスにならない」，48.9%（209大学）の学長が「どちらともいえない」，1.6%（7大学）が「わからない」と回答している（表1-1）。独立法人化後の2007年10月から12月に行われた『2009年版　大学ランキング』(2008)の調査で，国公立大学学長への「法人化以降，大学はどう変わりましたか」の質問に，71.0%の学長が「よくなった」，6.5%の学長が「悪

表1-1 『2006年版 大学ランキング』の調査結果より

国立大学の法人化が日本の大学全体にとってプラスになると思いますか？		
「プラスになる」	168大学	39.4%
「プラスにならない」	43大学	10.1%
「どちらともいえない」	209大学	48.9%
「わからない」	7大学	1.6%

表1-2 『2009年版 大学ランキング』の調査結果より

「法人化以降，大学はどう変わりましたか」●国公立大学学長回答	
「よくなった」	71.0%
「悪くなった」	6.5%
「変わらない」	6.5%
「わからない」	12.9%
「良くなった・悪くなった両方」	3.2%

「国公立大学の法人化をどう見ていますか」●私立大学学長回答	
「危機感を持っている」	71.3%
「気にならない」	23.2%
「わからない」	5.5%

くなった」，6.5%が「変わらない」，12.9%が「わからない」，3.2%が「良くなった・悪くなった両方」としている。一方，私立大学の学長は，「国公立大学の学長は，「国公立大学の法人化をどう見ていますか」の問いに，71.3%の学長が，「危機感を持っている」，23.2%が「気にならない」，5.5%が「わからない」と答えている（表1-2）。文部科学省の決断は，従来護送船団方式で運営されてきた国立大学を解放し，国立大学法人の大学が独自の目標を掲げながら，同じ国立大学法人の大学をはじめ，他の公立，私立大学と競争の中で，それぞれの大学が，個性を明確にしながら，自助努力で教育・研究の向上に邁進(まいしん)することで，日本の大学教育全体のレベルアップにつながることを意図した結果によるものではないのだろうか？

　国立大学の独立法人化で，国立大学の統廃合が進むのではという憶測がある一方で，2009年以降，学生の募集停止を発表する私立大学が後を絶たない。大学全入時代を迎え，大学の大多数を占める私立大学で，明らかにサバイバルゲームが始まりつつある。『2006年版　大学ランキング』の「国立大学の法人化が日本の大学にプラスとなると思いますか」の回答と，『2009年版　大学ランキング』の「学長は法人化をどう考える」の回答をどう見ればよいのだろう。2009年版で「法人化以降，大学はどう変わりましたか」の問いに，国公立大学の71%の学長が「良く

なった」とした回答は,『2006年版　大学ランキング』の調査に「プラスになる」と答えた回答した39.4％の国公私立大学の学長に，それ以外の回答をしていた国公立大学の学長が「プラスになる」と認識した結果なのだろうか？　学長レベルではなく，現場に目を向けると，法人化の教育への影響について，全国国立大学から無作為に選んだ自然科学系の教員千人対象のアンケートに回答した183人の教員の16％が「悪い」，35％が「どちらかといえば悪い」とし,「どちらかといえば良い」と答えた11％と「良い」とした3％を大きく上回っている。さらに，2009年版の私立大学の学長への「国公立大学の法人化をどう見ていますか」の問いに，71.3％の私立大学の学長が「危機感を持っている」と答えているが，多くは，学生確保に不安を抱える私立大学の学長ではないだろうか。つまり独立法人化で，国立大学という一枚岩が消えたことを，勝機と捉えた私立大学の学長は法人化が日本の大学全体にとって「プラスになる」と回答し，現状を勝機と捉えることなどできない学長は「どちらとも言えない」と回答したと考えることができるのではないだろうか。

■ 2-2　学士課程教育のパラダイム・シフトの必要条件

現在の日本の大学は，グローバル化（国際的な大学間競争・市場メカニズム）とユニバーサル化（50％を越える大学進学率と18歳人口の減少）の中で，知的基盤社会・サステイナブル社会の構築に貢献できる高度で安定した人材育成のニーズに応えることが求められている。中教審のラーニングアウトカムズ重視への大学教育の転換と大学の教育の質保証に関する答申は，大学を取り巻く環境の変化の中で，大学が社会的責任を果たすのに，今何が求められているかを明示しているにすぎない。その実現のため，日本の大学では，学士課程教育のパラダイム・シフト（表1-3）が求められている。

これらのパラダイム・シフトの実現は，知の協働体の大学を構成する学生，教員，職員，経営陣の4者の教育・学習意欲によって大きく左右される。慶應義塾大学の

表1-3　学士課程教育のパラダイムシフト

①「教育パラダイム」から「学習パラダイム」へ
②「教員の視点に立った教育」から「学生の視点に立った教育」へ
③「何を教えるか」より「何ができるようになるか」へ
④「授業内容や教育方法の改善」から「学習の質が向上したか，学習成果があがっているか」へ

表 1-4　学生・経営陣・教員 3 者の意欲の高低による学習・教育状況の 8 類型（井下，2009 を改変）

	学生学習意欲	経営者教育意欲	教員教育意欲	特徴
① 1H 型	高い	高い	高い	高い学習状況
●将来像と課題：モデル校化と持続する発展戦略の存在が重要				
② 1L 型	高い	高い	低い	教えない教員
●将来像と課題：教員採用人事と意欲の活性化が課題				
③ 2H 型	低い	高い	高い	学生だけが燃えず
●将来像と課題：指導効果の顕在化待ち				
④ 2L 型	低い	高い	低い	経営者のみやる気あり
●将来像と展望：経営手腕の真価が問われ分岐点に立つ				
⑤ 3H 型	高い	低い	高い	学生・教員は燃える集団
●将来像と展望：経営陣の交代で改善速度が高まり再生へ				
⑥ 3L 型	高い	低い	低い	学生だけがやる気あり
●将来像と展望：学生から見放されるのは時間の問題				
⑦ 4H 型	低い	低い	高い	教員だけがやる気あり
●将来像と展望：教員の疲弊深刻化で燃え尽き症候群増加				
⑧ 4L 型	低い	低い	低い	3 者ともやる気なし
●将来像と展望：自然衰退・閉鎖・廃校へ				

　井下理は，「『学習させる大学』と教員の役割」の中で，学生・経営陣の意欲の高低による 4 類型，教員からみた教育状況の類型化，学生，教員，経営陣 3 者の意欲の高低による学習・教育状況の 8 類型を提示している（井下，2009）。

　井下は，学生の大学における学習は，教室の物理的環境や施設・設備などのハード面だけでなくソフト面，たとえば「学生数対専任教員の比率」など人的環境によって規定されるとし，これらの環境の整備は，「大学経営陣がどこまで真に学生のことを大切に思い，教育活動に熱心か，学生の成長と発達に関心を向け，細かな

注意を払うかで決まる」と指摘している。学生の学習意欲の高低と経営陣の教育意欲の高低で4類型を提示し，この4類型から現出する教育状況を状況1から状況4として類型化している。そして，最後に，状況1から状況4に直面する教員の教育意欲の高低により，学習・教育状況を8つに分類している（表1-4）。

　学習・教育状況の8類型は，モデルとしてある程度の説明能力が期待できる。しかし，学生，教員，経営陣の学習意欲や教育意欲を全体として高い，低いと捉えることから，学生に関していえば，東京大学の金子元久（2007）が『大学の教育力』で示している学生の4類型（表1-5）の中で，高同調型，受容型が大半を占める上位大学・中堅大学と疎外型が大半を占める下位大学には，比較的あてはまりやすいと考えられるが，金子の4類型の学生が多くの場合混在している中位大学では残念ながらあまりあてはまるとは考えられない。しかしながら，大学全入時代に突入した今，サバイバルのために変わることが求められているのが，中位大学なのである。

　大学における学生の学習意欲を一律に高低で必ずしも二分化することができない以上に，教員の教育意欲を一律に二分化するのは難しい。経営陣に関しても，たとえば同じ学校法人で，本部の大学の他に，系列の大学がある場合，どれだけ系列の大学の学生に教育意欲をもつことができるかは，それぞれを代表する理事の数により大きく左右されるはずである。

　とはいえ，井下の8類型のうち，1H型，1L型に入る大学は，グローバル化，ユニバーサル化の中で，内部に大学を変える力を有し，学士課程のパラダイム・シフトを達成していけるはずである。2H型の大学では，経営者と教員の教育意欲の高さを，本書のさまざまな章で取り上げられている学生主体型授業や学生主体型プロジェクト科目を導入し，大学を活かして「学習させる大学」に変え，学生の学習

表1-5　学生の4類型（金子，2007）

①高同調型	自分について自信を持ち，将来の展望が明確で，大学教育側の意図と学生の将来の展望が一致している
②限定同調型	学生の自己・社会意識の確立度は高いが，そこから生じる「かまえ」と大学教育の意図が必ずしも一致していない
③受容型	自己認識や将来への展望は必ずしも明らかでなく，大学教育が目指すものが自分にとってどのような意味を持つかは不明確であるが，不明確であるからこそ，とりあえず大学教育に期待し，その要求に進んで従おうとする
④疎外型	自己・社会認識が未確立で，大学教育の意図との適合度も低い，したがって授業に興味が持てない

意欲を向上させていくことが可能である。2L型の大学の変革は経営陣の力量に頼るしかない。3H型の大学は，高い学生の学習意欲と高い教員の教育意欲の相乗効果で，一番化けた大学として注目を集めることになるはずである。3L型の大学は，学生の学習意欲の高さが，低い教員，経営陣の教育意欲に火をつけることができれば変わることができるが，教育意欲が低い経営陣が大学をなぜ開学し続けるのかについて理解に苦しむだろう。4H型，4L型の大学の教員からみた大学の状況は，学生も学習意欲がなく，経営層も教育への関心は低いままである。このような大学では，大学のステークホルダーは学生だなどと正論を語ることほど無駄なことはなく，自らの教育意欲を別の場所でいかすことを優先し，変われない大学から，その大学が燃え尽きる前に，教員自らが変わり離別することこそ重要なのかもしれない。

3 個性輝く大学が，これからの主流に

3-1 大学のソフトパワー

　アメリカのハーバード大学のジョセフ・ナイ（1990）は，これからの国際政治をリードする国は，従来の軍事力の強い国（彼がハードパワーと呼ぶ国）ではなく，世界の相互依存状況の中で，経済力や交渉力などの力をもち世界をリードできる国（彼がソフトパワー，ワイズパワーと呼ぶ国）であると，『不滅の大国アメリカ』の中で述べ，アメリカは，21世紀も世界から優秀な人材を魅了し，世界をリードすると主張している。この議論を大学に適用するなら日本の大学のこれからをリードする大学も，大学に求められるソフトパワー，学士課程教育のパラダイム・シフトに対応できる人的環境そして大学および学生の教育ニーズに合った教育環境を整備できる大学のはずである。大学は進化し，個性を輝かせられる大学へと変わらなければならない。

　本書で紹介されているさまざまな実践例は，これからの日本の大学教育を考える全ての大学関係者に参考になるものと私は信じている。大学のソフトパワーの推進には，養成しようとする人材像（DP），DPを保証する体系性と整合性が担保されたカリキュラム・ポリシー（CP），DPに沿った学生募集の方針と入学者選抜の方法（AP）を確立し，DPとCPを明確化しながら，知の協働体としての大学の学生をはじめとするステークホルダーが，学習成果を可視化できるシステムの構築が不可欠のはずである。

■ 3-2 大学全体が We の発想で目標を達成すること

　日本私立大学連盟発行の大学時報の 2010 年 7 月号の特集は，「今，個性輝くこの大学」だった。皇學館大學，聖学院大学，豊田工業大学，西武文理大学，神戸女学院大学の 5 大学の取組が紹介されている（私立大学連盟，2010）。論文の行間から，私立大学連盟の危機感と，加盟大学 123 大学への思いを垣間見ることができる。今回の特集「今，個性輝くこの大学」に取組を紹介されている 2 つの大学の論稿から，「これまでのところ，定員割れを起こしていない」大学，「三大都市圏外にある大学」というキーワードが浮かび上がってくる。これらの大学は，立命館大学が代表幹事校で中規模大学（学生数 8,000 人程度）を対象にした全国私立大学 FD 連携フォーラムには今のところ参加できない大学である。これらの大学のようにキラリと光ることのできる小規模私立大学の生き残りには，大学が置かれている現状に真摯に向き合い，大学の構成員である経営陣，教員，職員（井下の類型には登場しない）が，学生の教育意欲，学習意欲をどうすれば高められ，大学全体が We の発想で大学の目標達成に向けて一つになれるかが鍵になることはいうまでもない。

　東京大学名誉教授で FD の大先達の寺﨑昌男が提唱する自校教育は，大学のステークホルダーの気持ちを一体化するために，とりわけ私立大学で不可欠である。同時に，大学職員の大学教育のあり方への参画も欠かせないものである。NHK の 2010 年の大河ドラマ「龍馬伝」で描かれた土佐藩のように，役人（職員）が，大学経営陣，トップ，大学の主流の教員（上士）のメッセージを，下士の教員に伝えるだけ，職員が上士の教員の虎の威を借り，下士の教員へのペーパープッシャーの役割しか果たせない大学に将来はない。

■ 3-3 気概をもって，次世代の日本を担う人材の養成に力を注ぐ

　私の恩師で，アメリカの大学でアクティブラーニングの手法をいち早く導入し，ハーバード大学で開催されていた Pew 財団主催のケーススタディを国際関係論の授業で活用する有名なワークショップの主任講師を長年務め，アメリカの南カリフォルニア大学のカレッジの Dean（学部長）を務めたスティーブン・ラミーの言葉を借りれば，「最大限教育力の向上に努めても，経営陣・トップの理解が得られないならば，Exit」する気概が，日本の大学の教職員に今求められていると言っても過言ではない。気概をもって，次世代の日本を担う人材の養成に力を注ぐことが，日本の大学教育の発展に必ず寄与するはずである。

　井下の 8 類型は，理念型として，それぞれの大学の立ち位置を理解する海図とし

て価値のあるものであるが，京都大学の溝上慎一（2009）の学生像タイプ3：ハイパフォーマーの類型化同様，定点観測のスナップショットに終わってしまっている感をぬぐえない。4L型の大学は論外としても，どうしたら4H型の大学は3Hに変わることができるのか，ローパフォーマーを，ハイパフォーマーに変えることができるか。日本の大学を取り巻く環境は，厳しさを増している。ステークホルダーの学生にプロセスを示し，それを実現させることができる大学が増え，日本の大学教育が活性化することを今は期待したい。

【注】
1) 『2006年版　大学ランキング』の調査は，2004年10月に全国の国公私立大学693校の学長にアンケートを送付し，12月上旬までに回答のあった427の学長のデータに基づいている。
2) 『2009年版　大学ランキング』の調査は，2007年10月に全国の国公私立大学718校の学長にアンケートを送付し，12月上旬までに回答のあった381の学長のデータに基づいている。
3) 回答数の39.4%の「プラスになる」と回答した168大学の国公立大学と私立大学の内訳が公表されていないので，2009年版のデータとの比較は難しいものの，39.4%から71%へのアップの理由は必ずしも明確ではない。2009年版の調査で，国公立大学の学長への「学長は法人化をこう考える：学長の権限は？」で，80.2%の学長が，「強まった」と回答していることと関係があるとすれば，学長の自由裁量が増し，「良くなった」ということなのだろうか。

【引用・参考文献】
朝日新聞社（2005）．2006年版大学ランキング，2005年4月30日
朝日新聞社（2008）．大学ランキング，2008年5月1日
朝日新聞社（2009）．「教育に悪影響」過半数　国立大学法人化，教員アンケート　2009年7月6日，朝刊25面
井下　理（2009）．「学習させる」大学と教員の役割　IDE—現代の高等教育　**515**，2009年11月号，31-38.
金子元久（2007）．大学教育の射程と学生，大学の教育力—何を教え，学ぶか　筑摩書房
週刊ダイヤモンド（2010）．特集　壊れる大学　2010年9月18日号
週刊東洋経済（2010）．COVER STORY 改革加速こそ生き残る道　本当に強い大学2010　2010年10月16日号
私立大学連盟（2010）．大学時報，**333**，2010年7月号
ナイ，J.［著］（1990）．久保伸太郎［訳］不滅の大国アメリカ　読売新聞社
溝上慎一（2009）．「大学生活の過ごし方」から見た学生の学びと成長の検討—正課，正

課外のバランスのとれた活動が高い成長を示す，京都大学高等教育研究，**15**, 107-118.
文部科学省（2008）．『学士課程教育の構築に向けて』答申

02 教育改革は現場主義で行こう
空理・空論の時期は過ぎた

鈴木典比古

1 はじめに

　現在，日本の高等教育は，その質の維持・向上をめぐって国内・国外双方の環境変化に直面し方向転換を迫られつつある。たとえばグローバルな規模で各国高等教育の「質の保証」への要請が強まっており，日本の高等教育もその渦中に入りつつある。他方，90年代初頭の大綱化以来，大学教育の質の維持が不透明になっていることに鑑み，その見直しの必要性が強く意識されるようになっている。

　これらの状況描写はいわばマクロ的なものだが，個別の大学に次元を落とせば，それぞれの大学がのっぴきならない状況に囲まれていることは言を俟たない。しかし，重い腰を上げて，実際に改革を実行に移す意思と実行力が欠如している。このことが問題である場合がほとんどであろう。

2 学士力 vs. 教育力

■ 2-1 中教審『学士課程教育の構築に向けて』(答申) の意味するもの

　2008年12月24日に中央教育審議会大学分科会制度・教育部会は21世紀の日本の高等教育のあり方に関する基本的考えをまとめた『学士課程教育の構築に向けて』(答申) を公表した。この答申の骨子は，グローバル化する知識基盤社会の進展のなかでOECDやEUなどが唱える世界の高等教育の標準化への動きに合わせて日本も国際的に通用する高等教育の質の保証と向上を図らなければならないという国際的次元での要請と，国内的にも大学全入・ユニバーサル化が進むなかで，大学教育の質保証は社会的な責任であり，この責任を満たさなければならないという国内的課題を提示しているところにある。そしてこの答申は，日本の「21世紀型

「市民」の育成のために，この国際的・国内的両課題を同時に満足させ，大学生が4年間の勉学を修了するまでに身につけておくべき「学士力」の水準を「学習成果（Learning Outcomes）」として明示することを謳っている。

　この答申は明治初期の近世教育制度確立以来，戦前・戦後を通じて140年に及ぶ大学教育の特徴であった「専門学部制による専門教育」に代わって，今後は「学士力」を育むための「学士課程教育」が日本の高等教育の基本枠組みとなるという方向の大転換を意味している。グローバル化する知識基盤社会の進展は今後ほとんど不可逆的であることを考えると，それと同じ方向を模索する日本の高等教育のあり方としての「学士教育課程」への移行もほとんど不可逆的であると想定してもよかろう。

■ 2-2 「学士力」を構成する4つの能力

答申では学士教育課程についての3つの方針の確立を重視している。

---
①学位授与　　　（Diploma Policy）
②教育課程　　　（Curriculum Policy）
③入学者選抜　　（Admission Policy）

である。4年間の在学中に学生が到達すべき「学習成果（Learning Outcomes）」を保証するという観点からすると，この学習成果は，②教育課程において達成されるべきものであるから，②教育課程こそ答申の中心的部分である。答申は「学士課程教育」において身につけるべき「学士力」とは以下のような4種の能力もち，「学士力」はその総合として各学生の中に体化されていることが期待されている。すなわち，

---
①知識・理解　　１多文化・異文化に関する知識の理解，
　　　　　　　　２人類の文化，社会と自然に関する知識の理解
②汎用的技能　　１コミュニケーション・スキル，２数量的スキル，
　　　　　　　　３情報リテラシー，４論理的思考力，５問題解決力
③態度・志向性　１自己管理力，２チームワーク，リーダーシップ，３倫理性，
　　　　　　　　４市民としての社会的責任，５生涯学習力
④総合的な学習経験と創造的思考力

学生は専攻分野の違いを超えて共通の「学士力」として①から④までの諸能力を具備していることが要請される。しかし，従来の専門学部制下での「専門教育」では，上記の①から④までの諸能力のうち学生が習得を期待されたのは，主として①知識・理解と②汎用的技能の範囲に限られていたといってよいであろう。ところが答申では，③態度・志向性や④総合的な学習経験と創造的思考力，を涵養することが加わったのである。かくして，この答申が期待する「学士力」はその範囲が非常に広く，それは各人の諸能力の総合としてあるべき「全人力」といいかえてもよいものである。

■ 2-3 「学士力」vs.「教育力」：そのダイナミックな関係の創造

さて，答申が描く「学士力」は全人力といいかえてもよい広い内容をもっているが，問題はこのような広い内容をもつ「学士力」を各学生に身につけさせるための「学士課程教育」プログラムを実際に教育現場で授業担当する教員はいかなる資質，技量，能力（すなわち総称して「教育力」と呼ぼう）を求められているかということである。

「学士力」が全人力と同義的である以上，それに対峙する「教育力」も全人力的でなければならない。もちろん専門知識・理解の授与を主たる目的とする専門学部制下の「専門教育」においては，①知識・理解や②汎用的技能の習得を主たる目的としていたのであるから，大学院教育までを終了している教員が専門分野における知識・理解の量や汎用的技能量において学生に勝るのは当然であろう。

かくして，これまでの専門学部制における「専門教育」において，あるいは今回提唱されている「学士課程教育」においても，その①知識・理解や②汎用的技能などの習得の次元までならば「学士力」と「教育力」の関係は以下のような単純なものであるとしてよいであろう。

$$\text{「学士力」} = f(\text{「教育力」})$$

すなわち，学生の「学士力」がどのくらい身につくかは教員の「教育力（主として知識・理解の量や汎用的技能のレベル）」に左右されるのである。

ところが，③態度・志向性や④総合的な学習経験と創造的思考力といった種類の能力の涵養には，後述するように教員と学生間での「対話」，あるいは学生間の「対話」（これには個人的対話もグループ間の対話もある）が不可欠であるということに

なると，授業において必ずしも上記の関数関係が成り立たない場合も出てくる。

すなわち，「対話」において取り扱う特定のテーマが学生にとって興味深く，教員が学生に期待する以上に学生が自発的に授業に対する広く深い準備をしている場合や，③態度・志向性，④総合的な学習経験と創造力的思考力などにおいては学生にあって教員にないといった類の経験・属性・能力だって考えられるのである。その場合には，「学士力」と「教育力」との間に等式関係が成立したり，あるいは時には教員の「教育力」と学生の「学士力」の関数関係が揺らいだり逆転することすら成り立つ可能性がある。すなわち，「学士力」と「教育力」の関係は「対話」という触媒によって化学変化を起こし，その性質がまったく新しいものになるのである。その関係は以下の等式あるいは関数関係であらわされよう。

$$\text{「学士力」} = \text{「教育力」}$$

あるいは，極端な場合，

$$\text{「教育力」} = f(\text{「学士力」})$$

「対話」によって学生が触発され，自律的に学修に専念し，授業に参加して教員との対話を繰り広げていく結果，教員と学生の関係は非常にダイナミックになり教員と学生が「対話」的授業をともに創りあげていくような授業状況の中では関数関係は逆転することもありうるのである。

もちろん，この授業における関数関係逆転は厳密に考えるというよりも柔軟に考えてよい。たとえば，授業において学生のプレゼンテーションが主役で教員がその聞き役に回る場合なども授業における主役交代ということで，「教育力」=f(「学士力」) と捉えてよいであろう。このように，自律的学修者である学生が教員とともに活発な対話を通じて授業を創りあげていくとき，「学士力」と「教育力」の関数関係は，時には「学士力」 = f(「教育力」)，時には「学士力」 = 「教育力」，そして時には「教育力」 = f(「学士力」) と三様のダイナミズムを呈する。これこそ「学士教育課程」の理想とするクラス・マネジメントなのである。この，「対話」のダイナミズムを創りあげていくプロセスでは，教員と学生の双方に要求される心構えと姿勢がある。それは教員側では学生の意見を聞こうとする虚心さ（openness）と率直さ（honesty）であり，学生側では教員に対して意見を表明しようとする真摯さ

(sincerity) と勇気 (courage) である。

3 雑木林型教育が問う教師の教育力

■ 3-1 「21世紀の雑木林型教育」vs.「20世紀の人工植林型教育」

ところで，厳密にいえば，設立の理念が異なる大学間で教育内容が同じであるというのは原則的にありえないし，逆に各大学が自分の教育プログラムの改善に努力すればするほど大学の個性化，差異化が進むであろう。この，大学間の個性化への競争が，世界で活躍する個性豊かな人材を育成することを要請されている21世紀の日本の高等教育のあるべき姿の形成に結びついていくのである。

ここで大学がそれぞれに個性をもち，そこに学ぶ学生たちの個性と多様な能力・行動力を涵養するような教育をここでは比喩的に「雑木林型」教育と呼ぼう。雑木林にはさまざまな種類の木々が生い茂り，太陽の光を求めて背高く伸びようと切磋琢磨している。各樹木の葉は春夏秋冬に色を変えてそれが森林全体の四季のよそおいにグラデーションを与える。この「雑木林型」教育を追求する典型的なモデルは創立者の理念によって建学された私立大学であろう。教育の質が十分に保証され，その向上に向けて懸命に努力する私立大学こそ21世紀型高等教育のめざすべきモデルである。

この点からすると国立大学は少し異なる。国立大学法人法に拠って立つところの国立大学の教育，すなわち，国立大学法人法第1条（目的）にあるところの，「教育研究に対する国民の要請にこたえるとともに，我が国の高等教育及び学術研究の水準の向上と均衡ある発展を図るために設置された」国立大学の教育は，税金を使って国家のために人材を育成するという基本目的から，先ほどの「雑木林型教育」に対比してあえて誤解を恐れずにいうならば，同一種の樹木を区画ごとに整然と植林する「人工植林型」教育と呼べるであろう。

本章の目的は，「雑木林型」教育こそ多様な人材を世に送り出す使命をもっている21世紀「学士課程教育」に通じる教育であることを述べることである。しかしながら，今日の私立大学の現状に立ち戻ってみると，その多くが規模拡大や学部・学科改組などの結果，建学の理念とは遠くかけ離れたり，国公立大学と何ら変わらない擬似国立大学のカリキュラムの様相を呈したりしていることは自ら強く反省する必要がある。

逆に，独立法人化した国立大学は今や国立大学法人評価による経営面の評価と大

学評価・学位授与機構によるその教育研究面での評価が義務化（6年ごとの評価と毎年評価の2段構えの評価を受けている）されたことによって，その改革への努力は待ったなしのものとなっており，おそらくそれぞれに自助努力し，教育改革に取り組むならば，その個性化は進み，国立大学が6年ごとの評価を数回受けたあかつきには（たとえば2025年頃）もしかすると私立大学グループが追随できないような「雑木林型教育」が可能な段階になっているかもしれない。

■ 3-2　授業で対話の場を創れ

それでは，雑木林型教育であり，「学士課程教育」に通じる教育を行うために各教員が発揮すべき「教育力」と，そのための具体的な仕掛けにはどのようなものがあるのであろうか。雑木林型教育では学生一人ひとりが異なる能力と個性を有する全人力を身につけることを目的としている。この目的を達成するためには以下のような教育環境（具体的には教員と学生が直接接触する教育現場）が実現される必要がある。

> ①教員対学生の関係，あるいは学生間の関係において情報や意見を交換する「自由」が保証されていること
> ②その自由な「場」では参加者である教員や学生達が表明された意見を鵜呑みにせず複数の視点から精査・吟味・批評・評価しあうクリティカル・シンキング（Critical Thinking），クリティカル・リーディング（Critical Reading），クリティカル・ライティング（Critical Writing），クリティカル・プレゼンテーション（Critical Presentation）などの技能（スキル）を会得することができること。
> ③この技能（スキル）の会得を可能にする具体的手段が「対話」であること。すなわち，その「場」では「対話」が不可欠の道具となること
> ④参加者が「対話」を経て到達した結論や発見した事実・真理をお互いに受容・納得する「客観性」と「寛容性」をもつこと
> ⑤「対話」（クリティカル・シンキング・プロセス）で取り扱うテーマは，「対話」開始時点では十分に広く，多様なものであること
> ⑥「対話」は続行され，応酬され，深められてゆくべきこと

このような「対話」を続けていくとそこで取りあげられる広いテーマは必然的に特定化されて収斂し，深まっていかざるを得ない。その結果，専門知識獲得を可能にするところの「専門教育」的特徴を強くもつようになるのである。

■ 3-3　授業は肉体労働である

　「対話」を基本とする教養教育を実施するためにはクラスが少人数であることは重要な要件である。「対面的（face to face）対話」の状況では，クラスの中で学生が隠れる場所がないことを意味する。すなわち，学生はクラスにおいてたえず対話の状況下に置かれ，没個性ではありえず，自己表現を強いられる。しかし，現実の大学，とくに私立大学では，大教室で教員が一方的に講義をし，学生はノートを取るだけという授業形態が多い。この状況をできるだけ少人数教育の理想に近づけることが必要である。そのためには教員側では今までの教授法の変更，ティーチング・アシスタント（Teaching Assistant：以下，TA）の活用，授業における小道具（後述）の活用，教室の構造変更，などが検討されなければならない。すなわち，形容矛盾な面もあるが，ある程度の大規模クラスであっても実質的に少人数教育を可能にするために以下のような工夫をする必要がある。

1）授業は肉体労働である

　授業は肉体労働である。教員は教壇のテーブルの前で座っていては駄目である。大きなクラスであっても対面的「対話」を行うためには教員がたえず学生の中に入っていき，学生とアイ・コンタクトを図りながら対話をする。このためには教員の授業時の体調，顔の表情，声の張りなどは重要である。

2）タブレット型の机椅子を利用

　教室で学生が座る机椅子は，机と椅子が一体化した1人用の移動可能なタブレット型がよい。このような教室では，講義やグループ討議やデイベートなど，多様な授業の展開に即座に合わせて机椅子を移動させることができる。

3）TAの利用

　大規模授業の時には授業自体は教員による一方的な講義は仕方ないとしても，大学院生をTAとしてグループ討議などのアドバイザー役をさせ，TAと学生の間で実質的な「対話」を成り立たせるようにすることもひとつの方法である。大学院生の多くは，将来大学教員の職に就くことを志望しているであろうから，TAを経験することは教育者としての訓練という側面がある。

4) コメントシートの有効利用

授業では，前回の授業での不明な点の積み残しをしない。毎回の授業の初めにコメントシートと呼ばれる10センチ四方くらいのメモ用紙（記名式）を配り，授業でわからないことや授業法に対するコメントを書かせ，授業後に回収する。授業後，TAとともにコメントを読み，分類し，それに対する回答を用意する。次の授業では，前回の授業でわからなかった内容について質問をくれた学生を確認し，その学生の近くまで出向いてコメントに対する回答を行う。その際でも，他の学生からの追加のコメントなどを求めて学生たちが対話に参加する環境を整える。授業の初めにコメントシートへの回答によって前回の授業でわからなかったことを解消していく作業は実はオフィス・アワーの役割をも果たしている。オフィス・アワーと称して教員が研究室に週1回・2時間程度在室して学生の来訪を待っているだけではオフィス・アワーではないし教員と学生の対話関係は活性化しない。

5) リーダーを交代制に

グループ作業ではリーダーは交代制とする。リーダー選出では学年別の先輩後輩関係を考慮しないことも重要である。グループに留学生が加わっている場合には，異文化環境の中でのリーダーシップ訓練となる。

6) シラバス構成

学生が授業に出席する前に授業内容を予習できるシラバスを作ることが必須である。学生が授業で対話をするためにはあらかじめ対話のテーマを知り，それについて資料を読み，自分が述べるべき意見を用意して授業に臨まなければならない。シラバスを精査してみると「参考文献は授業時に指示（または配布）する」などとしているケースが多いが，これでは学生は予習ができず授業で対話ができない。これはシラバスの意義と役目（授業工程表）を教員が理解していないことを示している。他方，「対話」式授業で話の進展と方向は絶えず変化してゆくので学生の学修進度がシラバスに予定した通りになるとは限らない。シラバスの運用は弾力的でよい。学期の終わりまでに到達すべき学修水準を学生に意識させながら，学生が予習と独習ができるようなシラバス構成になっていなければならない。

7) クラスの規模

以上のような仕掛けをもってクラス運営を行い，「対話」型授業を進めることが

できるクラス規模の上限は100〜120名くらいであろう。もし，たとえば300名規模のクラスで授業をする場合には教員の指導のもとに数名のTAがチームを作って複数のデイスカッショングループを指導していくことも有効である。

■ 3-4　教育の国際化に絶対必要な仕掛けと小道具をうまく使う

　前項で述べたことから明らかになったのは，雑木林型教育が成功するか否かは，つまるところ教員の授業マネジメントのあり方によるということである。しかし，この授業マネジメントを順調に進め，しかも教育の質保証（ことに国際的な教育の質保証）につなげていくためには実は以下に述べるようないくつかの仕掛けが必要なのである。その仕掛けが連動してうまく機能しないと，実はせっかくの中教審『学士課程教育の構築に向けて』がめざす国際的に互換性のある世界基準の学士教育をめざすこともできないのである。このことがあまり知られていないのは重大問題である。教育現場での仕掛けなどというといかにも不謹慎で無機質な生産工程的印象を与えるが，教育活動も一種のアセンブリ生産活動であり，生産活動という比喩を使って教育を論じることは時に非常に有効である。

仕掛け1 ― 授業科目の番号化

　まず仕掛けの第一は

> 授業科目の明確な番号化

である。個々の科目授業はアセンブリラインでの組み立て部品の取り付けに相当するが，この部品としての授業科目は内容のレベルに応じて，たとえば1・2年生が履修する基礎科目は100番台，2・3年生が履修する中級科目は200番台，3・4年生が履修する上級科目は300番台，修士課程は400番台，博士課程は500番台，というように各科目が番号化されて階層的な配列になっている必要がある。たとえば経済学や物理学などの各専攻分野では卒業のための要件として100〜300番台に配置される多様な科目群（部品群）が明示されており，学生は初級の100番台から上級の300番台科目までを系統的に履修してゆく。各番台に配置されている科目の講義のレベルと内容はその科目のシラバスに詳述されているが，シラバスはこの場合，アセンブリ工程表の役目を果たしている。組み立て部品である各科目がこのように番号化され，構造化されていれば，海外の大学との間で同じ番台の部品科目間の単位

互換が可能になる。

　このように，アセンブリライン上の部品科目を番号化し，その組み立て工程をシラバスによって明示化し，標準化することが実はアセンブリ生産の生産物たる日本の 21 世紀型市民の性能を国際的に通用するものとする質の保証のためになさなければならない第一歩なのである。これが教育の実質化ということである。この科目の番号化を行っている日本の大学は少ない。

仕掛け 2 ── 4 つの小道具の連動化
授業における二番目の仕掛けとは

> ①工程表たるシラバス実施
> ②仕掛け品や完成品である学生の学業達成水準を調べるための種々の試験
> 　（中間試験や期末試験，調査プロジェクト，レポート作成など）
> ③アセンブリ作業としての授業に責任を持つ教員の仕事ぶりを評価する授業評価
> ④学生の学業付加価値の総合的表現たる GPA（Grade Point Average）の厳格な管理

という異なる 4 つの小道具のネットワーク化による教育作業行為の統合である。

　シラバスは教員が学生に向かって当該授業を履修した場合に到達できる学修目標とその内容を詳述したもので，いわば授業の工程表である。教員が提示する工程表をみて，学生はその科目を履修するかどうかを決める。次に，学期中に科される種々の試験や調査プロジェクト，レポート作成などは科目を履修している学生がどの程度学修目標・水準に到達したかを確認するいわば工程・品質検査である。他方，学生の側からすると，工程表によって自分たちを教育した教員のその作業手順と教育内容を評価する必要がある。授業評価の別の目的は，教員の授業改善につなげてもらうようにと，学生から教員に提供する支援サービスでもある。次に，GPA とはかくして組み立てられた学生という生産品が最終的にどのくらいの水準の品質におさまっているかを総合的に示した数値である。したがってシラバスと試験と授業評価と GPA の 4 つが教育現場での 4 つの仕掛けとして統合的にネットワーク化されて初めて教育現場は機能するのである。

仕掛け3 ── 学期途中の受講放棄禁止

ところで，教員がこのような仕掛けを作っても，肝心の学生たちが授業を学期の最後まで受講しなければ何の意味もない。ところが日本の多くの大学では学期はじめに受講科目を登録しても，その科目が難しかったり興味をなくしたりすると，学生は学期途中でもその科目を受講しなくなることが多い。大学の方でも，いわば受講放棄した学生が最終試験を受けなかった場合，その学生の最終成績はつけず，みかけ上は最初から受講しなかったことを黙認している場合が多い。したがって，学期はじめには数百人もいた受講生が学期終わりには数十人になっているなどということがあたりまえになっている。このようなことでは受講が学生の好き嫌いによってなされることを放置することであり，学生の成績管理は無意味になり教育の質の維持や向上は不可能である。

つまり学生には学期はじめに受講科目を選択する自由を与えることは必要であるが，いったん受講することを登録した後に勝手に受講を放棄することを許しているようでは大学として教育の質保証はできていないことになる。学生が自分の好きなメニューだけをつまみ食いするのをみてみぬふりをしている栄養管理のようなものである。したがって，第三番目の仕掛けは

> 学期途中で学生に勝手に受講放棄をさせない仕組を導入すること

である。そうしないと GPA の意味が失われるのである。

4 「大学間渡り鳥」制度の可能性

■ 4-1 教育の質保証は学生に依るべし

本章は，最近『学士課程教育の構築に向けて』（答申）が公表されたことの意味を概観することから稿を起したが，そもそも，このところ，なぜ高等教育の質保証の問題が前面に出てきたのだろうか。

少なくともその底流を流れる原因の一つとして，多くの大学ではその設立理念と実際のカリキュラムとの間に整合性が乏しいという現状や，本当に実質的な大学教育をしているのだろうかといった懸念があることは事実である。

また，国際的な規模で大学教育の質保証を行おうという OECD や EU の呼びかけに日本の大学も対応しなければならないという課題があることも事実だ。とくに

EUの場合，今やその域内統合努力は60年に及ぶがEUの大学教育制度の改革にあっても基本的にはこのEU統合の動きと軌を一にしている．すなわち，EUがめざしているのは，加盟各国が歴史的に多様性のある教育体系を尊重しながら，域内全域で一定水準の質を保証する標準的教育体系を2010年までに確立し，この多様性と標準性を備えた多元的・創造的能力をもつ人材を養成することである．

問題はこのような人材を具体的にどう育成するかである．EU域内の各国教育当局がこの課題に取り組むことはもちろん重要だが，加盟各国や各大学は排他性と保守性もあり，EU全域でその実効性を担保することは容易ではない．そこでEUが導入した仕掛けはEUの学生たちが域内の複数大学を渡り鳥のように移動して，彼らが興味のある授業を受け，最後には通学した複数の大学の共同学位が授与されることを制度化するということである．この仕組みのもつ意味は大きい．域内の大学は渡り鳥学生に良い授業を提供しなければ，渡り鳥は飛来しないであろうし，その不評は渡り鳥学生によって全域内に広がるであろう．大学はよいカリキュラムで渡り鳥学生をもてなさなければならないのだ．

要約すれば，21世紀のEUを担う人材を輩出する仕掛けは「学生渡り鳥」政策なのである．そういえば，EUの教育政策が「ボローニャプロセス」とか，「ソクラテス計画」とか「エラスムス計画」などと称されるのにも欧州における教育史的な背景がある．11世紀末に始まったボローニャ大学は欧州最古の大学として全欧州から青年たちが集まったし，古代ギリシャのソクラテスや中世末の人文主義者エラスムスのもとにはその時代の俊秀たちが国家の境界を越えて集まってきた．現在のEUはその歴史上行われてきた人材育成の慣行を域内に復活させようとしているのである．

4-2 一大学による質保証努力の限界

ひるがえって日本の現状はどうか．21世紀の日本を担う人材を育成すべき日本の高等教育の課題は一定水準の知識・理解力と多元的・創造的能力をあわせもつ人材の涵養にある．この課題に取り組むためには大学自身と文部科学省がそれぞれに果たすべき課題を分担し，とくに大学にあっては本章2-2で述べた①入学時の学生選抜（Admission Policy），②在学時の教育内容（Curriculum Policy），③卒業時の学位の実質化（Diploma Policy），という大学教育の3段階において質保証の責任をもつことが『学士課程教育の構築に向けて』では謳われている．つまり，質の保証に関しては各大学の自助努力をまつということである．

しかし，この質保証を単一大学ごとに行うことは各大学の消極性や守旧性なども あり，成果には限界がある。また大学間の格差を増長させる可能性がある。そこで， 質保証の実質化を保証する一つの方法として，EUのように学生が複数大学間を自 由に受講できる制度を作ってはどうであろうか。

文部科学省は2011年度から複数の大学が共同学位を授与することを可能にする 方針であるが，共同学位制度には当然ながら学生の大学間移動，すなわち「渡り鳥 学生制度」が前提となる。すなわち，教育の質保証と共同学位制度は実のところ学 生渡り鳥化を通じて同じ目標をめざしているのである。

ところで，日本にも学生渡り鳥現象を可能にする枠組みを作る場合，学生を受け 入れるべき各大学が似かよったカリキュラムしか開講していなければ学生はわざわ ざ大学間を往来するに値するような魅力を感じないであろう。まず最初に各大学が 設立理念に基づく魅力ある教育プログラムを開発し，他大学との間に差異化を図り， 渡り鳥学生が受講したいと思うようなカリキュラムを用意して学生の飛来を促さな ければならない。逆にいうと，各大学がプログラムを差異化することが渡り鳥学生 飛来の条件である。

各大学は誇りをもってそれを渡り鳥学生に広報する。制度的には，渡り鳥学生 が飛来して受講し，単位を取得積算して，卒業要件を満たせる仕掛けを大学間で作 る必要がある。また，教務と事務を大学横断的に共同組織化する。大学間で授業料 差額の調整やシラバスの交換などを行わなければならない。渡り鳥学生のための宿 舎確保や奨学金の充実も必要だ。このような渡り鳥学生制度は独自の理念と特色あ るカリキュラムに拠って立つ私立大学間でこそ実験的に始める意義があるであろう。 そして各大学の教育の質向上のための自己点検評価にはその大学に飛来する渡り鳥 学生にも参加してもらったらどうか。また，この渡り鳥学生の中には当然外国から の留学生が多数加わっていることが望ましい。これらの学生が首都圏と地方の大学 間で，あるいは国公私立大学間を飛来し合うルートを作り出す必要があろう。

■ 4-3 「大学間学生渡り鳥」制度は日本版教育ルネサンスの嚆矢(こうし)

渡り鳥学生現象は現在でも大学コンソーシアムなどへの参加校間では限定的で はあるが散見される。しかし考えてみれば日本の教育史上にも，たとえば江戸時代 には漢学塾や蘭学塾の塾生，禅修行の雲水僧，剣術修行の武芸者などは全て師や他 流試合の場を求めて旅をした。それは官学主導ではなかった。これを明治以降の官 学中心の輸入教育制度が取って代わってしまい，学生が単一大学にとどまる制度に

なってしまったという歴史的経緯がある。学生渡り鳥制度の導入はかくして，EUにおいて中世以前の教育慣行に戻るという教育ルネサンス的意味をもつのと同じく，日本においても歴史上盛んに存続した教育制度を21世紀的意義を付して復活させるという意味で日本版教育ルネサンスという位置づけができるのである。私立大学はその中核になる本質的理由を有している。

【付記】
本章の内容の多くは筆者が発表した資料の中に含まれている。本章を起草するに当たり，出版団体の許可を得ていることをここに記す。

【引用・参考文献】
鈴木典比古（2009）.「私立大学の学士力—21世紀型教育への貢献と責任」（日本私立大学団体連合会『私立大学における教育の質向上—我が国を支える多様な人材育成のために』），第III章

PART 2
●学生力を伸ばす大学のプログラム

03 「ピア・サポート」で大学が変わる

沖　裕貴

1 はじめに

　2000年6月，文部省高等教育局から全国の大学の学生対応のあり方を根底から揺るがす画期的な報告書が出された。その報告書は正式名称こそ「大学における学生生活の充実方策について―学生の立場に立った大学づくりを目指して」というありふれたものだったが，通称「廣中レポート」と呼ばれ，その内容は全国の大学関係者に大きな衝撃を与えるものであった。

　報告書には「教員中心の大学」から「学生中心の大学」への転換と，学生の自主的な活動の支援など「正課外教育」の積極的な捉え直しなどが盛り込まれ，これまで指導を受ける者としてのみ捉えられてきた「学生」に対する教職員の意識の変革を求めた。また，同報告書は「学生に対する教育・指導に学生自身を活用することは，教育活動の活発化や充実に資するのみならず，教える側の学生が主体的に学ぶ姿勢や責任感を身に付ける」試みであるとして，積極的な学生同士の学び合いの仕組みの導入を提言するものであった。

　本章で取りあげるピア・サポートの多くも廣中レポート後の流れの中で取り組まれたものである。ピア・サポートという言葉になじみのない読者のためにここで少しその起源について説明しておこう。日本に先立つように，アメリカでも大学のユニバーサル化の進展にともない1970年代後半から全米の州立大学やリベラルアーツ・カレッジの一般教育で初年次教育が取り組まれ始めた。そして，その初年次教育に欠かせないものがピア・リーダーシップ・プログラム（peer leadership program）であった。ピア・リーダーシップ・プログラムとは，成績やリーダーシップ，初年次教育セミナーの経験をもとに選抜された上級生が，訓練を受けた後，主に

① オリエンテーション・プログラム
② リメディアル授業
③ アカデミック・アドバイジング
④ 寮生活における新入生対象プログラム

などに従事するものである。

　日本においても廣中レポート以降，入試広報や履修指導，学内のパソコン指導（パソコンSOS）について学生の活用が進められてきた。また，ティーチング・アシスタント（Teaching Assistant：以下，TA）と並んで授業の中で上級生が下級生を指導するスチューデント・アシスタント（Student Assistant：以下 SA）制度を設けた大学も多い。さらに学生の自主的なボランティア精神を大学活性化に活用する事例も数多くみられる。とくに愛媛大学のスチューデント・キャンパス・ボランティア（Student Campus Volunteer：以下 SCV）は閉鎖的な国立大学の学生指導のイメージを打破するものとして一躍有名となった。

　しかしながら依然として一部の大学では，これらの活動を，学生の安価な労働力や無償のボランティアを利用する取組としてしか位置づけていない。「廣中レポート」から12年。大学における「学生」の地位は，単に授業を受け，教職員の指導や厚生補導を受ける立場から果たして脱却したのだろうか。

　この章では立命館大学で取り組まれている「ピア・サポート」を，真の意味で学習者中心の大学を創るための原動力として紹介したい。

2　ピア・サポートの定義と立命館大学における位置づけ

　ピア・サポートとは，同じ学生同士（peer）が，専門性を持つ教職員の指導（supervision：以下，スーパービジョン）のもと，仲間同士で援助し，学びあうシステムのことを意味する。多くは授業の内外で活動するが，その業務に対する報酬や単位のあるなしには関係がない[1]。

　概念的にはアメリカの初年次教育で活躍するピア・リーダーシップと同じだが，日本では「リーダー」という言葉に抵抗感を持つ教職員や学生が多く，のためそこで活動する学生を「ピア・サポーター（Peer Supporter）」と呼び習わすことが多い。図3-1は立命館大学で活動するピア・サポーターの位置づけである。

PART 2 学生力を伸ばす大学のプログラム

ピア・サポート制度の3つのメリット
1. 対象者へのサービスの充実
2. 自分自身の学びの深化と成長
3. FDとSDへの寄与

専門的・指導的
（大学院生・ポスドク・専門スタッフ等）

GSI（米）
TA

（学内ボランティア・自治会活動等）
自主的・自発的

（学内インターンシップ・業務等）
業務的

ジュニア・アドバイザー　ピア・リーダー（米）
ES　レインボー・スタッフ
　　ライブラリー・スタッフ
オリター・エンター
プレースメント・リーダー
　　　学生広報スタッフ
ピア・サポーター

対等的・同等的（学生）

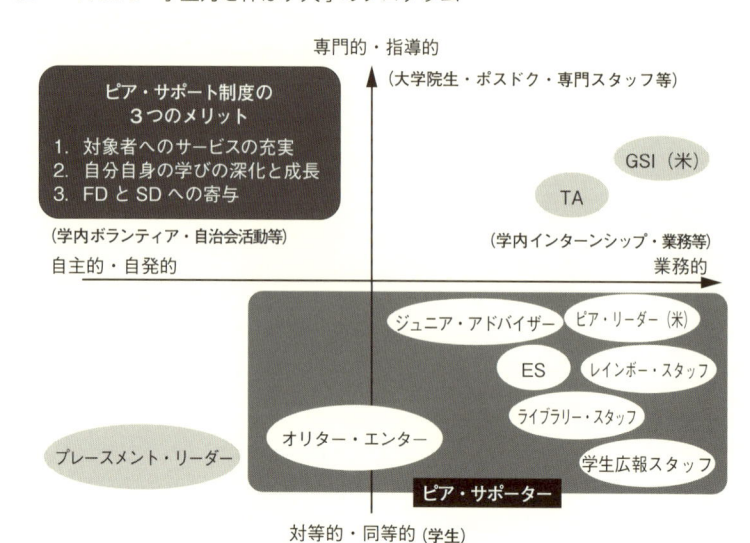

図 3-1　立命館大学のピア・サポーターの位置づけ（沖, 2007）

ピア・サポーターはその定義から

> 「業務的（学内インターンシップや業務など教職員からの指導監督があるもの）」－「自主的・自発的（学内ボランティア活動や学生自治会活動など学生が自主的・自発的に行うもの）」の横軸と,「専門的・指導者的（主に大学院生やポスドクなど専門家としての指導が期待されるもの）」－「対等的・同等的（同じ学生同士の教え合い, 学び合いが中心となるもの）」の縦軸が構成する4つの象限のうち,「業務的」かつ「対等的・同等的」（第四象限）に位置するもの

と考えられる。

立命館大学において学部ゼミナールの就職係を意味するプレースメント・リーダー（Placement Leader）は一般にピア・サポーターとは呼ばれないであろう。また, TAやアメリカで教員に準じられるGSI（Graduate Student Instructor）も通常ピア・サポーターとは見なされない。なぜならば彼らは専門家として学生を指導したり, 実際に授業を行ったり（GSI）することが求められているからである。

3 立命館大学におけるピア・サポートの発展

立命館大学では，1991年から学生が学生を支援するピア・サポートを全学に導入した。本学のピア・サポーターとして大きな役割を果たしているものに，

- 初年次教育の基礎演習等で活躍するオリター・エンター（以下，オリター），約700名。
- 大規模講義や双方型授業を支援するエデュケーショナル・サポーター（Educational Supporter：以下 ES），約800名。
- マルチメディア・ルームやパソコン・サービス・カウンターでの利用者に対する支援を行うレインボー・スタッフ（Rainbow Staff），約70名。
- 学生の立場から本学の広報活動に関わる学生広報スタッフ，約100名。
- キャリアセンターの指導を受けながら下級生のためにさまざまな就職活動支援を行うジュニア・アドバイザー（Junior Advisor），約200名。
- 図書館で学生の支援を行うライブラリィ・スタッフ（Library Staff），約50名。

などがある。現在，立命館大学で活動するピア・サポーターは総勢2000人を超えている。

■ 3-1 オリター

本学のピア・サポートの原点となるのが「オリター[2]制度」である。
オリターは「オリエンテーション・コーディネーター」「オリエンテーション・コンダクター」を略した立命館用語で，

新入生が大学生活に円滑に入れるように支援する上級生

を指す。1年生への初年次教育の中核をなす「基礎演習」の授業に数名のオリターが参加して，教員と連携しながら新入生の指導にあたっている。また，新しい学部が開設された際には，他学部のオリターが協力して新学部の基礎演習の授業に参加する。

活動の発端は，実は1960年代までさかのぼる。当時，学生自治会は，新入生に下宿の探し方や学生生活のノウハウを教えるオリター活動を始め，大きな役割を果

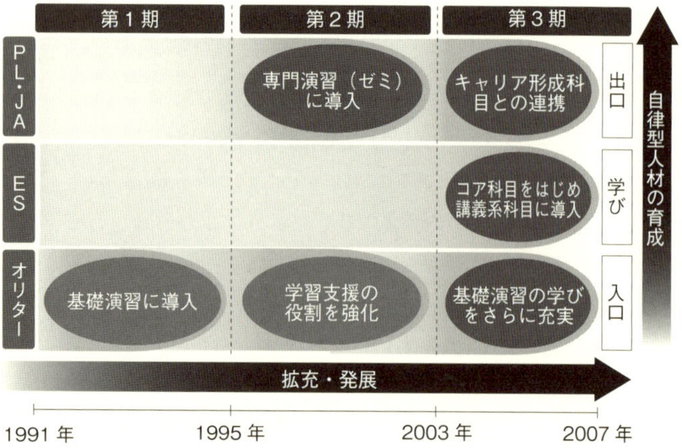

図3-2 立命館大学のピア・サポート制度の発展

たすようになった。ほぼ同じ時期に、大学が一年次を対象に小人数クラスによる「基礎演習」を導入し、そこにオリターが自主参加するようになった。「基礎演習」の目的は、

①大学の構成員としての自覚の促進
②専門を学ぶための導入教育
③レポートの書き方

など大学での学び方の指導の3点である。前期の授業では、新入生が学生生活になじめるように、オリターがさまざまな支援をしている。キャンパス内の各施設や相談窓口の場所、履修登録の方法などの指導や、新入生歓迎の各種イベントやスポーツ大会などの企画と運営を行っている。その結果、1年生は上級生とのきずなが深まり、授業に積極的に参加するようになるなど、教育効果が上がることが確認された。

当初は、一部の学部学科の熱心な学生の自主的活動だったが、1991年度に「オリター制度」として大学の正式な教育支援制度の中に位置づけられ、1992年度から全学で実施が始まった。オリターは2年生以上の学生が対象で、最近5年間の全学オリター平均年間登録者は700名弱。登録者数が最も多い産業社会学部では、新入生5～6人に1人のオリターが配置されている。

このようにオリター制度はもともと学生の自主的・自発的な自治会活動を出発

点としており，現在でもその一環として取り組まれている経緯から，必ずしも純粋にピア・サポーターといいきれないものを含んでいる。しかし，図3-2に示すように，オリター制度は立命館大学におけるピア・サポート制度の基盤を形作るものであった。

制度導入当初のオリターの役割は学生生活支援が中心だったが，しだいに学習スキル習得の支援に力を入れるようになってきた。現在では，学部によっては「基礎演習」の次の時限に「サブゼミ・アワー」を設定し，オリターが個別に学習相談に応じたり，次の授業での発表資料の作成を手伝ったりしている。「基礎演習」の1年間の成果を発表する「基礎演習ゼミナール大会」では，プレゼンテーション資料の作成や当日の運営を手伝っている。

オリター組織はオリター団と呼ばれ，各学部の学生自治会に所属するかたちになっている。活動の指導は，各学部執行部のメンバーである学生主事の教員が担当している。オリター団は，毎回多数応募してくる希望者を選考し，自主的に研修会をもち，立命館大学の伝統を維持し，効率的な新入生支援を行うため，ほぼ無償の貢献を続けている。

3-2 ES

ESとは，

> 授業において教員や学生のサポートを行う先輩学生

を指す。全学で年間800名以上活動している。他大学ではSAと呼ばれることが多い。教員と学生双方をサポートすることで，授業をスムーズに進め，より効果的な学習効果を生み出す役割を果たしている。

立命館大学では2004年度より，正課・課外を問わず多様な経験を通した学びを充実させる教育システムを確立するため，正課授業において学生が学生を支援する「ES制度」を開設した。ESの業務は，主として

> ①双方向型授業の達成（授業内の質疑応答やグループワークの進行など）
> ②わかりやすい教材の作成
> ③自学自習の支援（受講生がプレゼンテーションの準備をする際の支援やグループ・レポート作成の支援など）

などである。

　ESには一定の報酬が支払われているが，アルバイトとして応募してくるESはほとんどいない。彼らの目的は，教職員のスーパービジョンを受けながらも，自律的，自発的な活動をすることに喜びを感じ，自らの成長を実感することである。ESには3つの喜びがあると彼らはいう。それは，

> ①受講生の学びを支援する喜び
> ②支援することで自らも成長する喜び
> ③教員のFDを支援する喜び

である。授業の改善を，教員とともに，その授業を支援しながらモニターするESが担い，成果を教員，受講生ともに共有するしくみがES制度なのである。教員とESのきずなは固く，また支援を受ける受講生の信頼は厚い。そしてES自身が，つちかったESの経験を将来の自信に変えていく。

■ 3-3　その他のピア・サポーター

　立命館大学は，キャリア・サポートが手厚い大学No.1に選ばれるほどキャリア形成に力を入れている。その中心的な役割を担っているキャリア・オフィスではさまざまな就職活動にピア・サポーターが活躍している。

　「JA制度」では，人気企業の内定を得た学生などをJAとして選び，自身の体験談を下級生に伝える。JAの中には，キャリア・センターの「常勤JA」として進路や就職活動の相談に応じる学生もいる。現在，「キャリア形成科目」として「キャリア形成論」「キャリア探偵団」「キャリアデザイン入門」「人材開発」など，学部ごとに多くの科目を設けている。そこで学んだことをいかしながらPL，JAの活動に参加するよう，大学が入学時から働きかけている。このほか，卒業して2～3年の卒業生をキャリア・アドバイザー（Carrier Advisor：以下，CA）として登録し，3,4年生を対象に社会人としての体験談を語り，進路の相談に乗る「CA制度」もある。

　レインボー・スタッフは，マルチメディア・ルームでの利用者に対するサポート活動を行っている。全学で70名以上が在籍し，マルチメディア・ルームでのサポート活動以外にも10名程度のプロジェクト・チームに分かれてさまざまな活動を行っている。

　さらに立命館大学の広報活動に学生の立場から関わる学生広報スタッフも活躍

している。学園通信 RS Web の立案や取材を通して，学生の視点をいかして，在学生に役立つ情報を伝えている。

　このほかに，立命館大学では図書館で本を探したり，勉強したりする学生を支援するライブラリィ・スタッフや，オープンキャンパスの企画運営やキャンパス・ガイドを行うさまざまなピア・サポーターが常時活躍している。

■ 3-4　ピア・サポーターの育成

　ES をはじめとしたピア・サポーターの育成や研修は，基本的にスーパービジョンや業務の指導監督を行う教職員が担当する。たとえばレインボー・スタッフは情報システム課の職員が担当し，学生広報スタッフは広報課の職員が担当している。また，オリターは基礎演習を行う教員との打ち合わせのもと活動に参加し，ES は授業担当者と事前・事後の綿密な連絡が必須である。加えて，ES については教育開発支援課が事前の集合研修を実施している。

　さらに 2007 年度より学内のピア・サポーターの育成に向けた「ピア・サポート論」が教養教育の特殊講義として開講されている。2012 年度からは全学で 10 コマ開講され，約 500 名が受講する予定である。

　「ピア・サポート論」では，本学の歴史やピア・サポートに関する理論について講義を行った後，コミュニケーション技術に関するさまざまな演習をグループワークで行っている。授業の到達目標を，表3-1 に示す。

　グループワークでは，表 3-2 に示すように興味深いテーマと手法が取りあげられ，受講生が自らを知り，自らを変革する力を身につけるための演習が行われている。

図 3-3　ピア・サポート論のグループワーク

表3-1 「ピア・サポート論」の到達目標

①本学の理念・目的やオリター・エンター制度，ES制度の歴史，目的，仕組みの理解
②前後期青年期の特徴や最近の生徒・学生の思考・行動様式の理解
③授業を行う際に利用できる指導方術の修得
④ピア・サポートに対する興味関心の獲得
⑤ピア・サポートを通して得た経験の活用
⑥適切なコミュニケーションをとるための技術の修得と活用
⑦集団を指導する際に有効な指導方略，指導方術の修得と効果的な利用

表3-2 グループワークのテーマ

- 聴き手に求められる力―オーディエンス教育
- 受容的に聴く力―イヌバラ法
- 自分も相手も大切にした対応を行う力―アサーション
- 自分を魅力的に見せる力―無言面接
- 議論に負けない力―ディベート
- 自分の情報を整理する力―強制連結法
- 情報を構造化する力―フォトランゲージ
- 解決策を提案する力―目的分析
- 道徳的に判断する力―コールバーグ

4 終わりにあたって

　大学におけるピア・サポートは，決して学生の安価な労働力や無償のボランティアを利用するものではない。学生が大学の構成員として自ら大学の変革のために行う自律的かつ協働的な活動なのである。このピア・サポーターの位置づけを，愛媛大学の佐藤浩章はSSP (Student Staff Partnership) という興味深い言葉で表現している。イギリスで始まったPPP (Public Private Partnership) は，官が民に一方的なサービスを提供する仕組みから，民自体が企画や運営に参画できる仕組みに変革することにより，現場に即した適応力のある公共サービスを生み出す手法として普及してきた。同様にピア・サポートも，

> 学生が一方的に教学サービスを受ける立場から，教職員と協働して企画や運営自体に参画する制度

である。そこには教学サービスの充実のみならず，学生自らが成長し，教職員を啓発，支援する仕組み（FD, SD）すら備わっているといえる。

ピア・サポートに従事した学生が異口同音に言う言葉がある。「がんばって仕事をしたあと，支援した学生や教職員に「ありがとう」と声をかけられるときが一番うれしい。そして後輩たちに「次は自分がそれを引き継ぎます」と言われたときには涙が出る」と。終わりにあたって一言でピア・サポートを総括するならば，「大学を変えるのは学生である」という言葉だろう。

【注】
1）たとえばESは授業内の活動に対して1600円／コマを支給されるが，オリターは従事した時間数にかかわらず5000円の図書券が支給されるのみである。また，アメリカのピア・リーダーにも有償無償のものがある。
2）淺野昭人教育開発課課長（当時）の談をもとにBetween2005.6・7月号に掲載された記事「後輩や仲間を支援する制度を4年間の各段階で導入─立命館大学に見る相互成長の仕掛け」を参考に編集。

【引用・参考文献】
大学における学生生活の充実に関する調査研究会（2000）　大学における学生生活の充実方策について─学生の立場に立った大学づくりを目指して　文部省高等教育局
山田礼子（2005）一年時（導入）教育の日米比較　東信堂
トレバー・コール（2003）ピア・サポート実践マニュアル　川島書店
沖　裕貴・春日井敏之（2007）立命館大学のピア・サポート　「立命館大学　ピア・サポーター用テキスト」「立命館大学　ピア・サポーター指導資料」　立命館大学大学教育開発・支援センター
沖　裕貴（2009）学生参画と教職協働が大学を変える　大学時報, **325**　日本私立大学連盟
沖　裕貴・林　徳治［編著］（2010）必携　相互理解を深めるコミュニケーション実践学［改訂版］　ぎょうせい

04 FDへの学生参加の意義と課題

佐藤浩章

1 はじめに

　FD（Faculty Development）を展開するにあたって，学生に参加を求めている大学がある。岡山大学や立命館大学はその典型的な事例であろうが，学生モニター制度，学生との座談会，ピア・サポート制度，スチューデント・アシスタント制度まで含めれば，FDに学生を参加させている大学は枚挙にいとまがない。

　FDへの学生参加は今に始まったことではない。アメリカのFDは1810年にハーバード大学で導入されたサバティカルに始まるとされるが，それは研究面を重視したFDの発端であり，教育・学習の改善という現在の意義でのFDの契機となったのは1950年代から1960年代にかけて広まった学生運動であった。そこでは退屈で相互に関連づけられていない授業に対する不満が表明されていた（Ouellett, 2009）。ヨーロッパ諸国においても，教授法やカリキュラム改善を目的とした高等教育センターの多くは学生運動を契機に作られ，その活動を拡大していった（馬越, 1981；津田, 2006）。

　このように諸外国において学生運動は，1960年代の後半から1970年代にかけてFDが各大学で展開していった契機の一つとして存在した。つまり学生運動には，大学の大衆化の進展という実態にもかかわらず，旧態依然としたスタイルで提供されている授業やカリキュラムに対する，「学生からの異議申立て」という意義があった。この点で，学生はFDの推進主体の一つであったし，もう一つの推進主体はその異議申立てに真摯に応答し，自らの授業やカリキュラムの改善に動き始めた大学教職員であった。現在でも，学生自治会（student government, student unionなどと呼ばれる）の代表者や学生副学長を教育改善活動に参加させている大学事例は多い。

　一方，日本で，当時学生運動に参加した学生，そしてそれを受け止めた大学教職

員にとって、授業やカリキュラム改善はどの程度意識されていたのだろうか。ここではそれに詳細に言及することはしないが、その萌芽はみられたものの、主要な争点にはならなかったといえるだろう[1]。

1980年代以降、教員個人や学会レベルで自生的なFDの取組はみられたものの、各種GP事業や法令によるFD義務化の例を出すまでもなく、日本におけるFDの最も強力な推進主体は政府（文部科学省）である。もちろん予算と法令は、授業やカリキュラムの実質的な改善を意味するわけではなく、形式的なFDからの脱却は現在もなお、課題であり続けている（羽田、2009）。

学生運動から40年が経過した現在、FDへの学生参加という試みを通して改めて問われているのは、

> 学生からの異議申立てを、大学教職員が受け止め、それを授業・カリキュラム・組織の改善に役立てていくために、いかなる制度を作りあげていくのか

ということである。それは個々の大学における固有の問いであると同時に、かつて実質的なFDの契機が存在したにもかかわらず、それを逃した日本の大学全体が再度抱え込んだ未完の問いでもある。以下では、愛媛大学がこの問いにどのように取り組んできたのかを実践を事例に説明し、その課題を述べる。

2 愛媛大学における事例

■ 2-1 概要と経緯

愛媛大学スチューデント・キャンパス・ボランティア（Student Campus Volunteer, 以下、SCV）は、

> 学習支援、生活支援、障害学生支援、留学生支援、高校生・新入生支援活動を通して、学生相互の「教え合い、学び合い、助け合う」力を高めることを目的とした制度

である[2]。現在9団体が、キャンパス内で学生による学生支援（ピア・サポート）活動を日常的に行っている。こうした活動は、単位は認定されないけれども、支援する学生・支援される学生双方にとって、学びと成長の場として機能し、正課・正課

外を含めた「学生の経験総体」の質向上につながっている。こうした点で，SCVの活動をFDへの学生参加の取組として位置づけることは可能だろう。

1) 第1期：障害学生支援から情報補償要求へ

愛媛大学には1995年に初めて重度の聴覚障がい学生が入学した。その学生に対し，同級生たちが自主的にノートテイクや手話による情報補償を始めたのが，SCV設立のきっかけである。それ以降，障がい学生が入学するたびに，自主的な学生による呼びかけがあり，支援が続いてきた。しかし，こうした有志学生の献身的な行為は，支援者の負担並びに障がい学生の精神的負担となり，その限界が次第に明らかになっていった。同時に，学生たちは障がい学生を受け入れながらも，学習環境の改善を行わない大学を疑問視するようになった。

2000年には，愛媛大学ろう・難聴学生有志団体の学生によって「ろう・難聴学生に対する情報補償に関する要望書」が副学長（教育担当）宛てに提出された。要望書の内容は，身体に障がいを有する学生に対する予算措置，ろう・難聴学生に対するノートテイカーなどの全学的補償，全学的な障害学生支援センターの設置についての要求であった。これを受けて，ただちに学長から「障害学生への支援については全学的な取組が必要」との意向が部局長会議において示され，対応策の検討が開始された。

2) 第2期：SCVの設立

上記の対応策として，2002年に設置された大学教育総合センター（当時）内に，障害者学習支援委員会が発足した。委員会は「登録支援ボランティア制度」を立ちあげ，応募してきた登録学生が，障がい学生のノートテイクを行うこととなった。手話講座，支援ボランティア養成講座といった研修も開発・実施された。

同時期，同センターには，刷新された共通教育のカリキュラムに対する意見を聞き出すことを主な目的として，学生モニター制度が設けられた。定員12名の学生モニターは各学部から1，2年生を各1名選出することで代表性を確保しようとしていたが，その選出は容易ではなかった。多くは教職員の勧誘により集められた学生だったが，彼ら・彼女らは授業やカリキュラム改善に対して強い意見をもっている学生ばかりではなかった。筆者は同センターの専任教員として着任直後にこのモニター会議に参加したことがあるが，そこで見た光景は，半数に満たない出席者の多くが遅刻・早退し，長い沈黙の時間が続くという惨憺たるものであった。会議終

了後に，ある学生が筆者に述べた「これは出来レースだ」という台詞は今でも忘れられない。教職員の意図とは裏腹に，学生参加どころか，学生の不信感を醸成してしまっていた。

筆者らは，本制度の理念を引き継ぎながらも，より動機の高い学生の参加を得ることで，活動を活性化させたいと考え，学生モニター制度を廃止し，代わりにESMO(Ehime university Students Mentors Organization) を発足させた。これまでと異なり，参加学生の学部・学年の枠を撤廃し，希望者は受け入れることにした。また従来のモニター活動に加え，毎週会議を開催し，キャンパス清掃や新入生に対する相談活動など，学生自らが実行可能なキャンパス改善の取組も試みることにした。しかしながらこうした活動に関心をもつメンバーを集めることはさらに困難であった。モニター12名のうち，ESMOに継続して参加することを表明したのは1名の学生であったが，筆者らはその学生とともに広報活動に取り組み始め，10名のメンバーを確保することができた。彼ら・彼女らの活動動機は以前に比べはるかに高く，そのことが筆者らに本取組の可能性を確信させたが，代表性を欠いた学生たちの取組を疑問視する教職員の声もあった。

本取組の全学的な認知度を高めるために2003年1月に「スチューデント・キャンパス・ボランティア（SCV）」制度が学長裁定で規定化され，ESMOと障がい学生支援ボランティアはSCV内のグループに位置づけられた。登録学生には大学から委嘱状を配布したが，これは学生の責任と自覚を高めると同時に，教職員からの理解を得るためにも有効であった。

その後ESMOはメンバーの活動範囲が拡大し，いくつかのグループに分岐した（表4-1）。これらの中には，教職員の要望で設立されたグループもある。

3）第3期：特色ある大学教育支援プログラムの採択とその後

2004年，本プログラムは，文部科学省「特色ある大学教育支援プログラム」に採択された（愛媛大学教育・学生支援機構, 2008b）。この間，活動グループ数と参加者数の拡大，活動スペースや備品の充実，専任スタッフの確保，学内外での認知度の向上をともない，活動は飛躍的に発展した。2007年度に採択期間は終了したが，学長裁量経費を活動資金にしながら，これまでと同様に活動を継続している。SCVの登録学生は301名（2011年現在）となり，ここ数年は毎年200名程度が参加している（図4-1）。

表 4-1 SCV のグループ名と活動内容

グループ名	活動内容
愛媛大学学生メンターズ	新入生向け何でも相談窓口の開設・実施，高校生向けオープンキャンパス時のキャンパスツアーや相談窓口での対応，SCV 各グループ間の調整，SCV 全体研修の企画・実施
火曜ナイトサロン実行委員会	学生や教職員・地域との交流の場を提供する文化行事を毎週火曜日に開催（2008 年度廃止）
国際交流コーディネーター	インターナショナル・チャットルームの開催（毎週水曜日），学生祭でフード・フェアの開催
ボランティア・コーディネーター	学外から大学に寄せられるボランティア情報も整理と掲示，大学生向けボランティア講座の企画・運営
障がい学生支援ボランティア	聴覚障がい学生に対するノートテイク，手話通訳
メディア・サポーター映像部	メディアスタジオを活用した学内広報番組「ぞなもしライブス」の作成，配信
メディア・サポーター出版部	学生向け学内広報誌「愛 U」の作成，配布
キャリア・サポーター	就職やキャリアに関するセミナー・イベントの開催，社会人との交流会，広報誌「キャリサポ新聞」の作成，配布
図書館サポーター	開架図書の整理，推薦図書コーナー運営，広報誌「ひよこ」の作成
エコキャンパス・サポーター	学内環境整備，環境啓発イベントの企画・実施

SCV 登録学生数の推移：
- 2003 年: 31
- 2004 年: 67
- 2005 年: 196
- 2006 年: 246
- 2007 年: 245
- 2008 年: 228
- 2009 年: 223
- 2010 年: 297
- 2011 年: 301

図 4-1 SCV 登録学生数の推移

■ 2-2　運営体制と教職員の関与

　現在，SCVについては，大学教育総合センター（当時）の業務の一部を引き継いだ教育企画室が，その運営責任主体となり支援を行っている。SCV全体の顧問は教育企画室の専任教員である筆者が担当し，各グループには学内の教職員が顧問として，また民間企業や行政関係者が教育支援員として配置されている。また専用の活動スペース（ピア・カフェ，メディアスタジオ）が整備され，活動に必要な物品などの必要経費についても措置している。

　活動の進め方は，基本的には学生自らが学生生活に対して抱く不満や問題点から，求められる学生支援内容を考え，教職員の協力を得ながら実行していく。それが無理な場合は顧問教職員を通じて管理職に要望することもある。また教職員が，学生支援のアイデアを提起し，学生と共同で実行する場合もある。両者の関係は，教育する者・される者という関係というよりは，大学の構成員として共同で課題を解決していく同志関係といった方が適切である。

　日常的な活動は，学生の裁量によって進められるところが大きいが，教職員が主に関与しているのは以下の3点である。別言すれば，下記の点が学生参加活動を継続するうえで，課題となりやすいものである。

1）リクルーティング

　第1の関与は，リクルーティングである。これはメンバーが集まらないという問題への対応である。学生支援を継続的に提唱するためには，一定の参加学生を維持する必要がある。学内のあらゆるメディアを活用し，学生確保の支援を行っている。とりわけ新入生に対しては各種ガイダンス，パンフレットなどで幅広い広報活動を行っている。

2）全体研修

　第2の関与は，全体研修である。これは組織内でのコミュニケーションがうまくとれない，業務分担がうまくなされないという問題への対応である。年に数回開催される全体研修では，組織運営方法（ミッション・バリューの設定，年度目標の設定と評価），新人確保と育成方法，コミュニケーション力のトレーニングなど，団体運営の経験が少ない学生が抱えやすい課題について，学生とともに研修を企画・実施している。

3) リーダー養成

第3の関与は，リーダー養成である。これはうまくリーダーシップが発揮できない，後継者がいないという問題への対応である。リーダー不在という事態を事前に防ぐために，各団体のリーダーを集めたリーダーズ・ミーティングを毎月開催し，助言を行っている。具体的には，意思決定の仕方，会議の運営方法，後継者の発掘と養成方法などである。なお，本学は，リーダーズ・スクールやサークルリーダー研修会という学生リーダー養成のための複数の教育プログラムを開講しており，SCVのリーダーや次期リーダーはこれらを受講して，リーダーシップについて体系的に学ぶことができる。

■ 2-3 SCVの成果

こうした活動の成果を，大学全体の教育の質向上に結びつけて明示するのは難しいが，SCVの活動が立ち上がった2002年度以降，退学学生数は減少傾向にあり，卒業生予定者アンケートにおける学生生活全般に対する満足度（満足，どちらかと言えば満足を足した数字）は上昇傾向にある。これらは成果を裏付けるデータの一つとなろう（図4-2，図4-3）。

一方で，SCVに参加している学生の満足度と目標達成度であるが，2007年度にSCVに所属する学生（51名）に対して行った調査によれば，活動に対して「非常に良かった」と評価した学生は46%，「良かった」は54%である（愛媛大学教育・

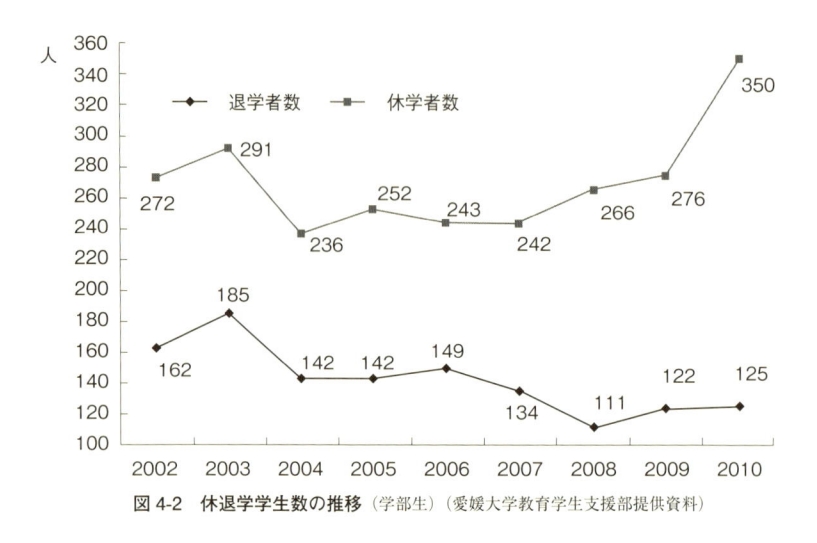

図4-2　休退学学生数の推移（学部生）（愛媛大学教育学生支援部提供資料）

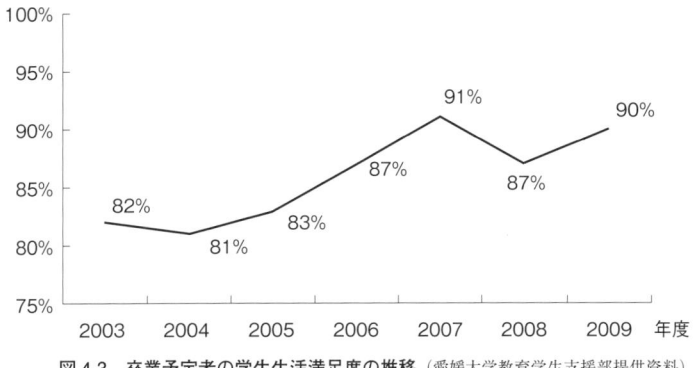

図 4-3 卒業予定者の学生生活満足度の推移（愛媛大学教育学生支援部提供資料）

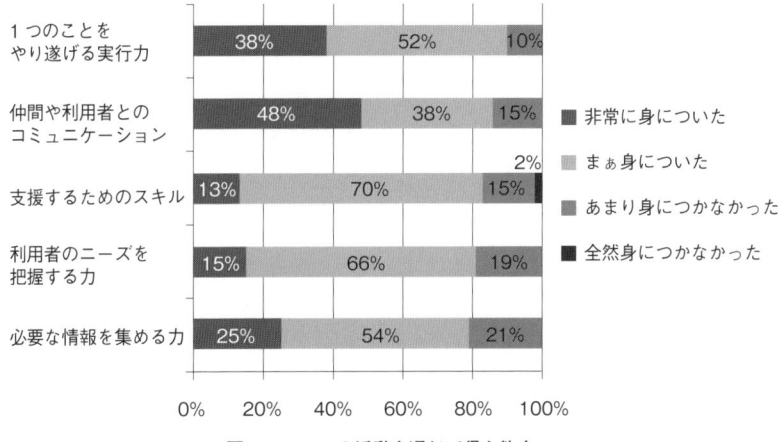

図 4-4 SCV の活動を通じて得た能力

学生支援機構, 2008b)。また，活動を通じて得た能力としては,「1つのことをやり遂げる実行力」(90%),「仲間や利用者とのコミュニケーション」(85%),「支援するためのスキル」(いずれも「非常に身についた」「まあ身についた」の合計値；85%)，などが上位にあがっており，参加した学生本人も学び，成長していることがわかる（図4-4)。こうした達成感や成長感こそ，高い動機を維持しながら自発的に活動を継続していくことのできる理由なのかもしれない。

3 FDへの学生参加の課題

3-1 代表性と動機のバランス

　以上見たように，愛媛大学では，SCVの活動を通して，「学生の経験総体」の質向上に取り組み，学生がFDに参加する制度を作りあげてきた。これが本学における，学生からの異議申立てに対する教職員の対応である。最後に，FDへの学生参加を進めるにあたって，課題となる参加する学生の「代表性と動機のバランス」について述べておきたい。

　FDに関わる学生を集める場合，学生の自主的な参加に頼れば，動機の高い学生を集めることはできるかもしれないが，一部の利益のみを代表しているという批判が生じる。一方で，学部・学年などの定員枠を決めた組織を作ることでその代表性を確保しようとする事例はよくみられるが，この場合，全学生に高い動機をもって活動を継続してもらうことは困難であろう。代表者選出機能を持つ，全員参加型の学生自治会のような組織の再生に期待することはさらに困難である。これら両者のバランスをどうとるべきなのだろうか。

3-2 学生代表者会議

　愛媛大学では，2007年に，代表性を担う組織として，学生代表者会議を発足させた。本会議は，学習環境の改善およびキャンパスライフの向上に関する事項を，学生自らが協議し，大学運営に対し積極的に参加する役割を担うことを目的としている。学長をはじめ大学執行部が随時学生代表者と会見し，学生の意見や要望を聴取し，それらの具体化を推進していくこととなっている。

　学生代表者は各学部の学生代表者，体育系サークル代表者，文科系サークル代表者，SCV代表者，障がい学生支援ボランティア代表者，外国人留学生代表者，各1人と，学長が必要と認めた学生で組織されている。毎年11人の代表者が選ばれ，要望事項などを協議している。

　代表者たちは，意見表明の際には，自主的に実施したアンケート結果を根拠にするなどして，代表性を高めようとしている。

3-3 SCV

　一方，上述したように，SCVは自発的で，高い動機を持ち，専門分野に分かれて活動を行う学生団体として存在している。この場合においても，リクルーティ

ング活動を徹底することによって学生全員がSCVの存在を知っている状況を作る，希望者は受け入れる，研修などを通して代表性を意識した活動をするよう指導するなどして，代表性を高めようと試みている。

このように，愛媛大学では，代表性と動機という機能を別団体が担いつつも，両団体を関連づけることによって両者のバランスを確保しようとしている。

4 おわりに

FDが学生からの異議申立てに対する教職員の応答という意義をあわせてもっていることから考えて，FDへの学生参加に取り組む場合には，

> 教職員と学生の間の対立や衝突はさけられない

と考えた方がよい。とりわけ，授業やカリキュラムに関しては，それが起きやすい。そのような場面では，双方の感情的な意見が飛び交い，対話が成立しないこともよく生じる。FDの場面で，対立や衝突が生じた場合，対話を停止するのではなく，その場を

> 双方が新しい能力を身につけていく学習の機会

と考えたい。具体的には，学生は，足元に起きている問題に対して，学生代表としての自覚のもとに，建設的に異議申立てを行い，持続的に行動する能力を，教職員は，学生からの異議申立てを冷静に受け止め，その妥当性を客観的に判断し，必要があれば速やかに改善する能力をトレーニングする場である。

どの大学においても，FDへの学生参加が制度として定着する日が来ることを願うけれども，そのためには教職員と学生間での十分な対話の時間が必要である。かつて逃した，実質的なFDの契機を再び逃すことがないようにしたい。

【注】
1) 馬越 (1981) は，1980年にヨーロッパ各国の高等教育研究センターを訪問し，その教授法やカリキュラム改善を目的とした研究の状況を見て，「日本の大学紛争を体験した一

人として，また小規模ながら，紛争を契機に設立された高等教育の研究センターに身を置く者として，紛争の受けとめ方，大学研究のあり方などにおいて，彼我の差を痛感せざるをえなかった」と記している。
2) 活動内容の詳細については下記を参照。佐藤（2004），愛媛大学教育・学生支援機構（2005, 2006, 2007, 2008a）

【引用・参考文献】

馬越　徹（1981）．ヨーロッパの高等教育研究所めぐり　高等教育研究紀要，**2**．

愛媛大学教育・学生支援機構（2005）．学生による学生支援読本Vol.1―ピア・エデュケーションの可能性

愛媛大学教育・学生支援機構（2006）．学生による学生支援読本Vol.2―学生によるボランティア・コーディネーション

愛媛大学教育・学生支援機構（2007）．学生による学生支援読本Vol.3―ピア・エデュケーションとしての障害学生支援

愛媛大学教育・学生支援機構（2008a）．学生による学生支援読本Vol.4―学生による留学生支援

愛媛大学教育・学生支援機構（2008b）．愛媛大学SCV（スチューデント・キャンパス・ボランティア）活動報告 2004-2007

津田純子（2006）．学習改革と教育支援コミュニティづくりとしてのFD―英独を中心として　大学教育学会誌　**28**(1)，24-25．

佐藤浩章（2004）．『お接待』の心をキャンパスに―愛媛大学スチューデント・キャンパス・ボランティアの取組　大学と学生，**478**，25-32．

羽田貴史（2009）．大学教育改革とFaculty Development　東北大学高等教育開発推進センター編　ファカルティ・ディベロップメントを超えて―日本・アメリカ・カナダ・イギリス・オーストラリアの国際比較　東北大学出版会

Ouellett, M. L. (2009). Faculty Development in the United States: Roles of Faculty Developers. (国立教育政策研究所主催FD公開セミナー「FDの実質化のための提案―『FDマップ』，『基準枠組』の活用による教育改善」配布資料（2009.6.23））

05 学生の力を「育てる」協働的 FD
山形大学の挑戦

杉原真晃

1 はじめに

　山形大学が展開している教養教育（2010年度より「基盤教育」と呼称変更。以下では，断りのない限り「基盤教育」と表記する）を核とした全学のファカルティ・ディベロップメント（FD）プログラムは次のように多岐にわたる。

表5-1　山形大学が展開している全学 FD プログラム

- 公開授業と検討会
- ミニ公開授業と検討会
- 基盤教育ワークショップ
- 基盤教育 FD 合宿セミナー
- 授業改善アンケート（学生による授業評価アンケートに相当）
- Web 公開授業と検討会
- 報告書の作成
- 授業改善ティップス集（冊子）『あっとおどろく授業改善──山形大学実践編』
- ビデオ版授業改善ティップス集『あっとおどろく大学授業 NG 集』
- ベスト・ティーチャー賞，新人賞
- 個別支援型 FD（授業支援クリニック）
- 学生主体型授業開発共有化 FD
- FD ネットワーク"つばさ"

　この他にも，さまざまな取組を展開している（山形大学教育方法等改善専門部会，1999-2010）。本章では，これらの中でもとくに「学生・職員と創る大学教育」に関わる特徴的な取組を紹介する。

2 山形大学版「学生・職員と創る大学教育」の特徴

事例を紹介する前に,まず,山形大学のFDを通した「学生・職員と創る大学教育」のおもな特徴について述べる。それは,

- 学生集団の非組織化
- 多様な学生との協働的FD
- 学生の力を育成するFD

である。

■ 2-1 学生集団を組織化しない取組

山形大学では,これまで学生との協働的FDに関して,FDに関わる学生を日常的に組織化することを行ってこなかった。ここでいう「学生の組織化」とは,組織に明確なメンバーシップがあり,学生がメンバーとしてのアイデンティティをもっており,学生自身が主体となってその組織を維持・管理するものを指す。他大学の先生方と交流していると,「教員だけでのFDさえも不十分なので,学生をFDに巻き込むなんてまだまだです」「学生を組織化することはたいへんなので学生との協働は難しいです」という話をよく耳にする。しかし,学生を組織化せずに,少ない労力で学生と協働してFDを進めることは別段難しいことではない。

また,日常的な学生組織を組織化することで,学生同士の自主的な教育改善活動

表5-2 学生を組織化しないことのメリット

①負担の軽減	FDに関わる学生を組織化し活動を日常的に持続化させていく際に,当事者である学生にかかる負担は決して小さいものではない。この負担を軽減することで,学生の日常的な学業および大学生活に支障をきたさないようにする。
②持続可能性の向上	学生の負担軽減とともに,学生組織の持続化にともなう教員の負担をも軽減することで,取組の持続可能性が高まる。
③多様で柔軟な取組の実現	学生を組織化しないことで多様な学生と協働することができる。それにより,多様で柔軟なFD活動の実現とFDに関わる学生自体の多様な交流を生み出すことができる。
④集中力の向上と高い成果の実現	FD活動への参加を短期集中型にすることで教職員の支援のもと大きな成果をあげることができる。

の展開や学生世代間の引き継ぎと知の蓄積が期待できるが，組織化しないことにもメリットはある。それを表5-2にまとめる。

■ 2-2　多様な学生との協働的FD

　山形大学では，FDに関わる学生について，「限定された一部の学生」と「広く一般的な学生」の双方と，自覚的に協働してFDを展開している。

　広く一般的な学生の声をFDに反映させる取組には，「授業改善アンケート」がある。毎年，基盤教育科目の9割以上の授業で回答があり，すべての授業に関する集計結果を一覧表にして授業者にフィードバックするとともに，学生掲示板，報告書，ウェブサイトで公開している。授業担当教員の氏名入りの一覧表も掲示板と報告書には掲載しており，アンケート回答教員の約7割が氏名公開に協力している。さらに，集計結果のフィードバックが自身の授業改善にいかされたのかどうかについて教員にもアンケートをとり，学生と教員の双方向的なやりとりを実現させている。

　そして，山形大学の授業改善アンケートのデータに加え，他大学の授業評価アンケートのデータも参照しながら，より汎用的に多様な大学などで活用できるビデオ版授業改善ティップス集『あっとおどろく大学授業NG集』も作成している。

　限定された一部の学生との協働的FDも展開している。それは，たとえば，ある特定の活動を通して行う場合もあれば，授業などで知り合った学生と授業時間内外で対話することにより得られた意見をFDに反映させるというような教員としてごく普通の日常的な学生とのかかわりを通して，行う場合もある。一部の学生との協働的FDのメリットは，実施が比較的容易であり機動力があること，学生と対面でていねいな意見交換ができることなどである。さらに，意欲と技術が高い少数の教員で配慮できる範囲の学生と協働することで，教員のしっかりとした支援により，学生のプロダクツの質も高くなり，成功例をしっかりと残すことができる。

　山形大学では，広く一般的な学生との協働と限定された一部の学生との協働という多様な学生との「学生と創るFD」を展開することで，それぞれのメリットがいかせる構図を作り出している。次節以降では，限定された一部の学生と協働で進めるFDについて，その特徴的な取組を紹介するとともに，山形大学の学生との協働的FDのもう1つの特徴である「学生の力を育成するFD」がそこでいかに実現されているのかについて述べたいと思う。

3 学生主体型授業開発共有化 FD プロジェクト

■ 3-1 学生主体型授業開発共有化 FD プロジェクトの概要

本プロジェクトは，2008年度文部科学省「質の高い大学教育推進プログラム」に採択された事業である。本プロジェクトでは，可動式の机・椅子，電子黒板，クリッカー，ラップトップPC，無線LANなどを整備した教室「先端学習ラボ」において，グループワークを中心とした学生主体型授業の開発を行っている。授業開発では，国内外の実地調査，文献調査をもとにしたパイロット授業「未来学へのアプローチ」を実施し，それを学内外へ公開するとともに学生を交えた授業検討会を毎回実施している。

■ 3-2 学生主体型パイロット授業における公開授業と検討会

学生主体型授業の公開授業と検討会には，学内だけでなく，他大学からも参観者が訪れる。検討会に参加した教員は公開した授業の改善のための意見交換をするだけでなく，自身の授業や自大学の教育システムについて省察し，それらについての意見交換を行う。さらに，学生も自身の学びを省察し，学習目標の明確化や学習意欲の向上といった様相をみせる。検討会に参加しない学生も，検討会が実施されていることを知ることを通して，よい授業の成立に自分自身も関わっているということを感じる。

また，このプロジェクトでは授業検討会に加え，受講学生へ独自にアンケートを実施し，主体的学習にかかる学生の意見を聞く中で，学生が年度当初に手にした学生向けの学習マニュアルがしばらくすると手にしなくなる，どこにいったのかわからなくなる，手にした記憶も遠くなるという現状が明らかになり，それへの対策として，主体的な学習のためのコツや意欲向上につながる名言を，カレンダー・スケジュール表とともに記載した『Schedule Note for Learning』も作成している。これらを通して，学生の力を借りて大学授業を改善するだけでなく，同時に学生の学習の質を直接的に高め，学生の力を育成することにつなげている（参照：http://www.yamagata-u.ac.jp/gakumu/kyouiku/）。

4 FD 学生モニター制度

■ 4-1 FD 学生モニター制度の概要

「FD学生モニター制度」は，FDに関する東日本の大学等間連携組織である「FD

ネットワーク"つばさ"」(以下, "つばさ")の取組の一つである。本取組は, "つばさ"参加各校の教育改善の取組状況をその大学の学生の目からモニターしてもらう企画であり, "つばさ"の前身ともいえるFDに関する山形県の大学等間連携組織であった「地域ネットワークFD"樹氷"」において始められた。FD学生モニター制度の代表的な取組が「学生FD会議」である。学生FD会議は, "つばさ"参加校の学生が, それぞれ自校の良さ・問題点を考え, 他大学の学生と意見交換を行い, その後, その意見をまとめ教職員に発表した後, 全員で意見交換を行うものである(山形大学高等教育研究企画センター, 2008)。

■ 4-2 学生FD会議

学生FD会議では, 学生同士が学生だけで話し合う時間を確保している。2011年度の学生FD会議の内容は表5-3のようになっている。

表5-3 2011年度の学生FD会議

1st stage	「震災時・後に考えたこと・行ったこと:学生と大学の在り方を問う」というテーマで, 学生カンファレンス(学生同士の意見交換)と教職員カンファレンス(教職員同士の意見交換)に別れて行う。
2nd stage	「今後の震災との向き合い方:学生として何ができるか。大学間連携を活かしてできることはないか」というテーマで, 1st stageに引き続き, 学生カンファレンス(学生同士の意見交換)と教職員カンファレンス(教職員同士の意見交換)に別れて行う。
3rd stage	「①震災時・後に考えたこと・行ったこと」「②今後の震災との向き合い方」というテーマをまとめて, 合同カンファレンス(学生と教職員がグループに混じり, 学生による議論内容の発表と, 教職員を交えた意見交換)を行う。
4th stage	「東日本大震災とわたしたち」というテーマで, 3rd stageで話し合ったこと, 新たに考えたこと等について, 全体発表(全体の場で各グループによる発表と質疑応答)を実施する。

このようなプロセスの中で, 学生は自分たちの考えから出発し, 他学生と相互研鑽し, 教職員の意見をくぐらせ, 自分たちの考えをさらに発展させる。それにより, 学生は問題発見力の向上, 主体的で柔軟な思考の形成, 他者との交流による自己の再構築, 今後の実践への動機づけなどを達成していく。

学生と教職員が教育改善について話し合う場面では, 学生の数が多くても, 教職員が議論をリードしていってしまうことが多いのではないだろうか。それは授業, 教育, 大学に対する思い・悩みの切実さと既有知識の違いによるものであり, 必然

的な結果である。切実さや既有知識の差異を感じた学生は多くの場合，教職員に遠慮し発言をひかえたり，教職員の矢継ぎ早な発言におされて発言の姿勢を喪失したりしていく。また逆に，教職員との思い，悩み，既有知識の差に臆することなく自身のアイデアを主張し続ける学生がいたとしたら，自分を相対化できない発言，聞く耳をもたない自己中心的な思考など，それはそれで問題である場合が少なくない。

しかし，学生同士のグループワークを確保することで，学生は自分たちの精一杯の力で，思う存分アイデアを交流することができると同時に，それが教職員によってすぐに批判・位置づけられることもなくなる。それにより，自由で能動的な議論の展開，学生の相互研鑽，学生同士の親密性の向上とネットワークの形成等が達成できるのである。

また，学生同士が学生だけで話し合うことに加えて，それを教員がコーディネートすることも大切な要素である。学生主体型の授業経験のある教員がもつノウハウを活用しながら，学生の力量や特性を踏まえた話し合いのマネジメント，刺激し合える環境構成，励まし，発言のバランスや反社会的言動の制御，既存の実践の模倣からの脱却，柔軟で想像力あふれるアイデアの創造の支援等を実現していく。それにより，学生の能動性，思考力，調整力，コミュニケーション能力，創造力等を育成することができるのである。

図 5-1　学生 FD 会議の様子

5　他大学との学生交流

■ 5-1　学生交流の概要

山形大学は 2008 年 3 月に立命館大学と包括的協力協定を締結した。2008 年度

には事務職員交流と学生交流が行われた。学生交流では，互いの学生が相手の大学を訪問し，授業や教育システムを実地調査することを通して，自大学の特徴および改善点を考え，それを学長に向けて提案した。「教育使節団」と位置づけることもできるこの取組では，立命館大学の学生による山形大学への訪問は10月17〜19日，10月24日〜26日の2回に分けて，山形大学から立命館大学への訪問は11月13日〜16日の1回行われた。そして，成果発表会を東京にて12月20日に実施した[1]。

2008年度のテーマは「授業改善（学生中心の授業づくり）」と「地域連携（地域に生きる大学づくり）」の2つであった。立命館大学の学生による山形大学への1度目の訪問では，学生は筆者の授業に参加し，その後，山形大学の特徴的な地域連携事業である「エリアキャンパスもがみ」の中心的な取組，教養教育（当時の呼称）科目「フィールドワーク 共生の森もがみ」（教養セミナー）という授業にも参加し，山形県最上地域で実施されている地域活性化の活動へのフィールドワークを行った。そして，山形大学の教員による山形大学FDについての講義も受けた。2度目の訪問では，山形大学の教育を通した地域連携についての講義を受けた後，再度，筆者の授業に参加するとともに，その授業検討会にも参加し，山形大学のFD「公開授業と検討会」を実際に体験した。その後，蔵王の山上にある「山形大学蔵王山寮」にて，1泊2日で実施している山形大学のFD「教養教育FD合宿セミナー」（当時の呼称）を実際に体験した。このFD合宿セミナーは，教員による実際の取組に参加したわけではなく，同じ場所，同じ手法で，内容を学生交流向けに変え，学生のみで大学教育の改善，そして大学と地域の連携のあり方について考えるプログラムとした。ここでは，先述した「学生FD会議」でのノウハウ（学生同士の意見交換，教員によるコーディネート）がいかされた。

■ 5-2 学生交流を通した教育改善

12月に行われた成果報告会では，立命館大学の学生からは他大学の学生と大学教育について議論し合う「学生FDサミット」の実施や，face to faceのコミュニケーションを促進させる「カオミケーション」プログラムの実施，山形大学の学生からは「スチューデント・グローバル・シンポジウム」など，質の高いアイデアが生み出された（立命館大学教育開発推進機構・山形大学大学連携推進室，2009）。

山形大学の学生が提案したスチューデント・グローバル・シンポジウムは，山形大学および立命館大学が提携している国内・海外の大学と共同して，学生同士の

文化交流，学習交流を単位互換を想定して制度化するというプロジェクトであった。日常の授業とイベントとしての大会を混合させたアイデアであり，発表会に訪れた関係者一同の大きな反響を呼んだ。ちなみに，立命館大学の学生が提案した学生FDサミットは，2009年（平成21年）度の夏，立命館大学の学生FDスタッフの手で，全国から参加した教職員と学生総勢26大学，約100名により第1回サミットが開催され，その後，参加校・参加者数を増やしながら，年二回（2011年（平成23年）3月は東日本大震災の影響のため中止）継続的に実施されている。

6 山形大学元気プロジェクト

6-1 山形大学元気プロジェクトの概要

「山形大学元気プロジェクト」（以下，元気プロジェクト）は，学生の課外活動の活性化および学生の力による山形大学および地域社会の活性化を目標として，学生によるプロジェクトに対する活動経費を支給するものである。2006年度より開始され，「学生広報誌を作ろう」「正しい駐輪・きれいなキャンパス」「伝えたい山形大学～山大検定の作成～」など，毎年さまざまなプロジェクトが採択されている。元気プロジェクト自体は，直接的にFDに関係するわけではないが，採択されるプロジェクトの中には山形大学の教育を改善することにつながるものも存在する。たとえば，「正しい駐輪・きれいなキャンパス」「伝えたい山形大学—山大検定の作成」などのプロジェクトは，よりよい学習環境の整備，地域の人々・高校生・在学生の山形大学理解の支援など，間接的に山形大学のよりよい教育の創造につながるプロジェクトである。そして，以下に紹介する「1年生のための教養教育ガイド」（以下，教養教育ガイド）は，直接的に山形大学の教育改善に寄与するプロジェクトとなっている。

6-2 ビデオ版シラバス「教養教育ガイド」

「教養教育ガイド」は，教養教育（当時の呼称）科目の一つであり4月から5月上旬までの毎週土曜日に開講する集中講義「なぜば成る！—大学生活事始め」（筆者が授業担当）から発生したプロジェクトであり，1年生の学生が協同して制作したビデオ版シラバスである（図5-2）。本授業は，山形大学と地域へのフィールドワークや文献調査を通して，学生が大学についての問題点を発見し，それを自分たちで解決する企画を立て，元気プロジェクトに申請するものであり，採択されれば，集

図5-2 「教養教育ガイド」の一画面

中講義終了後も引き続き学生支援の観点から筆者および元気プロジェクト担当の事務職員がサポートを続ける。つまり、本取組は学生・職員・教員が協働で大学教育の活性化、学生の学習の質の向上をめざした取組なのである。

さて、「教養教育ガイド」は、学生が教養教育における語学系科目を除いた「一般教育科目」を担当する教員にインタビュー・撮影を行い、授業選択の際に参照できるビデオ版シラバスを作成するものである。その内容は、教員自身の研究のきっかけ、授業の特性、教員の思い、学生にとっての意義などであり、これまで配布していた冊子版シラバスには記載されておらず、かつ学生にとって必要な情報として学生自らが選出したものである。つまり、学生自らがよりよい学習を求めて作成したものが「教養教育ガイド」なのである。教育社会学者の苅谷剛彦は、「大学の教育改革は、学生たちの「学習改革」と結びついたときにはじめて意味をもつことになる。したがって、大学教育の質は、何よりも学び手である学生側の学習の質によって測られるべきであり、どんな改革も学生の学習に影響を及ぼさないかぎり、それは大学側の自己満足に終わってしまう。」(苅谷, 1996：29)と指摘する。「教養教育ガイド」は、まさしく学生の学習改革につながる優れたプロジェクトといえる。

「教養教育ガイド」が対象とした一般教育科目は年間約400科目あり、うち、72科目がビデオに収められている。貸し出しは学生が事務的な諸手続きを行う学生センターにて行った。ビデオを視聴した学生からは、「授業形式や先生のすばらしさを知ることができた」「履修したい授業が重なって迷った時に参考にできた」など、好評を得ている。また、「教養教育ガイド」を作成した学生の一部は、その後、山形大学や山形大学生、周辺地域などの諸活動を紹介する学生広報サークル「YUM」に入り、この映像版シラバスをより多くの学生に活用してもらうことをめざして、

YUM のウェブサイトから見られるように作業中である。

　本プロジェクトは，授業から立ちあがったものということもあり，プロジェクトが企画・運営されるまでには多くの教育的支援を経ている。さらに，元気プロジェクトに採択された後も事務職員と教員のアドバイスを受けながら活動が展開されていく。これらを通して，フィールドワーク，問題発見，主体的・批判的思考，思考の言語化，他者との交流による自己の考えの再構築，コミュニケーション，プレゼンテーションなど，学生はその力を向上させてきた。先に紹介した「正しい駐輪・きれいなキャンパス」「伝えたい山形大学―山大検定の作成」も本授業から立ちあがったプロジェクトであり，山形大学の教育をよくしていく取組を通して，学生は「教養教育ガイド」と同様，学習の質と自らの力を向上させてきたのである。

7　おわりに

　以上，山形大学の事例を紹介した。山形大学風の「学生との協働的FD」が，「多様性」「学生の力の育成」を基盤とすることが伝わったなら幸いである。あらためて「多様性」についてまとめると，

> ①広く学生の意見を取り入れた FD と一部の学生と深く意見を交わす FD を自覚的に活用する
> ②学生 FD スタッフの非組織化のメリットをいかし，多様な学部・学科・クラブ・サークルに所属する学生が一時的に交流し，その後，多様な場への帰還・多様な場との往復を行うことで，それぞれの場で新たに・枝葉状に交流の成果を展開し広めていくきっかけを作る

という特徴があった。そして，「学生の力の育成」についてまとめると，

> ①学生が FD に関わることで学生の視点からの学生の力による教育改善が実現される
> ②そこに参加した学生が直接的に力を向上させ，自らの夢を実現し，自己形成を行う

という特徴があった。

学生をFDに巻き込む際には，学生の大切な時間を借りているという配慮を忘れてはならない。それは学生を「お客さん」として迎えることを意味しているわけではない。

　学生も大学教育の形成者の主体の1つであるということは，そのような配慮と相反するものではない。「学生との協働的FD」の形は多様であって良い（多様であるべきかもしれない）が，少なくとも，

> かかわる学生が自らの大学での「生き方」に希望を見出し，自らの拠って立つ大学という社会をよりよいものにしていくための力が育成されるよう，われわれは支援していく必要がある

のだと考える。それが自由な方向性を持つ学生を「学生との協働的FD」へと導いたわれわれが果たすべき責務であり，何よりも自由ですばらしい力を見せてくれる学生への恩返しなのである。

【注】
1) 立命館大学と山形大学との包括的協力協定にかかる詳細な経緯については，小田（2010）を参照いただきたい。

【引用・参考文献】
小田隆治（2010）．大学職員の力を引き出すスタッフ・ディベロップメント—大学のアイデンティティを鍛えるプロジェクト
苅谷剛彦（1996）．授業の質・学習の質　IDE：現代の高等教育　**380**, 28-33.
山形大学高等教育研究企画センター［編］（2008）．FDネットワーク"つばさ"研究年報
山形大学教育方法等改善専門部会［編］（1999-2010）．教養教育—授業改善の研究と実践　山形大学教養教育改善充実特別事業報告書
立命館大学教育開発推進機構・山形大学大学連携推進室［編］（2009）．立命館大学・山形大学包括的協力協定—2008年度学生交流プログラム成果報告書

PART 3
● 学生力を伸ばす学生主体型授業

06 対話力から主張力へ
橋本メソッドの真の狙い

橋本　勝

1 はじめに

　私には，なぜか，あちこちから講演依頼の話が寄せられる。自分では，そんなに話し上手とは思わないし，何しろ基礎となる知識が希薄だから，かなりいい加減な内容なのだが，大抵，お世辞半分とはいえ「いやぁ，実に感銘を受けた」とか「貴重な話をどうも」とか感謝される。ネタは大きく分けて3つである。岡山大学で私が創始したかのように誤解されている学生参画型教育改善，岡山大学が先駆的に開始したため過大評価されがちな教員の個人評価，そして，S先生が私をカリスマと呼ぶ橋本メソッドである。

　前の2つは，私の話というより岡山大学の話題だから，私でなくても担当は可能なのであろうが，それでも私に依頼がよく来るのは，私が客観的・論理的にではなく，主観的・感性的に話をまとめる傾向があるため，聞き手にとっては，自信たっぷりの講演内容に，少なくともその場ではついつい納得させられてしまいやすいからかもしれない。となると，私自身の授業実践である橋本メソッドに関しては，その色彩が一層強くなっても不思議はない。各地の大学などで「橋本メソッドとは……」という講演もどきが展開され，多くの聴衆が「へぇ～」と感じ入る事態となるが，それにとどまらず，それに尾ひれがついて他の大学の誰かの耳に入り，また「ぜひ，橋本メソッドのお話を」という要請が私に届くというわけである。この負の連鎖（?）ともいうべき循環は，時として橋本メソッドの過大評価につながり，またイメージをかたよらせることがある。

　本章では，橋本メソッドに関する一般的な誤解を解き，私が授業を通じて学生たちのどういう力を引き出し，伸ばそうとしているのかを改めて提示し直すことを目的とするものである。

2 橋本メソッドに関する誤解（1）：シャトルカード

橋本メソッドについては，それを学生参画型教育改善と誤解しているケースもあるが，さすがにそれは誤解の域を超えたチョー勘違いなのでここでは割愛し，授業実践としての橋本メソッドに関する誤解のみを解くことにしたい。

誤解の第1は，橋本メソッドの一番の特徴を「シャトルカードによる学生とのやりとり」に求めるものである。シャトルカードとは図6-1に示すような岡山大学の用意したツールで，いわゆるミニッツペーパーを1枚の硬い紙にまとめたものである。かつて岡山大学が当時三重大学に所属していた織田揮準氏を今でいうFD講演に招いた際，彼が開発・実践していた「大福帳」に関する講演に感銘を受け，大学としてそれをモデルに大々的に導入したという経緯がある。私自身は氏の講演は参

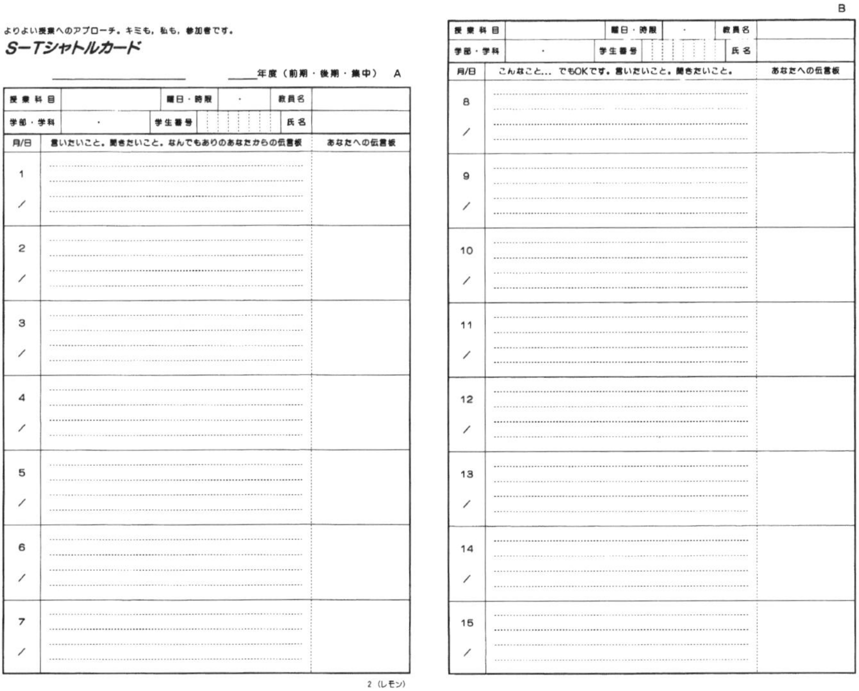

図6-1　岡山大学のシャトルカード
※学生と教員との間の双方向性の授業の確立を目的に開発されたカードであり，学務部教務課教務係で入手できる。表側に1〜7回分の授業用，裏側に8〜15回分が印刷されており，全部で12色ある。

加しておらず，導入後もしばらくは冷めた目で大量に印刷されたシャトルカードを傍観していた時期もあったが，今では自分自身の講演で「橋本メソッドの隠しミソ」などという紹介をするのが常で，確かに橋本メソッドの不可欠の構成要素にはなっている。

　シャトルカードには，冒頭に「言いたいこと。聞きたいこと。なんでもありのあなたからの伝言板」とあり，標準的な量で毎回各学生から200字前後のコメントが寄せられ，教員が75字前後で「あなたへの伝言板」欄に返事を書く。織田氏の講演を聞かなかったばかりか面識すらない私がいうのも変であるが，私はおそらく織田氏の精神を最も純粋に継承している一人であると思われる。学生が何を記しても懇切丁寧に対応し，しかも朱書きにこだわっている。授業に関する感想や質問もあるが，まったく授業とは関係のない政治的議論をふっかけてきたり，芸能談義・スポーツ談義，人生相談などを書いたり，まさにいろいろである。学生が他の学生の2倍も3倍も書いてくればコメントも2倍，3倍となり，逆に1〜2行しか書かない学生には「表現力向上，自己実現」などをめざしてたくさん書くことを促している。こうした一人ひとりとの向き合い方が多人数授業で主体的学びをめざす橋本メソッドには不可欠の要素には違いないのであるが，学生によっては1回に1000字程度まで記す猛者もあり，週に200〜400人の受講生を相手とする私がこのコメント書きに毎週20〜40時間を費やすなどと講演で説明し使用中の実物を示したりすると，聴衆は私の他の講演内容などどこかに吹っ飛んでしまい，「ひぇ〜〜っ」ということになってしまう。「へぇ〜」ではない。「ひぇ〜〜っ」である。誤解されても仕方がない。

3　橋本メソッドに関する誤解（2）：グループワーク

　誤解の第2は，橋本メソッドの特徴を，昨今，さまざまなかたちで高等教育にも導入されつつあるグループワークに見出し，「なぁんだ，そのくらいなら他でもやっているじゃないか」という受け止め方である。

　確かに，各グループが自分たちの興味・関心を基礎に何かを調べ，自分たちの主張をまとめて発表するという部分だけを切り取ればめずらしくも何ともない。しかもその選択テーマとしてマンガ・ゲーム・方言・環境あるいは昨今起こっている社会問題などをずらりと並べた一覧を見て「あんたの授業は気楽でいいね。国家試験のしばりのある私の専門科目ではとても考えられない」とか「私の科目ではこれだ

けをちゃんと教えとかんと次に続く科目に進めんのだよ」とこぼす声にはこれまで何度も出会ってきた。どうやら，その人たちには，橋本メソッドにおける知識の修得はいわばオマケにすぎないと私が考えているということがどうもうまく伝わっていないようである。

たとえば，教育学部の専門科目で教員免許取得上，15回で一定の内容をカバーしなければならないというイメージをもつ科目の到達目標でも，私は次のように記している。

> 経済現象に関心をもち，主体的な学習活動を通して，それを的確に分析する能力を身につけます。また，経済問題に対する自分なりの個性あふれる主張をもち，それを的確に発表する能力も習得します。さらに，発表や質疑応答を通じて日本語コミュニケーション能力を高めます。これらをチーム学習として行うことにより協調性も高めることも重要な目標の一つです
> （岡山大学教育学部専門科目「経済学A」2010年度シラバスの学習目標）。

ここでは，経済学の知識の修得などということは一言も謳(うた)っていない。これで教員免許法に抵触しないのか，という疑念をもたれる向きもあろう。しかし，教員免許法では，教科専門の経済学に関して，何と何を必ず教えよ，などとは明示されておらず，むしろ，一般的・包括的内容であること，また科目間連携の中で，学生たちの主体的学習が喚起される内容が期待されている。もともと高々15回の授業で，経済学の全貌を伝えきることなど土台ムリであるし，百歩譲って，授業外学習時間もきちんと確保した90時間で一通りのことをさらりとふれることができたとしても，それでは，日々刻々と変化する現実の経済に対する関心などほとんど芽生えない机上の抽象学問になってしまう。むしろ，経済現象に対する関心を深め，それを主体的に学ぶなかで，さまざまな能力が開花できるとすれば，教員としての資質向上につながるばかりか，学士課程教育としての大学教育のありようともマッチする。私は，自信をもってこのような学習目標にしているのである。

こうした目標を設定しているからこそ，私のグループワークでは，発表がメインではなく，その数倍の時間をさく質疑応答時間がメインとなるきわめて特徴的なかたちとなるのであるが，大人数での活き活きした質疑応答については，いくら講演で説明してもあまりピンと来ないようである。半信半疑で，私の授業を参観に来られて初めて気がつくケースが多い。

「なぁんだ」から「何だ，これは！」に変わる瞬間である。

4 謎のピラミッド

　最近，私は時々講演で図6-2のようなピラミッドのスライドを示し「これは一体何でしょう？」と問いかけて聴衆と戯れている。時には授業で使うこともある。これだけでは，さすがに，何とでもとれるから，一言ヒントとして，「これは，アメリカの国立訓練研究所が実験データからはじき出した，○○別の●●です」「教育7段階論などとも呼ばれます」などと追加情報を与えてグループ討議させると，大抵は「ああでもない，こうでもない」という活発な話し合いが始まる。今回，本書で紹介してしまうと，もう講演ネタとしては使えなくなってしまうので，伏せておこうとも考えたが，一部の研究者にはすでによく知られていることなので，私が隠し続けてもそのうち陳腐化してしまうであろうし，講演で何回も使っておりもう私自身がそろそろ飽きてきているので，このあたりで打ち止めにしようという気持ちもあって載せることにした。

　さて，読者は○○と●●に何を当てはめるであろうか。

　正解は○○が「教授法」，●●が「知識定着度」，矢印は「学習者の主体的関与度」である。つまり，この図は「学習過程における学習者の主体的・能動的関与度が高いほど知識定着度が高くなる」ことを実験データから模式的に示したものなのである。具体的には，一番上の小さな三角形は「一方的な講義形式だと知識は10%程度しか身につかない」，一番下の大きな台形は「相互の教え合い・学び合いという方法を用いると知識は90%定着する」ということを示す。15回一生懸命教えたつもりでも，学生の頭には10%程度の知識しか残らないというショッキングなデータなのであるが，そのことだけであれば，多くの教員はうすうす感づいているはずである。抜き打ち試験などやればすぐにわかるし，普段の授業で「質問はありませんか？」と投げかけてあまり質問が出ないのは，実は何を質問していいのかがわからないからなのではない

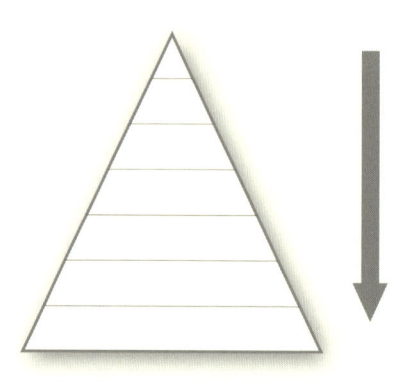

かと自覚しているからである。

　問題は，このピラミッドが橋本メソッドとどう関わるのかという点である。もちろん，橋本メソッドには「相互の教え合い・学び合い」という要素も含まれるが，ポイントはそこではない。7段の残りは，読書や実習，視聴覚教材などが並ぶのであるが，盲点になるのが「学習者同士の討論」である。下から3番目，定着度でいえば50%と出ている。つまり，受講生同士が，学習内容について活発に討論する橋本メソッドは，知識の定着度という観点からきわめて有効な方法であり，私が，発表自体より質疑応答に時間をさくのはじつに理にかなっているということである。ちなみに，視聴覚教材では20%だからその2倍以上の効果がある。なお，念のために記すが，私が橋本メソッドを開始した時，このデータは公表されていなかったし，仮に公表されていたとしても私は教育学プロパーではないから全く関心をもたなかったはずである。私が実践のなかで，学生の目の輝きを確かめながらたどり着いた教育術は教育方法的な「正解」の一つだったということにすぎない。

5　対話力から主張力へ

　私の書架には『対話ノススメ：自律型対話の実践力をはぐくむ大学教育』という小冊子がある。独立行政法人科学技術振興機構の「21世紀の科学技術リテラシー」プロジェクトの1つに採択された「自律型対話プログラムによる科学技術リテラシーの育成」の研究成果の中間報告書であり，実際，私はその成果報告を聞きに東京まで出向いた。

　高度化・複雑化する現代社会において，「市民と専門家の間の双方向型のコミュニケーションの場や機会と，双方向のコミュニケーションを実践する能力が必要」となり，しかもより重要となるのは，「ファシリテーターなどの支援者なしに当事者が直接，主体的に話し合い，問題を解決する対話」すなわち「自律型対話」能力である。そして，それをいかに多くの学生に身につけさせるかは大学教育の責務だということがさまざまなかたちで指摘されている。文科省がいう学士力も経産省がいう社会人基礎力もコミュニケーション能力の育成をしきりに強調しているのは何も語学力の向上のことではなくここに主眼があるといってよい。

　さて，ここで橋本メソッドである。

　90分のうち60分ぐらいも一体何を議論しているのか，そんなに話すことがあるのか，話がそれたりしないのか，そもそも議論になっているのか……。実際に目に

するまでは眉唾物であろう。しかし，一度でも参観すると，確かにシンポジウム並みの議論が展開されていることがわかる。決して内容レベルは低くないし，全員ではないが非常に上手い質問の仕方やマナーを身につけている学生，私がなるほどとうなるほど明快な回答をする学生，前の発言を受けて内容を掘り下げる発言をする学生などが次々登場する。仲間たちのそうした姿に刺激を受け，互いが成長し合っている。私が「相互集団教育力」と称する学生たち自身の力である。

　なぜ，これができているのかを私なりに分析してみると，彼らが潜在的にもっている主張力をできるだけ自然なかたちで引き出しているからではないかと思われる。対話力というより主張力である。自己実現・自己主張は人間の本能的欲求であり，それが授業という場で出せるとすれば，学習内容に対する自分の意見あるいはそのことに対する他者の意見との相違・ズレを主張する形になる。

　この時，重要なのは，橋本メソッドが，いきなり全体討論に入るのではなく，短時間ではあるが，グループワークとして質問を自由に考えさせる（と同時にグループとしての質問・意見をまとめる）thinking time を確保する点にある。時間にすれば，最初に5分，途中で3分が原則である。このグループ討議には私は一切口を出さない。授業と無関係なことを話していてもとくに注意はしない自由度があり，時には（授業中であることをすっかり忘れて）飲食しながら話し合う学生もいたりして，参観者は目を丸くするのであるが，こうしたリラックスタイムの中で，彼らの潜在的な主張力が徐々に引き出される。実際には，飲食しながらでもその話題についてしっかり話し合っているケースが大半である。しかも，そのグループ討議の時には本音に近いかたちで「こんなんおかしいで。納得できんわ」と自由に語り合っていても，thinking time が終わり，全体の場での発言となると，「先ほどの説明では，□□については……という説明でしたが，▲▲という点から考えると少し不自然だと思うのですが，どうでしょうか」というような公的な主張への切り換えをごく自然に行う学生が圧倒的である。「今どきの学生はものの言い方も知らん」と憤慨している教員にぜひ，聞いてもらいたい。受講生の中のいい見本に接すれば，学力レベルに関係なく学生たちは真似し始めるし，公的発言としておかしいものに接すると反面教師として活用してクラス全体の力が自然に高まっていく。教員が，発言というものはこういう風にしなさい，と矯正するよりはるかに効果がある。自由なグループ討議と適度な緊張感の中での公的主張というメリハリが自然な主張力を生み出している，と私は分析している。換言すると，自由な会話力が生み出す主張力である。

6 結びに代えて

　以上，橋本メソッドの補論のようなことを書いた。これだけ読んだのでは，橋本メソッドをご存じない人には何のことやらチンプンカンプンであろう。前作『学生と変える大学教育』第9章や第10章をお読みの方は，少しはおわかりいただけるかもしれないが，だからどうぞ前作もお求め下さい，というしたたかな商魂からこんなかたちにしたのではない。限られた字数の中で，概要を紹介すると今回の説明が不十分になると考えた苦渋の選択である。ただし，チンプンカンプンの読者でも少しは楽しめる文章にはまとめたつもりではある。また，私の講演もどきをどこかでお聞きになった経験があれば，橋本が何を強調しようとしてるのかぼんやりと伝わったのではないだろうか。

　前作でも触れた通り，橋本メソッドの授業は，最終回の試験を除き，年中公開しており，中には二度三度と見に来られる人もおられる。自分の目で橋本が言っていることが本当かどうかを確かめていただければ幸いである。

【引用・参考文献】
大塚裕子・森本郁代（2011）．話し合いトレーニング―伝える力・聴く力・問う力を育てる自律型対話入門　ナカニシヤ出版
大塚裕子・森本郁代・水上悦雄・岩倉成志・安居光圀・渡邉博子・竹内和広（2009）．『対話ノススメ―自律型対話の実践力をはぐくむ大学教育』資料集　（独）科学技術振興機構　社会技術研究開発センター
橋本　勝（2009）．橋本メソッド―150人ゼミ　清水　亮・橋本　勝・松本美奈［編著］学生と変える大学教育―FDを楽しむという発想　ナカニシヤ出版
清水　亮（2009）．橋本メソッドの汎用性―カリスマでなくても他大学でも使えるか　清水　亮・橋本　勝・松本美奈［編］学生と変える大学教育―FDを楽しむという発想　ナカニシヤ出版

07 「橋本メソッド」は留学生に通用するか？

大学の「講義」の質を変える「橋本メソッド」の現実的展開

小山昌宏

1 橋本メソッドとの出会い

　まず手始めに私自身のプロフィールを紹介しよう。私は民間企業に勤務しながらライター生活をおくり，独立した後，編集業を営みつつ，その傍らマンガ，アニメーションなどの大衆文化，インターネット文化関連の講師，評論執筆，それに付随する学会活動などを行っている。大学での非常勤講師歴は約10年。この間，博士（情報学）号を取得し，非常勤講師を続けている私に，橋本勝先生は，学会報告の質疑応答を通して，今後の研究課題につながる問いを投げかけてくださった。このような経緯から岡山大学での「橋本メソッド」の授業に招かれ，ゲストスピーカーとして，7年もの間，スピーチの時間をもたせていただくことになったのである。

　私は毎回，テーマ別に下調べを重ねた4～5名からなる学生グループの発表，それに対する学生間の「質疑応答」によって「授業」が活性化する現場に立ち会い，さらに「授業」をコントロールしながら，新たな「問い」を導き出していく教員と，その「問い」によって，さらに議論を深めていく学生が一体化した授業に，毎回軽い興奮と妙味を覚えた。

　その経験は，東京外国語大学・留学生日本語教育センター，愛知県立芸術大学ほか，複数校での授業に役立つことになった。私の専門が，学生に関心の高い大衆文化，とりわけマンガ，アニメーションなどのメディア，情報化社会，インターネット社会の「人間関係」に関する「現代的課題」であることから，一時代前の「講義スタイル」を続けるよりは，双方向型の授業へ転換し，知識を共有し，学生とともに新たな「問い」を発見していく道に入ることは，あまり苦にならなかったのである。

2 「橋本メソッド」導入前に

　私たち非常勤講師の最大の不安は，年度毎の契約更新時期に高まる。期毎の「講義」の学生満足度が低いと，「期待はずれ」として即年契約打ち切りになる可能性もあり，まさに講義は，大相撲の星取表のごとく，15戦して10勝以上の成績をあげなければならないことになる。15回の講義のうち，10回以上の「満足」を学生に与えることは，必然的に1回1回ごとの授業に全力投球し，気を抜くことはできなくなる。これでは，学生もいらぬ「緊張」を強いられ，当方も焦りからくる知識の「詰め込み」を消化できないままに，期末を迎えることになりがちである。

　私のような民間企業出身の人間は別にしても，とくに博士課程から非常勤講師についた「若手教員」は，学生に比較的世代が近いというメリットもあるが，学問への熱意と授業に求める「姿勢」に厳しすぎると，さらに学生の「授業態度」にも特別な「姿勢」を求めることになり，学生も，教員も自ら「学習環境」を狭めることになりがちである。しかし執拗に「私語禁止」「携帯電話電源OFF」「居眠り禁止」などの真面目さ（真剣さ）を訴え，違反するものに厳罰を課すことは，かえって学生の学習意欲を奪うものになってしまうのである。人間が，興味がなければ眠くなり，おもしろくなければ文句を言い，束縛されるなら自由を求める「生き物」であることはいうまでもない。

　私の授業は，あらかじめこの3禁は解除されている。授業に集中できれば，ケータイをいじることなく，居眠りもせず，私語をすることもなくなるからである。「橋本メソッド」を導入する前は，私語がある場合は，その場で内容について「報告」してもらっていたのであるが，それが意外に私事ではなく，授業内容に関する「共感」や「反感」，「質問」や「疑問」が多くあることがわかり，それ以来，私の授業は時間内「質問」自由の講義へと変化していった。授業に集中できれば，学生はケータイの「検索」機能を自然に使い，居眠りせず，私語も少なくなること，そればかりではなく，学生は教員が投げかける知識を理解し，瞬時に「疑問」を抱き，「質問」を用意していることがわかってきたのである。こうしていよいよ，自ら主体的に授業に参加する「橋本メソッド」への準備が，学生，教員双方に整うことになったのである。

3 橋本メソッド　導入初期：国際学生（海外留学生）との出会い

「橋本メソッド」の効能は，さまざまであるが，私は次のように理解している。

> ①学生が自らの興味あるテーマに取り組み，討議に参加することができる。
> ②教員から学生への一方向的教授が，学生間の討論，教員・学生間の討論を通した相互修習に変わり，知識の理解が深まり考える力が向上する。
> ③この授業を通して，学生が自らの指向に気づき，問いをなし，専門への興味にその志向を振り向ける機会となる。

東京外国語大学で，日本語の読み書き，日常会話ができる短期留学生（10〜15人）に教えることになったとき，まず頭をよぎったのは，日本や日本の文化に関する興味，関心がまちまちで，考え方も風習も異なる学生に，どのように知識を伝え，さらには日本語で考える力を養うことができるか，という不安であった。「橋本メソッド」の効能の前提は，共通する文化体験があり，同等な言語能力をもつ「日本人」だからこそ，通用するのではないか？　という疑問があったのである。幸か不幸か少人数ということも手伝い，初期は「橋本メソッド」への完全移行は果たせず

表7-1　現代文化特論：大衆文化論

①大衆文化とは何か：フリッツ・ラング「メトロポリス」と大衆社会の理論
②メディアの発達と大衆文化：チャップリン「モダンタイムス」と労働者階級
③大衆文化とコピー文化：「ウッドストックコンサート」とヒッピー文化
④日本の大衆文化の発展：「中津川フォークジャンボリー」から中島みゆき・尾崎豊へ
⑤大衆文化の成熟と分衆文化の発生：手塚治虫「るんは風の中」とおたく文化
⑥マンガとアニメの日本的なるもの：新海誠「ほしのこえ」と日本的心象
⑦「かわいい」から「萌え」へ：サブカルからおたくの時代へ
⑧特撮にみる日本文化：ウルトラマン・ゴジラ・ガメラにみる「正義と怨念」
⑨マンガ，アニメに息づく神話・伝説・昔話：アニメ「風の谷のナウシカ」観る
⑩J-POPの歴史：日本のフォーク，ニューミュージック，ロックを聴く
⑪武道・プロレス・格闘技：武道精神とプロレス魂の融合としての「格闘技」
⑫遊びからゲームへ：遊びの理論からゲーム理論へ
⑬ジェンダーって何？：自らのジェンダー度を知り，日本の文化を知る
⑭インターネット社会の私：孤独と連帯のスキマにいる大衆としての私
⑮レポート発表会：各人のレポート発表　質疑応答

に，講義型と討論型，相互修習型の授業を，講義ごとに交えてすすめることになった。初期のシラバスは表7-1の通りであった。

①〜⑥の前半は，映画，ライブ映像，アニメ鑑賞をはさみ，時代背景や流行をおさえつつ，日本の社会理論，社会文化を学び，⑦〜⑪の中盤は，作品討論，音楽批評などの相互修習に移行し，⑫〜⑮の後半は，実技（心理ゲーム＋ジェンダーゲーム），討論（インターネットの心理），各自のレポート（最終報告）のシラバスを組んだ。

授業内容に若干の変化はあるものの，この試みは2期ほど試行され，さまざまな問題点が明らかになってきた。それは，

①ペーパーによるアンケート形式のゲーム，マンガ編集演習，カートゥン批評，音楽批評も取り入れ，教員と留学生間のマンツーマン関係の維持はできるものの，学生間の授業内での交流が生まれにくい。
②討論が，日本語の修習度に左右されるために，発言する学生としない学生に分かれ，しかも学生と教員の一対一の質疑応答になりやすい。
③①，②から，授業の理解度，満足度，参加意識度などが，授業に参加した学生にも，教員にもわかりにくい。

これでは，よりよい授業形成の基準を明らかにすることができない。初期の段階では，まさに「わからない」ということが「わかる」ようになったのである。

4 橋本メソッドの新展開：議論とフォローの両輪

3期目からは，思い切って「大衆文化論」から試行的に，「マンガ文化論」への全面転換をおこった。より専門性をうちだしながら，3つの問題点の改善を図るべく，橋本メソッドの肝の1つであるシャトルカード（☞図6-1：65頁）による個人フォローを導入した。授業の感想，新たな質問，授業そのものの評価について，留学生から忌憚のない「意見」を毎回受けることになったのである。このシャトルカードの導入によって，日本人の学生に当たり前のように使っていた言葉が，留学生の理解にはもう1つ噛み砕いた言葉で説明することが必要であることに気づかされた。このことを意識し，「概念」をできるだけわかりやすい言葉に置き換える繰り返しの中で，教員と学生間の「信頼関係」が徐々に形成された。学生の参加意識，取り組み姿勢は積極的になり，不思議と「授業」内の私に対する質問が少なくなり，

表7-2 第3期のシラバス

①マンガとは何か：その語源，ルーツから形式まで	講義＆質疑
②絵巻物と漫画：絵巻物から物語漫画への表現形式について	講義＆質疑
③近代日本漫画の成立と西欧風刺精神：カートゥンを批評する	講義＆演習
④手塚治虫と宮崎駿：その社会文化への影響	講義＆質疑
⑤マンガを編集し，制作してみよう	演習＆討論
⑥SFとマンガ：SFマンガとアニメの関係	講義＆質疑
⑦サブカルチャーとマンガ：「COM」と「ガロ」の時代	講義＆討論
⑧マンガ，アニメ，ポップ文化	学生による発表＆討論
⑨少年ジャンプから同人誌，コミックマーケットへ	講義＆討論
⑩サブカルチャーとおたく文化	講義＆討論
⑪著作権とマンガ	講義＆討論
⑫マンガの物語性：底流する神話，伝説，昔話	講義＆討論
⑬マンガ表現の進化とマンガ表現論	講義＆討論
⑭マンガ批評とマンガ論争	講義＆討論
⑮マンガとマンガ文化	学生報告＆質疑応答

シャトルカードの質問項目に代替されていった。第3期のシラバスは表7-2の通り進んだ。

2期目では，授業初日に「日本文化アンケート」をとっていたが，3期目よりマンガ，アニメなど「知名度」アンケートを含ませ実施し，アンケート結果から，留学生の興味ある作品や作者を盛り込みつつ，日本のマンガ文化全般を扱う授業にシフトした。この15回の授業は，講義と演習を基本とする①〜⑤の前半，講義と討論を主題とする⑥〜⑩の中盤，講義と学生主導の討論を基礎とする⑪〜⑮の後半に分かれ，マンガというものの基礎を学ぶ前半，戦後日本のマンガ文化を学ぶ中盤，マンガ文化の専門分野を学ぶ後半で構成されている。授業当初は，マンガという親しみやすいメディアであったとしても，海外留学生が果たして専門的なマンガ知識に興味をもつだろうかという心配があった。

そんな心配をよそに，前半で，教員と学生とのマンツーマンの人間関係が形成され，中盤では，学生発表，討論を通して学生間の人間関係が結ばれ，後半では，マンガというメディアが，表面的に華やかにみえる「マンガ文化」の奥にある，社会，政治，市場，物語，流行などの「日本的なるもの」と深く結びつき，日本人の多面

的な欲望，その指向性を学生が汲みあげることに一応の成功をみたのである。

　しかし，橋本メソッドの講義形式の基本である15コマの授業全てを学生発表と討論に振り向けることは，留学生が日本文化に対する「基礎知識」「基礎言語」があまり多くないなかでは，まだ無理があることもわかってきた。そこで，留学生各国での「日本マンガ・アニメ」の受容，または，各国の「マンガ・アニメ文化」の状況報告を交え，日本文化との「比較文化論」として展開を図ることで，「日本文化」をあぶりだし，留学生の力量を見定めながら「討論」主体の授業にシフトしていくことにした。1年という限られた期間しかない留学生に対する授業は，日本語力，知識に関するバラツキもあることから，基礎知識を身につけながら幅広い討論を組織し，学習意欲を高めていくことが大切であることが理解されたのである。5期目をむかえるなか，基礎知識と議論の幅をいかに学生に授けていくのかが課題となる。

5　60人規模の一般教養課程での体験

　東京外国語大学・留学生日本語教育センターでの取組と平行して，愛知県立芸術大学での「芸術」を志す学生と一緒に取り組んだ授業は，多人数，大教室，一般教養という条件のもと，橋本メソッドの基礎であるグループ学習，討論，最終授業でのグループ報告を交えて，シャトルカードの代わりに，授業アンケート（感想・質問・要望）を毎回提出してもらうことで，出席カードに代替した。外語大での授業と同じように，基本は講義＋質疑応答＋討論の組み合わせで行われた授業であったが，授業内で「質問」する，「討論」することに慣れていないこともあり，はじめはこちらから，話をしやすいように「質問」を用意し，学生の体験や考えが出やすいように導いた。回を重ねるうちにだんだん慣れ，しだいに議論が活発になり，最終授業では，報告テーマを定め，20分のグループ討議，14回の授業を振り返り，選抜5グループによる計70分の「報告」と質疑応答，教員のコメントが，スムーズに行われることになったのである。

　この一連の授業は，学生自らが参加し，教員と議論し，学生間の論議で学習ポイントの到達点を導いていけることの体験であった。参加後のアンケートには，さまざまな感想が書かれていた。

> - 講義というのは，聞くだけと思っていたから，急に先生に質問をされて集中していないことがばれた
> - 自分たちで討論を組織してゆくのはまだ難しいけど，グループメンバー間で議論し，報告し合うことで，自分の知識や考えがほんの一部でしかないことに気づいた
> - みんなの前で，先生に質問するのは勇気がいるけど，同じ学生同士で質問し合うのは苦にならない
> - 議論が煮詰まると，先生がタイミングよくアドバイスをくださるので，議論が活性化し，さまざまな論点がみえてくる
> - 全てが『この形式の授業』になる必要もないが，『専門知識』の講義と，このような授業があれば，より深く広く学んでいきたいという意欲がでてくる

など，最後の授業で，自分が感じた手応えどおりの「感想」が戻ってきたのである。

6 今後の課題と展望：橋本メソッドの「最適化」問題

東京外国語大学と愛知県立芸術大学での，質の異なる授業経験から，「橋本メソッド」の要は，その形式にあるのではなく，人数，学生の質，知識量，関心に合わせて，授業ごとに変化していくものであることを実感した。仮に「橋本メソッド」が，いかに学生が意欲をもって授業に参加するのか，参加することで何を得るのか，得た後に何を学ぶのか，という連鎖を射程にいれているとすれば，それは「授業」ごとにその学習環境に合わせて「最適化」されなければならない。

冒頭で15コマの授業を，大相撲の「星取り表」にたとえたが，まさに1コマ1コマの授業が，その目的に合わせた「試行」の場となる。「知識」は意欲がなければ身につかず，思考力は意欲と知識の両輪がまわらなければ生まれない。その意味からすれば，「橋本メソッド」は，学習意欲と多角的な知識をもたらすばかりでなく，基礎知識を身につける従来の「講義形式」と少人数による「ゼミナール形式」を結びつける「戦略型」授業としての可能性も大いに期待されるものである。

学生に欠けているのは，「知識」でもなく「思考力」でもなく，「意欲」であること，それは，学生のみならず教員にも該当することに気づけば，意欲を高めることが「知識」も「思考力」もおのずと高まることにつながってゆくのである。

このように考えると「橋本メソッド」の肝は，単にマンモス授業に効果があるというだけではなく，学生の質，規模（人数）に応じて，臨機応変に対応が可能であることに気づかされる。その後，茨城大学教育学部の100人規模の授業を経て，愛知淑徳大・メディアプロデュース学部の200人規模の授業でも班編成による「討論授業」の効果は着実にあがっている。しかし，あらたな問題もまた経験することになった。それは，班編成の自主討論を経た全体討論というシステムになじまない学生の存在である。

自分一人くらい討論に「参加」しなくても大丈夫だろうという気持ちが，私語をよび，一人の私語が10人にもなれば，十分な「騒音」になる。新たな対応は，「筆談」の勧めである。しゃべりたくなったら，机上におかれた白紙に書きこみをおこなう。それは，全体討論への「準備」にもなる。またそれは「息抜き」であっても一向にかまわないのである。

こうした試行錯誤を通して，学生と教師は，授業という「場」，空間を形成する「参加者」であるとの認識が生まれている。学生は「お客」ではなく，教師は「教授」するだけではない。相互に学習課題，目標にむけて並走する知の共同行為者になるのである。

この数年の経験を通して，専任に向けての「研究」「授業」「指導」への意欲が湧きあがっている。あわよくば，非常勤という「不安定」な立場ではなく，専任として本格的に「橋本メソッド」を応用展開していきたいという気持ちは，ますます強まっている。それは学生のためであり，大学のためであり，何よりも自分のためであり，将来の日本の活力になる「人材育成」のためだからである。

08 君は何ができるようになったのか
プロジェクト型チーム学習と初年次の導入教育

山田和人

1 はじめに

　同志社大学では，プロジェクト科目を 2006 年から開講している。本科目の最大の特徴は，テーマの公募制と往還型地域連携モデルの構築にある。また，この授業の教育方法は，プロジェクト・ベースド・ラーニング（Project-Based Learning：以下，PBL）をベースにした学生主体の社会連携型のチーム PBL である。これまで PBL は，理工系，医療・看護系，情報系，社会学系の専門科目の中に導入されることが多かったため，教育プログラムとしては，全学共通教養教育科目に設置されている数少ない文系の PBL の試みといえる。この科目は文科省による 2006 年度の現代的教育ニーズ取組支援プログラム（現代 GP：Good Practice）にも採択され，2008 年度末まで PBL をめぐるシンポジウムや報告書，調査訪問，PBL 研究会の活動等を行ってきたが，その過程において，筆者たちは豊かな沃野としての PBL の教育力を実感してきた。なお，2009 年度には，「大学教育・学生支援推進事業［テーマ A］大学教育推進プログラム」として「プロジェクト・リテラシーと新しい教養教育」が採択され，11 月から PBL 推進支援センターを設置して，PBL の普及と発展をはかるために，教育・研究活動を推進していることをつけくわえておきたい。
　そこで，教養教育の中で成果をあげてきたプロジェクト学習の方法を，専門科目の中で活かすことはできないかと考え，3 年前から日本文学基礎演習（1 年次通年科目）の筆者の担当クラスで，初年次の教育としてプロジェクト型チーム学習に取り組んでいる。本章では，その試みを紹介しながら，新しい学びのかたちを提案してみたい。

2 初年次の導入教育としての基礎演習

プロジェクト型チーム学習の紹介の前に初年次の導入教育としての基礎演習の概略を記しておく。総じて，ここでいう初年次の導入教育では，高校時代とは違う「大学の学びについて学ぶ」ことが大きなねらいである。国文学の基礎演習としては，文学研究入門（表現のおもしろさ・研究の楽しさ），自律的学習意欲の誘発（ゼミの学び・議論と対話），課題発見・解決学習への意識転換という3点をねらいとしている。そうしたねらいを実現するために必要な学習基礎力を高めていくことをめざしている。いいかえれば，いかに学ぶかを自ら学び，そのプロセスを体験することともいえる。また，それは，受験勉強などの個人学習からチームによる協調共感学習へと学びを転換していくことでもある。あるいは，課題学習からプロジェクト学習への転換ともいえる。

ここでは，学習基礎力を支える習得スキルを表8-1のように捉え，これらのスキルをプロジェクト学習を通して，習得することをめざしている。

表8-1 学習基礎力を支える習得スキル

- 文献検索力
- 文章表現力
- 文章読解力
- 情報リテラシー
- コミュニケーション力
- プレゼンテーション力
- リーダーシップ/サポーターシップ/フォロワーシップ

そして，こうしたスキルを一方的に教えるのではなく，学生が課題発見・課題解決のプロセスの中で試行錯誤をくり返して自ら学んでいくことをプロジェクト型チーム学習として位置づけている。つまりチュートリアル型のプロジェクト学習といえる。また，ひとりで学ぶのではなく，チームで悩みを共有しながら，それを一緒に解決していくための方法を互いに学び合う協調共感学習でもある。

■ 2-1 忠臣蔵検定

こうした目標やねらいを達成するために，筆者のクラスでは，『忠臣蔵検定』を作るという課題を設定している。検定問題は，『仮名手本忠臣蔵』を題材にして，

一人ひとりが見つけた課題に即して作成する四択の選択肢問題である。問題（問題文・選択肢）・正解・解説・参考文献が基本ユニットである。3年前から試行錯誤をくり返してきたが、この課題は徐々に学生に受け入れられている。

まず学生に「忠臣蔵」について質問すると次のような答えが返ってくることが多い。「話に聞いたことはある」「テレビや映画で見たような気がする」「しかし、原作の『仮名手本忠臣蔵』は読んだことがない」。一見これは、あまりかんばしくない反応のようにみえる。しかし、「何となく知っているが、読んだことはない」という反応は、見方を変えれば、まさに「既知と未知のバランスのとれた教材」ともいえる。しかも、いまだに読んだことがない作品であるということは、学生が同じスタートラインにたって未知の領野に踏み出すということであり、今までのつみ重ねがほとんどないところから一斉にスタートを切ることができるということでもある。学生の知的探求心を喚起することができるという点でもすぐれた教材の一つであろう。

また、「忠臣蔵」には多くの人物が登場し、義士とその周辺の人物を巻き込んだ多彩な群像劇として描かれており、忠臣義臣、悪臣佞臣あり、親子の情愛、若者の恋あり、幅広い出来事が一年という限られた期間に、集約的に表現されている。その意味で、「切り口が多様な教材」となっており、そのことが受け入れられやすい要因にもなっているのだろう。

■ 2-2 なぜ検定問題の作成なのか

ここで、初年次の学生に検定問題を作成するという課題を設定していることの意味についても簡単に説明しておきたい。まず、これまで受験勉強の影響を受け、常に自分は解答者の立場であることがあたりまえだと思っている初年次の学生にとって検定問題を作るという体験は、自分が解答者の立場から出題者の立場に移行することを意味している。本授業では、そうした立場の逆転によって、学生の学びのパラダイムを転換することをねらっているのである。それは文学研究に即していえば、読者の立場から作者の立場への転換を意味しており、受け手から作り手への意識転換ともいえる。これは大学で文学を研究するということについての基本的な考え方のフレームを学ぶために必要なプロセスといいかえることもできる。また問題作りでは、解答者を意識して作問しなければならないので、常に一般性と客観性が求められることになり、自己満足のレベルでは、興味深く解答できる問題にならないという条件が、検定問題を作成するということ自体にあらかじめ設定されていることになる。

ここで，最も重要なことは，自分自身の問題を作成することを通して，作品の中にどのような課題をみつけることができるかを自ら問いかけなければならないという点であり，筆者は学生たちにそうした問題作りを通して，自ら課題を発見し，課題を探求する喜びを感じ取ってもらいたいという期待をもっている。

　そのため，プロジェクト型チーム学習の場合，その教材自体が，「課題探究ができる教材」であることが何よりも重要であるといえる。先述のように『仮名手本忠臣蔵』は「既知と未知のバランスのとれた教材」であり，「切り口が多様な教材」でもあり，文字通り多面的，多層的な読みを可能にする奥行きの深い教材なのである。ちなみに他作品でも試みてみたが，今のところ，『仮名手本忠臣蔵』が最も課題発見に適した教材である。そして，問題を作成するプロセスで，学生は必要なスキルを自ずと学習するようになる。手前味噌であるが，こうした検定問題を作るという発想と方式は，他ジャンルにおいても適用可能な方法であるといえるのではないだろうか。

3 チーム学習の注意点

　さて，忠臣蔵検定の実際の授業の流れに入る前に，チーム学習の注意点，すなわち「落し穴」と「上手くいく仕掛け」について，ここで言及しておきたい。

3-1　チーム学習の落し穴

　チーム学習を促進するために，最も重要な注意点は，個別作業に解体できるような教材や授業展開にしないということである。あたりまえといえばあたりまえなのだが，案外落とし穴かもしれない。これは目的意識の共有を必須とするチーム学習ではない，グループ学習の場合でも同様である。たとえば，テキストの講読をグループ発表形式で行う場合に，その本文を機械的に分割して，グループごとに割り当てるというケースも多いのではないだろうか。その場合，学生たちは，担当本文を発表者の人数に割り当てて，各自で調べて，最後に合わせるだけ，あるいは，ひどい場合には，それぞれに印刷したものを配布して，それぞれが入れ替わり立ち替わり発表するという個人発表形式になる場合が多いだろう。教員は，グループで相談しながら，本文の検討を行い，その結果が反映されるような発表を期待しているのに，実際には，個別分担による個人学習以外の何ものでもない。こうしたグループ発表を見て，教員が「グループで議論をして，その成果を発表するという，こん

な基本的なことができないのか」と、どなってしまうケースもある。

しかし、どなる前に、ここでもう一度考え直してみるべきであろう。グループ発表でメンバー間の議論や共同作業を期待するのなら、個別分割できない素材とグループで集まらなければ解決しない課題を設定すべきである。個別分割して個人学習で済ませることができるならば、グループ学習の必要がないので、学生が個人学習の延長線上で、分担して準備を進めるのはしごく当然なことではないだろうか。

■ 3-2 チーム学習の仕掛け

そこで、この授業では、チーム学習として展開しなければならなくなるような複数の仕掛けを施している。

まず一つ目の仕掛けは、忠臣蔵検定の問題は各自が一問ずつ作成するが、必ず作成の際にチーム全体のテーマを重視するように伝えることである。チームとしてのテーマは、今後のチームの方向性に関わるので、しっかりと議論をしておかなければならない。そして個別ばらばらの問題ではダメで、チームのテーマに基づいて一貫した問題作りをめざすように、と求めている。

また、二つ目の仕掛けは解答者が問題を解き終わったときに、なるほどこの問題を解いてよかったと思えるような強いメッセージをこめるよう学生たちに求めることである。メッセージを伝えるためには、テーマに即したストーリーが必要であるため、この仕掛けは第一の仕掛けと密接に連関している。つまり第一の仕掛けと第二の仕掛けは作品に対する多面的な理解と的確な解釈が問題を解くプロセスで実感できるようなチーム全体のテーマ設定と、そのテーマに即したストーリーに裏打ちされたメッセージ性を何より重視していることを伝えているのである。

それと同時に、授業時間内で議論を完結させないようにする仕掛けも大切である。後にもふれるが、当初は、授業時間をすべて個別ミーティングに使っていた。そうすると、その場で問題点の確認や次のステップについての議論ができてしまうため、わざわざミーティングのために時間を割いて集まる必要がなくなってしまう。また、チームとしてモチベーションを維持しながら、一時間以上集中して議論できる会議スキルを、初年次の学生に期待するのは無理な相談である。

こうした反省点を踏まえて、現在では授業時間を細かく区切って設計するようにした。そしてプロジェクトを成功させるスキル、チームワークを高める方法、プレゼンテーションの姿勢、メモの効果と効率的な取り方、調べ物のスキルアップ、学外図書館の利用方法、注釈書の活用法などのレクチャーを毎回入れるようにし

08 君は何ができるようになったのか

図8-1 授業内ミーティング1　　図8-2 授業内ミーティング2

て，その残りの時間を授業内ミーティングに充当するようにした。また，授業内ミーティングの時間も，30分か20分と時間を区切ることによって，タイムプレッシャーをうまくいかして，集中力とモチベーションを高めるように工夫をして授業内に2パート組み込むようにしている。そして，最後の5分間は次のミーティングの打ち合わせに使うことになっている。

これによって，のんべんだらりとした授業内ミーティングの質が向上するとともに，そこで消化しきれない課題が出てくることになるので，1週間のうちにもう1回ミーティングを設定しなければならなくなる状況を作り出しているのである。このように授業展開を，テーマやメッセージという内容面と物理的な時間の使い方の両面から再構築した結果，以前よりも授業内ミーティングの運営もチーム学習の利点もうまくいかすことができるようになってきた。

授業スケジュールを立てる時にも，プロジェクト型チーム学習の特性をいかした授業設計に留意するようにしている。ただし，初年次の学生にとって，こうした学習は初めての経験である場合が多いので，最初に授業のねらいと習得できるスキル，教育効果について適切に説明しておく必要があるだろう。

4　『忠臣蔵検定』の授業運営の流れ

それではプロジェクト型チーム学習の事例として，具体的に『忠臣蔵検定』の授業の流れを整理しておきたい。

■ 4-1　授業のねらいの明確化：①レクチャー

> まず、「大学の学びについて学ぶ」という目標を提示し、『忠臣蔵検定』を作ることの意義を説明する。そして、それによって得られる教育効果を伝える。それらをまとめて提示して評価指針についても説明する。

具体的には第2節で述べたように、文学研究入門として、日本語による表現のおもしろさ、調べて発表する研究の楽しさを学ぶこと、ゼミナールの学びの多様性や、議論と対話から自発的に学ぶ意欲を引き出すこと、課題発見・探求への意識転換について具体的に話した後、それを支えるのが学習基礎力であり、表8-1に挙げたリテラシーを総合的に身につけることが、現代社会から求められている素養であることも伝える。

また、ここでは、とりわけコミュニケーション力とプレゼンテーション力を磨くことの重要性を強く訴えるようにしている。そしてそれらの能力の習得のためには、プロジェクト型チーム学習が有効であることを、エピソードを交えながら印象的に伝えるようにしている。

■ 4-2　授業のねらいの明確化：②ワークショップ

その後、江戸時代の頓智絵本を使って、文学的に読むことの基本をワークショップとして伝える。

> 学生に見せる図には、上部に「つる」「かめ」「まつだけ」と変体仮名で記されている。この文字をいきなり読ませるのだが、ほかの図も見せて、絵の中にヒントがあることを明かすことにしている。中央の人物は「釣り」をしており、釣れたのは「亀」なので、「つる」と「かめ」はわかる。あとは、釣れるのを「待つだけ」という意味で、「まつだけ」だが、それは抽象的でわかりにくい。そこで、絵をもう一度見直すと、なるほど「まつだけ」でなければならないことに気づく。すなわち、中央の人物が座っているのは、川の中の大きな岩ではなく、「松茸」であることに気づく。

大半の学生はホオーと驚く。そこで、間髪を入れずに、見えていなかったものが突然見えるようになったのはなぜかと問う。まさに、釣りをする人物に意識が集

中していたために，座っている岩としか見えなかったのであり，松茸が見えていなかっただけなのだ。文学的に読むということは，見えないものを見るのではなく，見えていないものを見ることなのだという説明をする。こうした視点の転換を自在に行なうことができるようになれば，作品の読みが深まっていくということをクイズ形式で説明する。そして，それが問題作りでも同様であることを理解させるように注意を喚起する。一方的なレクチャーではなく，ワークショップによって学習のねらいを明確化するという方法は有効である。

　また，チーム作りのために必要な「なかま作り」と「居場所作り」の重要性に気づかせるためにワークショップを活用している。チーム学習では，全員がポジティブに取り組むことが最も大切である。それに気づかせるために，「いいですねえゲーム」を行っている。

> 「いいですねえゲーム」では，常に肯定的に現実を受け入れて，そこから展開していく能動的な行動様式を学ぶ。相手の話に対して，必ず「いいですねえ」と反応する。「でも」「だけど」「ただし」などのことばがはさまると失格。もちろん，行き詰まっても失格。2人1組で，どのチームが最後まで残れるか，サバイバルゲームである。2度3度と繰り返していくうちに，どうすれば長く続くのか，理解するようになる。

　どのようにしてコミュニケーションをとっていくかが重要であり，前向きに考えることが容易にみえて，いかにむずかしいかを体験を通して学ぶ。

　こうしたワークショップが，チーム学習の場合には有効である。コミュニケーションの重要性についてレクチャーするだけでは理解できないからである。がみがみ注意されるよりも，ゲームの中でつかんでいく方が，アクティブな学びでは有効である。

■ 4-3　チーム分け

> 初回の授業終了後，『仮名手本忠臣蔵』のプリントを配布して，来週までに通読し，各自でテーマを考えてくるように指示している。それぞれのテーマを30秒スピーチで発表し，テーマによってチーム分けを決定することを予告する。

大半の学生は，現代語訳も参照しながら，人物や場面に即してテーマを作ってくる。読んでこない学生もわずかながら出てくるものの，心苦しい雰囲気になるために読んでくるようになる。

> 第2回には，大きな円陣を組んで，それぞれのテーマについて30秒スピーチを実施する。発表後，必ず拍手をするように促している。常にテンポよく進めていくためである。全員がテーマ発表した後で，お互いに自由に動き回って，チーム編成のためにメンバーをつのる。10分でチーム編成を終えるようにする。

タイムプレッシャーをうまく利用して集中力と判断力を発揮させるように配慮する。1チームは5名前後とする。メンバーが確定したチームから座っていき，全員が着席した時がチーム編成の終了である。チームやグループを決める時に決定したところから座っていくという方式にしておくと，決まらないで困っている学生がすぐにわかるので，まわりから声がかかるようになって強制的に参加させずに済むというメリットもある。

テーマの多くは，由良之助，お軽・勘平，判官・師直，義平・お園，加古川本蔵などの人物とその周辺の人物像に焦点を当てたもの，女忠臣蔵，忠臣蔵の忠義や悪等の横断的なテーマなどがみられる。実に多彩・多様なテーマが設定されていく。

> その後，すぐにチーム名の決定，チームリーダーの決定，チームルールの決定を行なう。

チーム名の決定は，チームとしてのアイデンティティを確立するとともに，チームテーマを意識させるためである。チーム名は自由につけてよい。チームリーダーの決定は，チームとしての役割分担を意識させるために必要である。チームルールは，自分たちで決めたことは自分たちで守るという原則である。遅刻をしない。活動記録や議事録の期限を守る。一言は必ず発言する。困っている時にはフォローする。チームとしてもり上げる等々。ここでは，チームとして活動していくことに対する期待感をもたせることが重要であり，同時に，メンバーのチームへの帰属意識を育てていくことを大切にするように心がける。

そこで決定したことを，すぐにリーダーがホワイトボードなどに板書する。リーダーとしての自覚をもたせるためである。そして，リーダーが，チームの決定事項

をクラス全員に宣言する。毎回，発表や発言が終わった時には拍手をさせる。常にフィードバックがある環境と条件を作ることを心がけるようにするためである。また，同じ内容を後述のデジタル・ポートフォリオにアップすることも伝える。

この時に，チーム学習のためにミーティングの重要性を伝え，授業時間以外に必ず週1回ミーティングする時間を確保して，スケジュール調整を行わせる。昼休みや授業の空き時間をみつけて，話し合うこと，その結果を報告し合うように促す。その結果を授業内ミーティングで確認するとともに，デジタル・ポートフォリオにアップすることをルールとして伝える。また，一週間の自分自身の活動を振り返るために活動記録を書くこともあわせて提案し，この記録もデジタル・ポートフォリオにアップすることをルールとしている。チームのコミュニティを形成していくために対面してミーティングを行なう機会ときっかけを作っていくことの重要性についても指摘する。

> 最後に，検定問題の形式についてまとめて説明する。前述したように検定問題は，『仮名手本忠臣蔵』を題材にして，一人ひとりが見つけた課題に即して作成する四択の選択肢問題である。問題（問題文・選択肢）・正解・解説・参考文献が基本ユニットである。中間報告では，この四項目をA4一枚にまとめる。最終発表では，A4判で，問題編と解説編の二分冊として表紙もつける。それぞれチーム毎にホッチキスで綴じて製本したものを配布し，クラス全員が解答する。

問題作りについては第2回目の授業の最後もしくは3回目の冒頭で説明をしている。問題作りの説明をする時に，先輩が作成した最終発表のサンプル（過去問）を提示してチーム毎にまとまって閲覧する時間を設けている。チーム数に応じて5〜6問準備している。これは，問題作りのイメージをつかませることと個人とチームのモチベーションを引き上げることが目的である。

ただし，ここで注意しなければならないのは，先輩の問題は配布してはならないということである。筆記用具を持たずに，サンプルを閲覧させている。そうしなければ，先輩のサンプルをもとにして問題を作ろうとしたり，それをアレンジして問題を作成しようとするからである。それでは，自分の発見した課題を探求するというねらいが崩れてしまうことになりかねない。先入観を与えないためにプリント配布は避けるべきである。最近，パワーポイントの資料などを機械的にプリント配布する風潮があるが，こうした授業の局面では控えるべきであろう。

4-4 中間報告

　プロジェクト型チーム学習の場合には，学習の成果は発表・報告というかたちをとる。今は，中間報告と最終発表という2回の発表を組み込んでいる。14，5回の1セメスターの授業で2回の発表は多すぎるようにみえるかもしれないが，実は，これがきわめて重要な役割を果たすことになる。以前は，成果発表は授業の最後の3回を割り当てて1回だけ行っていた。発表までは，学生のチーム学習に委ねてきた。しかしながら，3ヶ月にわたる長丁場を，モチベーションを維持しながら活動していくことは初年次の学生には負担が大きすぎることがわかってきた。それと同時に，一発勝負という面があり，これでうまくいくこともあれば，失敗することもある。挽回するチャンスがないばかりではなく，自分たちの活動のマイナス要因を分析して，それをチームの学習に組み込む機会が設けられていないということにも気づいた。プロジェクト学習のプラス面は，失敗を通じて学ぶことの教育効果が大きい点であり，それが一回の発表だけでは，その最大のメリットを活かすことができていなかったのである。そのために，中間報告を導入することに切り替えた。

> 中間報告ではA4用紙1枚に，問題（問題文・選択肢）・正解・解説・参考文献をまとめて，資料の作成・印刷を行う。中間報告の概要は次のようなかたちである。プリント配布2分，クラス全員の解答時間を4分程度，報告の冒頭にチームの出題のねらいを1分で述べ，個別解説1人3分，質疑応答3分，25分で1チーム5人編成の発表が終わる。それで，3チームが発表できるようにしている。

　発表に対するフィードバックは，質疑応答だけではなく，デジタル・ポートフォリオへのコメントもあわせて行われる。報告者は，一両日中に，自分たちの問題をチームのポートフォリオにアップしておくことが条件になっている。積極的な学生は，チームを越えてコメントをつけるようになる。すべての学生がコメントをつけられるようになるのは難しいが，他チームへの投稿数が50を超えるチームも出てくる。こうしたコメントが報告者にうれしいフィードバックとなって返っている。コメントに対する返信や授業中の会話の中にそうしたやりとりをみいだすことができる。なかには，十分な調べができなかったチームや問題のクオリティーが低かったチームも，中間報告をきっかけにして，大きく変化していく場合もある。実際に体験してみることで，自分たちの活動を振り返る機会をもつことはプロジェクト学

習に限らず，学びの基本であり，そのきっかけをできるだけちりばめておくことによって，学習者がそれをいかしていけるような環境と条件を作ることも大切である。

4-5 最終発表

最終発表は，中間報告からどの程度チームの学習成果が深まったのかを自分自身で確認できる貴重な機会である。自分自身の問題のクオリティーがどの程度あがったかが，自分自身に一番よくわかるというのも検定問題を作るという課題のおもしろいところである。中間報告の段階よりも，何を問題にしているのか，あるいは自分の解釈が深まってきているのかが，問題文や選択肢に如実に現れてくる手応えを，問題作りをしている本人自身が実感できるということである。

同時に，それは自己表現の産みの苦しみをともなっていることも事実であり，問題作りのプロセスで直面している問題作りの壁を乗り越えることができず，悶々とする学生も多い。この悶々とするところが大切であり，そこをチーム全員で乗り越えていくところにプロジェクト型チーム学習の醍醐味がある。ただし，そこでいかなるアドバイスができるか，教員にとっても悩ましいところでもある。ただし，この授業では，毎回提出される活動記録や議事録を通してあらかじめ学生の現状を知ることができるので，当該チームに気軽に声をかけて，相談に乗ることができる。その場合に，まずどこで困っているのかをはっきりさせることから始めて，本文にもう一度もどってみるようにサジェスチョンを与える。問題作りが，実は作品の解釈の問題であることに気づいていない場合も多いからである。自分の解釈を絶対視している場合もある。そうした場合には，そのチームに踏みとどまって，20分ぐらい時間をとって話をする場合もある。ただし，ヒントを与えるという範囲にとどめることが大切であり，解決策を具体的に全て示すことはしない。それでは，アドバイスを自分自身がいかす絶好の学びの機会を奪うことになるからである。「してあげる教育」から脱却させなければならないからでもある。その時に，質問者に個別に説明をするのではなく，チーム全員に説明するようにする。そうすることで，チーム全員が質問者の悩みを共有し，問題解決に取り組めるようになるからである。

図8-3 最終発表の質問風景

> 最終発表は，中間報告と同様に問題・正解・解説・参考文献であるが，A4判問題編と解説編の二分冊として，表紙もつけ，製本して配布する。また，それぞれのパートの時間が少しずつ延長される。プリント配布2分，クラス全員の解答時間5分，出題のねらい1分，個別解説4分，質疑応答5分，1チーム5人編成で35分程度で発表が終わる。1回2チーム，3回の授業時間を確保している。

　最終発表では，忠臣蔵検定評価表を配布して，それを記入しながら問題の解説を聞き取るようにしている。大まかにいえば，設問（選択肢の適切さ・メッセージ性），解説（素材のまとめ方・レジュメの作り方），プレゼンテーション（時間配分・口頭発表のしかた）の，3点を5ポイント制で評価する。その3点の脇に自由記述欄を設けている。実は，授業を続ける中で，この記述欄が小さすぎるという指摘があり，現在使用しているシートでは，TAの工夫で，吹き出し式のゆったりとしたコメント欄になっている。この評価表を発表チームが責任をもって持ち帰り，それをもとにミーティングを行い，自己評価・他者評価の参考資料として活用しており，その成果を最終レポートとして，チームごとに完成した検定問題を提出して授業が終了する。評価表は次の週に必ず返却するように指示している。発表を評価するという視点から聞くことで，発表内容に集中させる効果と同時に複数のタスクを実行する態度を習得させるためである。メモをとりながら，評価表でポイントを記入しつつ，自由記述欄を埋めていく作業である。もちろん，最後に評価表を書く時間も設けている。

■ 4-6　振り返り

　最終回の授業は，振り返りの時間として使う。

> まず，チーム毎に活動の振り返りを行う。それぞれに5分の相談時間を設けて，代表1人が，成果発表およびチーム学習の成果と課題について2,3分で振り返り発表する。その後，後で掲げるデジタル・ポートフォリオの集計結果を，TAが作成したエクセルデータを投影するかたちで，個人のアクセス数・チームのアクセス数・投稿数などをクラス全員の前で発表している。

08 君は何ができるようになったのか

個人名やチーム名を公開することに若干抵抗があるのではないかと懸念したが，すでにクラス，チームで打ち解けているので，個人アクセス数やチームのアクセス数に全員が興味を示し楽しんでいるようだ。ここでは，データで振り返る視点を学ぶ機会にもなるように配慮している。どうしても，最終回はチーム学習独特の高揚感と達成感により，自分たちの活動を客観的に振り返ることができなくなることを想定して，データの紹介も含

図8-4　円陣による振り返り
(30秒スピーチ)

めて学期を振り返るように促している。その後，時間があれば，初回に実施したワークショップ「いいですねえ」ゲームをして，どの程度コミュニケーション・スキルがアップしたか試している。最後に，大きな円陣を組んで，一人ひとり学期の活動を振り返って，自分自身の学びについてコメントをするようにしている。1人30秒程度だが，的確に自己認識できている場合が多いようだ。なかには感激して涙する学生もいる。一緒に1つのことをやり遂げた達成感と充実感がにじみ出てくるのだろう。

■ 4-7　評価主体は誰か？

プロジェクト学習では，授業内学習よりも授業外学習で学生が成長していくことが多い。こうした授業外学習も含めた学習プロセスをすべて掌握しているのは学生自身であり，授業担当者もその詳細については把握していない。もちろん，活動記録や議事録において，何が問題になり，何が課題なのかは，それらの記録から知ることができるが，誰がどのように会議を運営しているのか，どのようにコミットメントしているのかは，当該学習者が一番よく理解しているはずである。こうしたアクティブな学びにおいては，評価者は学生自身なのではないかということに気づき始めた。その結果，現在は評価方法についても変更を加えている。

中間報告が終わった時点で，最終発表に向けて問題の精度をあげていく工夫を促すために，担当者がアップされた中間報告の問題についてコメントをつけるとともに，学習支援システムの運用実績についてデータで振り返る機会を設けるようにしている。以前は，最終発表の後の振り返りのデータとして提示していたのだが，中間報告後の中だるみを最小限に抑えるために，中間報告についての振り返りを重視

するようにした。そこで、チームと個人の活動を、他のチームとの比較の中でとらえる視点を養う効果もあり、自分たちの活動のプラス要因とマイナス要因を分析的にとらえるように促している。

最終発表に向けて、自分たちの学びを深化させるために、ここから次のステージにあがるということを意識させるために、ショッキングな課題設定をしている。すなわち、「自分の成績は自分が決める」という問題提起がそれである。

学生は小中高、受験時代と、常に評価される側に立ち続けてきた。しかし、自分も実は評価者であること、評価者であるためには自己評価がしっかりしていなければならないこと、自己評価のないところに他者評価はないということを意識させることが重要である。そして、それらを通して、自己評価の精度をあげていくことで、プロジェクト学習の評価主体としてどこまで自分自身が成長できるようになったかに気づかせることが目的である。そのために必要な自己評価表の説明を行い、それと今までの記録も踏まえて、自分自身の活動をきちんと評価できるようになることを目指すことを示す。自己評価表には、表8-2のような質問項目が記されている。

こうした自己評価表を学習支援システムにアップして、それをお互いに参照しあった上で、最終授業で行われる振り返りの評価資料とする。ただし、ここでの評価が自分の活動の最終評価になるわけではない。その後、自己評価表をもとにして、チームごとに成績会議を開いて、評価点の再検討を行う。その時に、前述したデータで振り返ることも行う。また、自分自身の活動記録や議事録を見直して、評価点の修正を行う機会を設け、その結果をチームごとにまとまって、クラスの全員の前で各自修正の根拠を提示して、評価点を発表する。さらに、その後に持たれる話し

表8-2　自己評価のための質問項目

①あなたは、このプロジェクトを遂行するために、何時間の時間を要しましたか（200字）。

②あなたは、プロジェクトのなかでどのような役割をはたすことができましたか（400字）。

③あなたは、もう一度最初から、このプロジェクトを始めるとすれば、どのような点に留意しますか（400字）。

④あなたは、このプロジェクトを通して、何を学ぶことができましたか（600字）。

⑤あなたにとって、このプロジェクトは、今後の人生にどのような影響をあたえると考えますか（400字）。

⑥あなたは、本プロジェクトチームの成果を何点と評価しますか（100点満点）。評価のポイントもあわせて記入してください（200字）。

⑦あなたは、自分自身のプロジェクト活動を何点と評価しますか（100点満点）。（200字）評価のポイントもあわせて記入してください（200字）。

合いやミーティングの結果を踏まえて，最終評価点を，その根拠とともに，デジタル・ポートフォリオのうえにアップして公表する。こうしたプロセスを通して，学生は自分自身の評価を見直す数度の機会を経て，徐々に冷静に自分自身の活動について振り返り，評価することができるようになる。そして，ほかのメンバーの評価点についてチームで検討していくことを通して，自分自身の評価を見定めることができるようになっていく。こうして学生の自己評価の精度があがっていく。

「自分の成績は自分で決める」というのは，けっして教師が教えること，評価することを放棄しているのではない。むしろ，逆である。学生の精度の上がった自己評価と教師の総合評価は多くの場合，かなり強い相関関係を示す。それは学生の自己評価の精度がまちがいなく上がってきていることの証左といえるだろう。

実は，元来，プロジェクト学習は，振り返りと気づきによる自己評価を学習プロセスの中に組み込んだ学習であり，そうした学習プロセスで修得した自己評価が，プロジェクト学習の評価の特徴といえる。プロジェクト学習では，日々にチームのメンバー同士の自己評価・他者評価を繰り返しており，その意味で，プロジェクト学習は，学習者自身の主体的な評価活動を教育プロセスとして内在しているといえる。

5 チーム学習支援のためのデジタル・ポートフォリオ

5-1 デジタル・ポートフォリオの重要性

プロジェクト型チーム学習の成否は，チームのモチベーションの維持と情報共有と時間管理にかかっている。そのために必要になるのが，チーム学習支援のためのデジタル・ポートフォリオである。もともとポートフォリオは，紙挟みのことを意味している。フォルダーに自分で得た知識や情報をストックして一覧できるようにすることのように理解されているが，そうした形式は問題ではない。ポートフォリオは，紙を束ねておくためのクリップのようなものだから，順番を自由に変えることもできるし，何でもとりあえず挟んでおけばいいということになる。ただし，用紙の大きさを統一しておくと整理がしやすい。また，配列替えのことを考慮すると，ノンブル（ページ付）を打っておくと便利である。フォリオには，ノンブルを打つという意味もある。これによって，常に情報の再構築を行うことができるという機能を備えることになる。

ポートフォリオの作成の目的は，個人の学習履歴の記録と保存と整理である。そ

れによって，学習者が自らの学びについて，メタ認知を得ることにある。学習履歴をたどることによって，試行錯誤のプロセスから，自分自身の学びを捉えることによって，成功因子と失敗因子を分析して，学びを再構築していくことにある。その意味では，ポートフォリオは，学びを「習慣化」していくことでもある。日本では，小学校の総合的な学習で導入されて，注目された。大学でもポートフォリオ学習を積極的に導入しているところがある。ただし，なかなかうまく運用できていないという話も聞く。その原因は，ポートフォリオの習慣化の失敗が原因と推測される。「習慣化」のための仕掛けがうまく働いていないのだろう。教育のプログラムやシステムを開発したり，導入したりすることには熱心だが，それの運用面についての検討が十分になされていないことが問題といえる。実は，そこにこそ「教育」の原点があるはずなのだが……。

　チーム学習では，モチベーションの維持と情報共有，時間管理が最も重要であると指摘したが，チーム学習にポートフォリオを入れると実にうまく機能していく。具体的に説明しよう。筆者のクラスでは，全学に提供されている学習支援ツールのうちの掲示板をポートフォリオとして活用している。ほかの機能はいっさい使わない。この掲示板は基本的なファイル形式には全て対応しているので，.docxでも.xlsxでも.pdfでも.jpegでも添付できるようになっている。実は，これだけで，立派なデジタル・ポートフォリオである。複雑なシステムもプログラムも何も必要はない。これが最もシンプルなデジタル紙挟みである。これを基本として使いやすさを工夫していくというのがデジタル・ポートフォリオの基本である。学習履歴を記録するために，ミーティングごとの議事録と毎週1回アップロードする活動記録の書式を準備すれば，これでデジタル・ポートフォリオのシステムの完成である。第2回目の授業では，チームが決定するので，チームごとにデジタル・ポートフォリオの活用法について簡単な説明をする。ポートフォリオは導入時点で成否は決まる。先程，「習慣化」ということを指摘したが，このことに関連する。最初は，習慣化するために，ある程度の「強制力」が必要である。具体的に，どのように指示をするかといえば，議事録は授業内のミーティングと授業外のミーティングの終了後に毎回アップすること，活動記録は，各自毎週1回アップすること。これもプロセス評価として重要な評価基準であることはあらかじめ説明しておく。

■ 5-2　ネットワーク型ポートフォリオ

　ただし，ここで重要な点がある。それは，ポートフォリオがチームメンバーに

限らず，他のチームにも公開されていることである。いわばネットワーク型ポートフォリオといえる。議事録も活動記録も全てが公開されて，それらを自由に参照し合うことができるようになっている。掲示板なので，当然といえば当然である。議事録と活動記録のアップの指示とともに，必ず全てにコメントをつけるように伝える。議事録を作成してもらったことに対して，感謝をするのはあたりまえなので，ありがとうの一言ぐらいは書くべきだろうと促す。

　こうした指示をするだけで，議事録や活動記録に対するコメントが，記録した学生本人に対するあたたかいフィードバックとなり，お互いの信頼関係を強化していく。チームメンバー同士の間にしだいに信頼と期待，励ましと癒しをもたらすようになっていく。ただ，強制したり，義務づけるのではなく，ポートフォリオを公開していくことによって，個人の学習履歴としてのポートフォリオから，ネットワーク型ポートフォリオへ質的な転換が起っているともいえる。このネットワークを機能させているのは，ほかならぬ学生自身なのだ。

　学生同士のコメントの交換が次の議事録や活動記録を書き続ける原動力になっていく。ここで起っている事態を観察すれば，そこには安心・安全基地としてのコミュニティーが形成されていっていることがわかる。学生は，通常の授業時間だけで成長するのではなく，授業外の活動によって，自らの学びを深化させていく。何が不足しているのか，何を問題にすべきなのか，それをメンバーとの話し合いの中で，つかんでいく。授業時間外に最低1回のミーティングを行っているので，しだいに率直な意見交換ができるようになり，いろいろな見方があることにお互いが気づくとともに，自分自身の問題について具体的な指摘を受けることに喜びを感じるようになっていく。信頼関係を作りあげることができたメンバーからの指摘は何より大きなアドバイスになる。学生が作るコミュニティをさらに詳細に見ると，「なかまのコミュニティ」「まなびのコミュニティ」「チームのコミュニティ」という重層的な構造になっていることがわかる。そうしたコミュニティの中で自己成長を遂げていくのがプロジェクト型チーム学習の学びの深化である。そうしたコミュニティ形成を支援する役割をネットワーク型ポートフォリオが担っているのである。

■ 5-3　記録を習慣化するフィードバック

　ポートフォリオを導入しようと考えている場合，最も注意しなければならないのは，個人の学習履歴を残すことを一方的に押し付けることにならないようにすることである。やはり，記録をとることを習慣化するためには，フィードバックが最

も重要な要素である。それを担当教員がしなければならないのではなく，学生同士が学び合う喜びのなかで，コメントがうれしい報酬として受け取れるようになるような工夫をしてみることである。もちろん，教員は適宜アドバイスと励ましを行う。学生が自分を見失っている場合の教員のアドバイスが最も効果的である。少なくとも，デジタル・ポートフォリオは，ネットワーク型ポートフォリオとして導入するのが基本ではないかと思う。習慣化するためには，ある種の「強制力」が必要であると前述したのは，初期段階の2，3回である。ただし，この段階で，学生の自由意志に任せたり，任意の期間設定をすると，提出が先延ばしになったり，提出しなくなったりするようになる。ここが実は最も重要なポイントである。ネットワーク型のポートフォリオを導入したとしても，それを学びのサイクルの中に適切に取り入れて運用できなければ，学生はそれを活用する以前のところでつまずいてしまうことになる。結果として，自己成長を自分自身が実感できるポートフォリオの恩恵を受けることができなくなってしまう。

　ネットワーク型ポートフォリオによって，学生は自分たちのコミュニティを深化させていくとともに，それを学びのコミュニティ，チームのコミュニティへと展開していく。そうしたプロセスがポートフォリオによってお互いに共有されるとともに，自らの学びの総体を把握しようとするようになる。教員は，そうした記録を通して，授業外学習の貴重な学びを把握することができるようになる。現在進行形のネットワーク型ポートフォリオによって，そこに立ち会っている全員が，いわばプロセス評価の視点をもつことになる。教員が適宜コメントを返していくことも，学生との信頼関係を作りあげていくうえでは重要である。ただし，従来の課題提出と同様に理解して先生と生徒との一対一の関係と誤解すると，学生間のコメント付けが活力をもたなくなるので，教員がひたすらコメントをつけるというのは効果的ではない。むしろ，弊害をもたらすことになる。大学での学びが高校時代の個人学習にあるのではなく，ゼミナール形式の授業であり，チーム学習による学生相互が学び合う協調共感学習にあることを実感させるためには，学生同士が対話を通して，他者へのリスペクトを実感し，意見交換することの喜びを感じることが初年次の学生の学びのパラダイム変換には重要だといえる。そのためには，チームの動きや授業時のミーティングの様子やポートフォリオの記述からコメントのタイミングを考えることが必要である。ポートフォリオを定着させるために，熱心にコメントを返す担当者も多いが，これについては再考する余地がおおいにある。

■ 5-4　ベスト・コメンテータ

　また，多くの掲示板がそうなのだが，アクセス数がチームごとに表示されるようになっているので，時々，アクセス数を意識させるために，授業の最初にアクセス数の多いチームと少ないチームのコメントや記事について紹介する機会を設けてみるのも効果的である。コメントを付けるように警告を発するのではなく，自分たちで客観的に見て現状を把握するように促していくことの方が，学生の認識は深まる。あるいは，コメントを熱心に返している個人やチームに対して，「ベスト・コメンテータ」や「ベスト・コメントチーム」というようなニックネームで賞賛することも効果的である。たとえば，その学生が，なぜ，ベスト・コメンテータになったのかについても，チームの活動を見ていると必ず要因が推測できる。

　たとえば，ある学生は，他のチームと比較して自分のチームがばらばらになっているので，それを改善しようと試みたがうまくいかない。そこで，まず，自ら動くことが大切だと感じ，コメントを付けることを通して，チームを立てなおそうとしたことがわかってくる。その学生は，こうしたチームへの貢献を通して，自らのポジションを把握するとともに，自分自身の学習の質を高めていこうと積極的に学ぶようになった。これも，コミュニティをおしゃべりのコミュニティから，学びのコミュニティ，チームのコミュニティへと展開させていく学生自身のトライといえる。「ベスト・コメンテータ」として賞賛することによって，その学生はチームの中で一目置かれる存在になるとともに，自信をもって行動することができるようになった。

■ 5-5　チームで学ぶ喜びに気づくために

　実はこのことはデジタル・ポートフォリオだけの問題ではなく，プロジェクト型チーム学習の展開にも同様のことが指摘できる。すなわち，チームで学ぶ喜びにできるだけ早く気づかせる工夫が必要である。ここでは，学生同士のコメントがお互いのフィードバックになるとともに，自分自身のリフレクション（振り返り）のきっかけにもなるのである。チームのコミュニティを育んでいくのは，ほかならぬ学生同士の不断のフィードバックとリフレクションが大きく関わっているといえる。

　参考までに掲げると，実際の春学期間約3ヶ月（投稿開始4月21日，投稿終了7月25日）の投稿総数は，学生の投稿数が1394，教員の投稿数が329，総投稿数が1723に及んだ。投稿数は，自己紹介文・振り返り文・中間報告の問題と週1回提出の議事録・活動記録と，アップされた文書に対するコメント数である。これらの

表8-3 各チーム毎の投稿総数

チーム名 \ 投稿総数	4.21〜4.27	4.28〜5.4	5.5〜5.11	5.12〜5.18	5.19〜5.25	5.26〜6.1	6.2〜6.8	6.9〜6.15	6.16〜6.22	6.23〜6.29	6.30〜7.6	7.7〜7.13	7.14〜7.20	7.21〜7.25
悲劇の恋愛事情	6	10	8	10	20	38	30	5	4	3	3	14	3	8
OYF	11	4	18	21	29	20	34	74	24	33	20	14	29	18
マイナー	7	2	6	12	6	30	16	44	9	26	9	15	16	5
ちーむ女負け組	12	1	5	16	11	9	29	20	10	4	9	9	4	5
桃色忠臣蔵	6	3	8	13	22	9	34	34	20	16	9	8	6	6
竹義	3	4	2	9	7	3	10	13	11	5	14	16	7	
一石二鳥	6	2	4	9	18	5	34	28	54	29	14	23	15	11
合計投稿総数	51	26	51	90	113	117	187	218	132	122	69	97	89	60

記録が，学生同士にも教員にとっても貴重な学習履歴として現在進行形で活用されたことが数字の上でも確認できる。この文章は，こうしたデータに基づいて作成されていることを断っておきたい。受講生数は，4人編成チームが5，5人編成チームが2，合計30人であった。

6 プロジェクト型チーム学習のための学びの空間

■ 6-1 何もない空間

　プロジェクト型チーム学習をうまく機能させるためには，学びの空間も大きく関わっている。チーム学習の喜びを感じる学びの場がほしいのだが，なかなか通常の教室ではそれを得ることはできない。では，どのような空間がプロジェクト学習には効果的なのか。この授業を展開している教室は，実は「情報道場」と名づけられた和空間の情報教室である。50畳のフローリング・スペース，20畳の畳座敷スペース，25畳の土間スペースからなる。学生は土間スペースから靴を脱いで上にあがる。畳座敷の一角には，座布団がまとめて置かれている。授業の始まる前は，ここでくつろいでいることが多いようだ。

　フローリング・スペースは，ふだんは何も置いていない「無」の空間である。そこに，1人用の寺子屋風の机が30数個積み重ねられている。全フロアに無線LANが配備されており，充電されたパソコンをチームで1～2台持ってきて，その場で電源を入れると，インターネットに接続できる。情報メディア教室になっているので，インターネット環境は当初から備わっている。

何もない空間というのは、コミュニケーション・ベースの学習には効果的である。ワークショップを行う場合にも、何もない空間が威力を発揮する。逆に、プレゼンテーションの時には、整然と配列された机の聴衆に向かって話すことで、フォーマルなスピーチであることを意識させることが大切である。融通無碍(ゆうずうむげ)に空間を使用者が自由にレイアウトすることができるという点は重要である。毎回、オープンスペースのなかに、自分たちの学びの空間を作り出していくこと、始まる前に、自分たちのポジションを決める意志が求められる。また、別の見方をすれば、オープンスペースではさえぎるものがないので、すぐに仲間になって、情報交換、意見交換ができるようなフランクな雰囲気になる。「居場所」作りには最適な空間といえる。通常の教室よりも、親近感をもつスピードははるかに早い。やはり、物理的にも近い関係を作ることができるからであろう。

その意味で、学びの空間にはフレキシブルな構造が望ましいといえる。「無」レイアウト、チーム別レイアウト、プレゼン用レイアウトを自在に組み合わせていくことができる「和」の融通無碍な空間利用が可能になるこの教室がプロジェクト型

4月の授業内ミーティング　再掲　　　授業内ミーティング　再掲

最終発表の質問風景　再掲　　　円陣による振り返り（30秒スピーチ）再掲

図8-5　学びの空間のフレキシブルな構造

チーム学習を支援するには最適なのである。現在進行形の学びのスタイルに応じて変化する空間演出は、アクティブな学びをさらに深化させていくといえる。

50畳のフローリングスペースに座布団と机を必要なだけ配置して、自分たちの「居場所」をそこに確保するところから授業は始まる。あまりお互いの距離が離れることにならないように一人使いの机を1つもしくは2つあわせて使うことが多い。調べてきた資料は、自分たちの周りの空きスペースに並べておくことができるので、空間的な制限はほとんどない。学生の座る位置はだいたい固定していくようになる。ただし、時々、雰囲気を変えるために、ポジションを変更させることもある。

チーム学習では、常に躍動感を演出するように工夫している。毎回何かが始まる、何か発見できるという期待とともに、いつも流動している、成長しているということを実感させるような組み替え可能な空間が、チーム学習には最もふさわしいといえる。少し抽象的な物言いが許されるならば、能舞台のように、「無」から始まって「無」に終わるという「無」レイアウトが、自ら学ぶ意欲と想像力をかき立てられる「異空間」「虚構空間」を演出していく。実はこの教室のレイアウトは、私自身の提案によるものであり、チーム学習の究極のかたちを提案したものである。

■ 6-2　学びの空間を作るために

ただ、こうした空間は当初から設計していなければ作ることができない。それでは、どこにでもある設備を利用したいと思われる読者のために要素抽出をしてみると、次のようになる。

少なくとも、固定した机と椅子の教室はプロジェクト型チーム学習にはふさわしくない。可動式の机と椅子を備えた教室の場合も、収容定員の1.5倍から倍の広さの教室を確保したい。こうすることによって、ワークショップや親密なコミュニケーションが可能になる。机のみを使用する場合、椅子のみを使用する場合、机も椅子も使わない場合と3通りの空間利用ができるようになる。そのためには、できるだけ空間的なゆとりがある教室の配当を希望する必要がある。30人程度のクラスの場合には、50〜60人程度の収容定員で、可動式の机と椅子を備えた教室がベストである。

従来、教室は講義用に設計されてきた。じっと動かないで大量の知識を効率的に伝授するための空間として理解され、作られてきた。そうしたなかでも、演習教室は、コの字型に机と椅子が配置され、受講生全員の顔が見えるようにゆったりとしたスペースになっていることが多い。その意味で、プロジェクト学習の場合は、ど

ちらかといえば，演習教室を利用してみるのがいいだろう。ただし，コの字型で固定した使い方をするのではなく，先ほどふれたように3通りの利用ができるので，教育効果によって使い分けて，現在進行形の躍動感のある授業空間を演出していくように工夫していきたい。

　要素抽出すると，可動性，可変性，可塑性に優れた教室を探すことである。机や椅子を移動させることができる。レイアウトを自由に変形できる。組み合わせを変えることで用途の柔軟性が確保できる。壁面やパーティションで変形できる構造があればなおよい。こうした要素を備えた教室は，学生の意欲を引き出していく効果が高い。なお，できるならば，無線LANあるいは，情報コンセントが備わっている教室を使えるようにしたい。

　ちなみに，こうした空間設計をする時の基本的なコンセプトとして，3Cを設定している（表8-4）。まず，大前提なのは，自分たちのコミュニティを形成していくことからスタートしていくことであり，そのためにコミュニケーションは必要になる。また，そのうえで，協力して課題を遂行していくコラボレーションが求められる。この3Cを可能にするためには，上述のような条件を整えることが望ましい。

表8-4　空間設計の基本的なコンセプト（3C）

Communication	他者との交流
Collaboration	他者との協働
Community	仲間の居場所

7　むすび

　プロジェクト型チーム学習は，学生のアクティブな学びを誘発するための協調共感学習であり，学生相互の学び合う関係を学生自身が育てていくことによってチームの教育力が発揮される，学生の自律的な課題探求型の学びのスタイルである。毎年，忠臣蔵検定を実施していても，毎年まったく違う学びの方法が展開されていく。プロジェクト型チーム学習には，こうした多様性と個性を備えた，日々新たな局面を切り拓く力が備わっているようだ。こうした多様な展開のなかに初年次の学生の意欲と学びへの渇望をみたような気がする。教養教育として実践してきたプロジェクト学習の成果を専門教育のなかに導入していくというもくろみが，想定外の教育効果を生み出し，いま，その成果を教養教育のなかに還元していこうとしている。

今回の試みは，本来大学教育がもっている，車の両輪である教養と専門との往還・循環への1つの問題提起でもある。

【引用・参考文献】
同志社大学教育支援機構教務部教務課プロジェクト科目検討部会事務局（2009）．公募制のプロジェクト科目による地域活性化取組報告書—往還型地域連携活動のモデルづくりを目指して，PBL研究会報告書　2009年3月

09 キャリア教育で変わる学生と教員

学生中心の教育実践と理念

宇佐見義尚

1 手元に残る情熱の残骸

　今，手元に創刊号から8号までの8冊の冊子がある。冊子といってもA4版本文9ポイントでページ数は薄いもので80ページ，厚いもので102ページ。一見，ドイツの学術雑誌を髣髴(アルヒーフ)とさせるずっしりとして内容の濃密さを感じさせる。冊子のタイトルは，『大学教育と進路選択—就職教育研究　実践と理論』である（宇佐見，2004-2010）。この8冊の冊子は，亜細亜大学で2002年度に新設されたキャリア教育科目「人生と進路選択」の授業報告書として毎年刊行され続けてきたものである。この授業報告書は，次年度履修者のためのテキストとしての活用目的をもち，また学内外から自由な投稿をも受け付ける「読み物」としての魅力を求めた編集方針をもつ。その意味で，この8冊の冊子は「授業報告書であって，授業報告書にあらず」で，あえて「報告書」と呼ぶことにこだわるとすれば，きわめて「特異な授業報告書」とでもいうほかはない。しかも，報告書とはいっても，残念ながらこの冊子は誰からも提出を求められたものでもなくこちらで勝手に差し出す「人質」のようなもので，少し物騒な言い方をすれば「果たし状」，少し気負っていえば自分たちが退路を断って突き進むための「覚悟の書」のようなものといった方がピタリと当てはまる気がする。それゆえに，各年度の授業を総括する「報告書」が完成された時点で，それは情熱の火炎で焼き尽くされた教育実践の残骸のようにも思える。冬枯れした雑草が春雷に焼かれその灰を肥料にして力強い新芽を出すように，これら8冊の「特異な授業報告書」は，教育実践の残骸として捉えた「高み」においてのみその真価が発揮される。

　1997年に「就職協定」が廃止されて，企業による学生の青田刈りの攻勢が始まり，多くの学生たちは4年次前期の授業には誰に遠慮することもなく堂々と「就活」

を理由に授業を欠席するようになった。大学によっては，学生が「就活」で授業を欠席した場合には「出席評価に配慮すべし」との申し合わせをしているところもあったと聞く。その後，事態はさらに進行して学生たちは3年次後期から大学の授業と企業説明会のどちらかを優先させるべきかの選択を迫られ，彼らは浮き足立ってほとんど何の準備もなく無防備で，そしていささかの躊躇もなく授業をサボり企業説明会にはせ参じ始めた。さすがに，3年次からの就職活動はあるまいとタカをくくっていた大学はこの辺りから反転攻勢に出て就職活動を教育の一環としてカリキュラムの中に取り込む先進的な動きが出始めた。静岡大学の「就職概論」，立教大学の「仕事と人生」などの科目が正規の単位科目として登場したのである。2000年のことであった。その年に，私はたまたま所属する経済学部の中の役割分担で就職委員を委嘱されたのであった。その頃の多くの教員は学生の就職ごとは「就職部」にお任せで，教員は学生の就職ごとに口を挟むことはしなかった。就職ごとは，教学事項ではなく教育とは無縁なことであると考えていたからである。こうした空気の中ではあったが，私は経済学部教授会に経済学部のカリキュラムの中に就職に関する科目の新設を提案した。そのときの教授会審議の様子は今でも鮮明に思い出す。ある同僚教員が「その科目を履修すると就職できるようになるのですか？」と発言すると，あちこちで嘲笑するような笑いが起きたのである。結局，その年度の開講は見送られたが[1]，私は翌年に改めて全学共通の教養科目として「人生と進路選択」というキャリア科目の新設を提案することにした。教養教育としてのキャリア科目の設置を構想するに際しては，当時受験生の大学進学動機が曖昧になっていることが気になり，そのことを何度か新入生に問いただしていたところ，多くの新入生が高校の進路指導では「大学に入ってからじっくり進路を決めればよい」と言われてきたことがわかっていたからである。新入生の動機づけの段階で，キャリア教育をベースにした大学教育理念の必要性に行き着いていた私は，全学組織である「就職委員会」に，一年次生の後期に配当するキャリア科目の構想を提案した。幸いに賛同を得られると同時に具体的な作業にかかり必要な手続きをクリアして，2002年度後期から，亜細亜大学に全学共通の自由選択科目（2単位）「人生と進路選択」がスタートしたのであった。この「人生と進路選択」の授業設計と運営を通じて，私は学生たちの意識と行動，能力の変化について常に最先端のところで把握するさまざまな機会に恵まれ，そのことで私は自分自身の大学教員としての楽しみと意欲と能力に対する自信を深めることができたのであった。

2 「人生と進路選択」科目で，学生と一緒に創る授業に挑戦

■ 2-1 授業運営の基本理念は，学生中心の教育

　同年齢人口の大学進学率が50%を超えてわが国でも大学のユニバーサル化が進み，大学設置基準の大綱化にともなう新設大学の増加がピークに達した頃に，大学生の学力低下と授業中の学生の私語，うつ伏せ居眠りなどおよそ大学の教育現場では予想だにしなかった学生気質の軽薄さと幼弱性があからさまになってきた。同時に，経済不況による大卒者の就職氷河期といわれる事態に直面して，大学改革は大学の存在意義を問う大学本質論にまで迫ることが要求された。「大学は誰のためにあるのか」，この問いかけに，「大学は学生のためにある」と躊躇なく答えることができる大学関係者はその当時どれほどいただろうか。しかし，少なくても，学生の90%以上が18～22歳の年齢層で占める大学では，明確に「大学は学生のためにある」との認識に立たない限り，その大学はわが国における時代的な存在意義を失い，やがて閉鎖を余儀なくされるだろうことは容易に想像できる。「大学は学生のためにある」とは，具体的には「学生中心の教育」（宇佐見，2008a）が行われることであるが，それはたとえば，「経済学」の授業についていえば，学生に「経済学」を単に教えるのではなく，学生にとってその「経済学」がどのように役に立つものなのか，「経済学」とその学生との関係性を明らかにする視点を取り入れた教育ということになる。経済学部に入学した学生は，その学生が「経済学」を学ぶことでいわば「経済学」を肥やしにして成長することができ，どのように卒業後の自分の将来を生きていくかを決定できる教育ということに他ならない。

■ 2-2 科目の目的，授業内容のトピックス，オムニバス授業，シンポジュウム授業

　この科目の目的は，「人生と職業とのかかわりを総合的に理解することによって一人ひとりの学生が自分の将来設計を描くための基本的なモチベーションと将来への目的意識を育成・強化し，大学で学ぶことの意味と意義を再認識して，アイデンティティの確立（個性の発見と研磨）をサポートする」（宇佐見，2009：6）。こうした教育目的をもつ「人生と進路選択」科目は，以下のような授業内容（トピックス）をもち，しかもその授業運営において，本書のテーマでもある「学生と一緒に創る」さまざまな仕掛けが工夫されて，試行錯誤しながらも今日まで8年間一貫して「学生中心の教育」を実践してきた（宇佐見，2004-2010）。

　最近のこの授業のトピックスを，表9-1に示す。こうしたトピックスについて

表 9-1 「人生と進路選択」の最近のトピックス (宇佐見, 2009a)

- 大学教育と進路選択―働くことの意味を考える
- カレッジプランとライフデザイン
- 組織と個人―自分の活かし方
- IQ 思考と EQ 思考
- インターンシップで学ぶ職業観（シンポジュウム授業）
- 教育シミレーションで学ぶ企業活動
- 企業文化とエチケット，マナー
- 企業が期待する人材
- 企業が行う社内教育の実態
- 中国人の職業観―古代中国人の就職活動に学ぶ
- 日本の労働環境
- 私の進路選択を語る―我が大学時代 1～2 年次を振り返りつつ（シンポジュウム授業）
- 授業総括（シンポジュウム授業）

2008 年度は亜細亜大学の教員 6 名，外部講師 4 名，亜細亜大学キャリアセンター職員 1 名，在学生 7 名（インターンシップ体験者 3 年生 3 名，就職内定者 4 年生 4 名）で，いわゆるオムニバス形式による授業を行った。毎回の授業の開始時と終了時には，この科目のコーディネーターである担当者の教員が，授業運営ボランティア学生と一緒に教室環境（出席カードの配布と回収，資料の配布，連絡事項など）を整える。オムニバス形式の授業ではあるが，大教室での大人数授業であるこの授業は，ともすれば講師からの一方的な講義に偏ることが懸念されたために，新しい授業形態として「シンポジュウム授業」を導入している。シンポジュウム授業とは，教壇に数人のパネラーが上がり，基調スピーチをした後で，科目担当者が司会者になってフロアーの受講者からの発言を引き出しながら，シンポジュウムのテーマについて討論するというものである。

■ 2-3 大人数授業の効用

　大学教育改革の一つとして，その教育効果の点から「少人数教育」の導入がよく取りあげられるが，私は大学の授業では少人数授業，中人数授業，そして大人数授業を取り揃えておくべきだと考えている。大人数授業によって少人数授業では得られない教育機会を得られることが，この授業の経験からわかったからである。その教育機会とは，大勢の人が大教室に集まり授業（人の話を聞く）を受ける場合のマ

表 9-2　受講者数の推移

年　度	履修登録者数（人）	年　度	履修登録者数（人）
2002	253	2006	559
2003	220	2007	208（392名の希望者から抽選）
2004	165	2008	440
2005	180	2009	428

ナー，ルール，譲り合い，また大勢の人の前で発言する機会を作ることもできるという点である。

　教室の席数や機器の関係で履修希望者数を制限する場合はやむを得ないにしても，ただ単に履修希望者数の多さによって履修制限をして，学生の履修意欲をそぐことは極力避けなければならないことも，学生を中心にした教育理念に立ってはじめてわかることであった。どれほどの大人数でも授業は工夫次第で効果的に成立させることができることに実践的に確信をもてたのもこの授業運営を通じてであった（宇佐見，2008b）。この科目では2007年度に抽選による履修制限をして，履修者の熱い学習意欲に水を差してしまう失敗を経験している（宇佐見，2007a）。この科目の受講者数の推移は，表9-2の通りである。

■ 2-4　大人数授業で学生一人ひとりと向き合うための方法（宇佐見，2009e）

　大人数授業で教員が受講者の一人ひとりと向き合う機会は，通常，①受講者から質問を受けるとき，②受講者に質問するとき，③試験を採点するとき，④レポートを採点するとき，⑤出席票の点検をするときに限られる。なかでも⑤の「出席票」の場合は毎回の授業で必ず教員が受講生一人ひとりと向かい合う唯一の，しかも確かな機会だということができる。①から④の回数は限られ，それ以外はよほどのことがない限り教員は大勢の受講者の一人ひとりの姿は具体的には見ることはできない。教員のなかには，「出席はあえてとらない」という人がいるが，これは学生と向き合う機会をみすみす放棄してしまうことになっている。出席をとることは，ただ単に出席回数のみをチェックするための機械的な作業に終わらせてはならないことに気がついたのは，出席カードの不正使用を防止して（宇佐見，2006b），あわせて漫然とした受講姿勢を防ぐために，これまで使っていた出席カード（細長の紙片）をやめて，質問や意見などが書き込める「受講者の声」を導入してからであった（宇佐見，2007b）。この「受講者の声」は，出席カードを進化させた形として考

案された一種の小レポートであり，毎回の授業終了時にその回の授業内容に関して質問，疑問，異論，反論，意見，感想などを書き込むA4版の用紙で，授業内容の主体的な把握を促すねらいも持っている。それと同時に担当教員との個別なコミュニケーションの場を提供するものでもある。「受講者の声」に書かれたさまざまな質問，疑問，反論，異論，意見，感想などは学期最後の授業（「授業総括」）で一括して取りあげたが，2006年度からは次年度履修者のためのテキストに一部を収録するようになった（宇佐見，2007：17-24）。さらに，21年度には学内の履修者メーリングリスト（ACSⅡシステム）を使い，「受講者の声」で寄せられた質問内容とそれに対する私の回答を履修者全員に配信した。質問と回答の共有によって，受講生たちに学生同士の学び合いの教育効果を認識してもらうねらいを持ったものである。毎回の授業で書かれた「受講者の声」は，その後，履修者全員について個人別にファイルされて，授業14回分における履修者の学習のプロセスを明らかにして教育効果が明確にわかる有力な資料となった（宇佐見，2009b）。

■ 2-5 授業運営ボランティア学生の活動

　授業中に教室を出入りする学生に聞いてみた。その1年生は「みんながそうしているし，先生もいちいち注意をしないから大学ではよいのだと思った」と言った。授業中の私語，うつ伏せになっての居眠り，飲食，帽子をかぶったまま，コートやかばんを机の上に載せたまま，携帯メール，授業と無関係なことをする。こうした一部学生の行為に対して，意欲的な学生の中には傍観者的な「自業自得論」「自己責任論」が大勢だが，学生と創るキャリア授業では「自業自得論」「自己責任論」はとらない。意欲を失った学生の授業妨害ともとられかねない上記行為を，ひとつの教育課題として授業のテーマとしてその解決にあたる。その際に，有力な戦力となるのが次に紹介する授業運営ボランティア学生の力である。

　授業の第1回目「オリエンテーション」において，2008年度では25名の学生が授業運営ボランティアに応じてくれた。ボランティア活動の内容は，「受講者の声」用紙の配布と回収・整理の担当が8名。授業で使う資料配布担当が7名，授業モニターが10名であった。授業モニターとは，学生の立場から授業中の教室環境のチェック，教室内の温度，照明の管理，授業の進め方（教員の説明がわかりにくい，声が小さい，黒板の文字が見えない，等々）のチェック，受講学生の雰囲気（集中していた，私語が多かった，等々）のチェックを，学内メールで科目担当者にモニター結果を報告するというものである。モニター意見に対する回答は必ず返して，モニ

ター学生の意識の向上にも役立つ機会とした（宇佐見，2009c）。この活動によって，授業は学生が創るという意識が，受講者全体に高まっていく効果が見られるようになった。

■ 2-6 双方向の開かれた授業：『受講の栞(しおり)』，『大学教育と進路選択』

　学生と一緒に創る授業においては，情報の開示，公開は非常に重要な要素になる。そのためのツールとして授業の開始時に毎年新しいその年度用の「受講の栞[2)]」（A4版 8 ～ 12 ページ）という冊子を作成して配布している。この冊子には，「人生と進路選択」科目に関する教育目的の明示，授業の進め方，受講にあたっての注意事項，「受講者自己評価表」，過去の試験問題，前年度学生の受講後の感想などが掲載されている。

　同じくこの授業運営にとって最も特徴的な『大学教育と進路選択』刊行の趣旨については，同誌に書かれている次の文章に簡潔に示されている（宇佐見，2009d）。本誌は「授業報告書」であると同時に「次年度履修者のためのテキスト」であり，キャリア教育に関する学内外からの「意見表明の書」である。その意味は，「授業報告書」の作成によってこの科目の設計，運営の全てに関して担当者が全責任を負う証とすることと同時に「授業の公共性」を明らかにするためである。また本誌が次年度履修生のためのテキストとして，より有効であるために学生の論考を可能な限り多く掲載し，また学生の意見，考え方をありのままに紹介することによって，学生同士の学び合いの教育効果を実現したいとのねらいを持っている（宇佐見，2005）。このことは，本誌のページ配分の割合にも反映されている。創刊号から 8 号まで本誌の総ページ数は 714 ページであるが，そのうち学生の感想，意見，レポートの掲載に当てられたページ数は，433 ページにのぼる。また本誌が学内外からのエッセイや論考を掲載する理由は，本誌の内容をいっそう拡充すると同時に寄稿者を通じて大学教育への関心を社会に向けて喚起するためでもある。

■ 2-7 愚問からは賢い回答は出てこない。レポート，試験の意味を考える

　①この授業における履修者の成績評価は，表 9-3 の通りである。表を確認いただければわかるように，学生にとって出席点が 1 回につき 4 点がつくというのはこの科目が「楽勝科目」との誤解を受けやすいのだが，そうした学生の心理を読み込んだうえでこの評価基準は設定してある。出席点に対する評価の是非をめぐって多くの議論を重ねてきたが，以下の理由に基づいて最終的な判断を下した。それは，「授

表9-3　履修者の成績評価（2008年度）

出席点	1回の出席に対して4点：（14回×4点=56点）
試験点	24点
課題レポート	20点
意欲的レポート	10点

業に出席することの価値」への再評価である。この評価は，授業に出席するだけで眠っていても4点がもらえることの安易さ，さらに出席の不正（代返）を誘発するとの危惧が出されたが，そのことを逆手にとって，「そのようにしない，させない」ことが授業を活性化させる原動力になることに気がついたからである。授業の出席は当然であって，出席そのものを評価しない考え方には「出席してもしなくても変わらないようなどうでもよい授業をしているのか」と問うてみたい。授業の出席そのものに評価の加点をしてはならないとの考え方があるが，それは現場を知らない皮相な形式論にすぎない。

　②レポート課題は，学生と教員の双方が手を抜かず（学生はコピペをしない，教員は提出されたレポートにコメントを返す）に「まともに」行うならば，レポート課題ほど多くの教育機会を提供してくれるものはない。多くの日本の大学生が授業以外での勉強に時間を使わないというデータがあるが，レポート作成の課題は，学生に対して授業時間以外の学習を余儀なくさせ，学生が中心になって学習する手段として極めて有効である。その意味からも，レポート課題については課題テーマが重要でそのテーマが愚問であったり，十分に練られたものでなければ愚かしい無意味な回答（レポート）が寄せられるばかりになる。賢い課題テーマとは，学生が「自分の問題として考える」という要素を盛り込んだもの，また学生が自ら動いて関連するデータや文献，調査などをしなければ書けない要素をもったものということができる。そうした課題テーマによって書かれたレポートは，学生本人にとっての自己省察の意味からも，また「学生中心の教育」を実現させる意味においても極めて有効なものとなる。この授業では，レポート課題は，提出が必須のもの（課題レポート）と提出が任意のもの（意欲的レポート）の2種類のレポートを評価の対象としている。「課題レポート」のテーマは表9-4の通りである。

09 キャリア教育で変わる学生と教員　*113*

表9-4　課題レポートのテーマ

年度	課題テーマ
2002	私の進路と大学生活
2003	私が卒業後に就きたい理想の職業について考える
2004	身近な職業人と面談したうえで，その人の職業内容の概略とその人の職業観を叙述し，それに対するあなたの感想を述べなさい
2005	ある1人の職業人（歴史上の人物を含む）を選び，その人の職業内容の概略とその人の職業観を論述し，それに対するあなたの感想を述べなさい
2006	新聞・雑誌などに掲載された仕事，職業に関する記事・論説を読み，その内容を正確に紹介し，その記事・論説に対するあなたの感想を書きなさい。使用した記事・論説の出典を必ず明記すること
2007	あなたが大学卒業後に就職したい職業，あるいは今最も関心のある職業について，①その職業の内容を具体的に調べて書いてください。 また，②なぜ，その職業を選んだかの理由を書いてください
2008	「ワークライフ・バランス」という考え方があります。この言葉の意味を調べて正確に説明してください。次に，「ワークライフ・バランス」という考え方について，あなた自身のことに関係させてのコメントを書いてください
2009	あなたが，現在一番関心のある職業（職種・企業）について，その概要を記し，なぜ，あなたがその職業（職種・企業）に関心を持っているのかの詳細な理由を書きなさい。

　③学生中心の教育では，当然のことながら学生の自由で自主的な学習の成果を奨励する必要がある。そのためのレポートをこの科目では「意欲的レポート」としてその提出の機会を作っている。意欲的レポートとは，文字通り，意欲ある人のための開かれた可能性を提供するもので，提出は義務ではなく最大10点まで最終評価に加点される[3]。ただし，提出しなくても減点はされない。テーマは，テキストとして配布された『大学教育と進路選択』に収録されている論考を任意に1本選び，①その内容を正確に要約して，②それに対するコメントを書くというものである。このことで，学生は『大学教育と進路選択』の熱心な読者となる。

　④この授業での試験（ペーパー試験）実施の意味は，毎回の授業の復習，理解度の点検，試験期間中の緊張感の維持にある。出題は，毎回の授業で配布されるレジュメの中で使われているキーワードから出題されることがあらかじめ公表されている。また，試験問題として，全学で一斉に行われる試験期間において，この授業に参加したことの成果をじっくり総括してもらうために「この授業で啓発されたことがあれば書きなさい」という論述問題が，同じくあらかじめ公表されて出題され

る。その回答の一部は、『大学教育と進路選択』に掲載されて、次年度の受講者に読まれていく。

■ 2-8 成績評価は、教育が成功したか失敗したかの結果が反映されたもの

この授業の 2009 年度の成績結果は、表 9-5 の通りであった。

この成績評価、出席状況、レポート提出状況からは、この授業自体の実態とともに現代学生（亜細亜大学学生）の特徴的な現実がみえてくる。最終評価で、最高点を取る人の比率約 14% を含んだ優秀者が約 4 割、与えられた課題を果たす人が約 8 割、全出席を含めて自ら動く意欲的な人は 3 割。それにしても、D 評価が 22% あるという点をどのように考えるべきか。それは結論からいえば、この授業が履修者全員の心を捉えきっていないという点につきるのだが。他の要因としては、履修者が「保険登録」と称してとりあえず名前だけを登録しておくという安易な意識によっていることもこの数字は物語っている。

表 9-5　2009 年度の成績結果

最終評価	学生数（人）	出席数	学生数（人）	レポート種類	学生数（人）
S	60（13.6%）	全出席	150（34.0%）	課題レポート（必須）	340（77.2%）
A	119（27.0%）	1 回欠席	56（12.7%）	意欲的レポート（任意）	132（30.0%）
B	116（26.3%）	2 回欠席	47（10.6%）		
C	48（10.9%）	3 回以上欠席	187（42.5%）		
D	97（22.0%）				
合計	440	合計	440		

評価は基準は、出席点が 1 回の出席に対して 4 点（14 回×4 点 =56 点）、試験点 24 点、課題レポート 20 点、意欲的レポート 10 点。総計点が 100 点を超えた場合は切り捨て（2008 年度の場合）。S（100-90 点）、A（89-80 点）、B（79-70 点）、C（69-60 点）、D（59-0 点）。

3　学生と一緒に創る授業は学生中心の教育によって実現し、キャリア教育はそのための教育理念を熟成させる

「大学は就職の予備校か」（宇佐見、2006a）。この刺激的で挑戦的な問いかけに多くの大学教員も学生もその父母も「それは違う」と即座に答えるのではないだろうか。しかし、学生が大学で 4 年間を学び、その結果として卒業後の進路を決められ

ないとすれば，何のための大学教育であるのか。その意味では大学が就職の予備校であっても何の不都合もない。この場合，予備校とは目的達成のための戦略思考に卓越した教育組織であることを意味する。学生にとって，大学で学ぶことは卒業後には進路が決められる（就職ができる意識と能力をつける）という目的を達成することであるとすれば，大学はその教育目的を果たすことに熟練した組織的教育システムを完成させた就職の予備校であるべきであって，学生にとってはそれ以外の大学機能は別の世界のことで，たとえば学生には教員の研究活動につきあう義務はない。

学生にとっての大学教育が，広い意味でのキャリア教育であるとすれば，キャリア教育が「学生中心の教育」の実現には不可欠なものであることは容易に理解される。なぜならば，キャリア教育の本質はその学生がどう生きていくのかをテーマとするのであるから，その意味でキャリア教育はまさしく学生が中心にならなければ成立しない構造をもつからである。

最後に，この授業を履修した学生の声を紹介することによって，そこからいくつかの課題を指摘してみたい。

> この授業を履修したことにより，今まで自分の中にあった将来への不安が少し解消された。複数の講師による授業からはあらゆる角度からの知識を得ることが出来た。また授業といっても一回目から先ず社会常識を教え，自分がいかに非常識で社会から見れば恥ずかしいことをしてきたかを身に染みて実感することが出来た。たとえば，授業中には帽子をかぶらない，上着や荷物は机の上におかない，私語は慎む，といったことは当たり前のことだと分かるようになったのもこの授業を履修して得たものの一つだと思う。私は将来の目標がなく，自分がどうしたいのかも分からずこの授業を履修した。しかし，一回一回の授業を重ねていくたび，講師の方々の話はとても魅力的で，今の私は将来の考えが固まりつつある。私は今一年だがこの授業により，他の人より早めに就職活動に動き出し，この授業の本当の意味を実感して，それを後輩たちに教えたいと感じた。この授業は勉強は勉強でも学問ではなく，自分の人生，考え方に直接影響を及ぼす授業だと思う〔経済学部1年〕（宇佐見, 2009: 20-21）。

この学生は自分の将来に対して漠然とした不安を抱えている。大学進学の動機

が曖昧なため大学で何を学ぶかの目標が明確にイメージできないでいる。この学生がキャリア教育科目を履修し,「この授業は勉強は勉強でも学問ではなく,自分の人生,考え方に直接影響を及ぼす授業だ」というとき,この学生は「大学における学問とは何か」を考えるスタートラインに立てたことになる。

【注】

1) 設置を見送られた理由は,「就職は学問ではない。従って,大学の授業としては認められない」というものであった。
2) 「受講の栞」の狙いは,履修者がこの冊子を毎回の授業時に持参することで,この科目に対する受講への自覚を維持・強化することが出来る。
3) 2009年度から,意欲的レポートの配点が最大20点に拡大された。

【引用・参考文献】

宇佐見義尚［責任編集］(2004-2010). 大学教育と進路選択　就職研究―実践と理論　1〜8

宇佐見義尚 (2005). 大学における授業報告書の意味と意義―その積極的な活用に向けて　大学教育と進路選択　3, 1-2.

宇佐見義尚 (2006a). 大学は就職の予備校か　大学教育と進路選択　4, 1-2.

宇佐見義尚 (2006b). 出席カードの攻防戦　大学教育と進路選択　4, 14.

宇佐見義尚 (2007a). 559人授業で得たもの,失ったもの　大学教育と進路選択　5, 1-2.

宇佐見義尚 (2007b).「出席カード」から「受講者の声」への進化　大学教育と進路選択　5, 8.

宇佐見義尚 (2008a). 知の協働と連帯―大学授業の本質を求めて　大学教育と進路選択　6, 1-2.

宇佐見義尚 (2008b). 履修制限の非合理性　大学教育と進路選択　6, 19.

宇佐見義尚 (2009a). 2008年度「人生と進路選択」講義日程　大学教育と進路選択　7, 8.

宇佐見義尚 (2009b).「受講者の声」個人別ファイルによる教育効果―14回の授業で履修者はどこまで成長できるのか,受講者の声からの分析　大学教育と進路選択　7, 31-33.

宇佐見義尚 (2009c). 授業改善モニターとの教育的対話　大学教育と進路選択　7, 34.

宇佐見義尚 (2009d). 刊行の趣旨　大学教育と進路選択　7, 7.

宇佐見義尚 (2009e). 履修者との対話―自己責任と双方向授業　大学教育と進路選択　7, 1-2.

10 「授業運営委員会」のススメ[1)]
学生たちと授業づくりを楽しむ居場所

長谷川　伸

1 「乗っ取られた」会議

　会議の開始時刻に少し遅れていくと，私がいないと始まらないはずの会議がもう始まっていた。内心驚いたが，私はその場でおとなしく「お客」「新参者」としてふるまわざるをえなかった。このような経験はたいてい気まずくて冷や汗ものだ。だが，私はこのときこう思った。「ああ，こういう場面に遭遇できてほんとうに幸せだ。こういう日がくるのを待っていたんだ」。これは一体どういうことか。

　その会議とは，私が担当する授業「国際協力論」を企画・運営する運営委員会の定例会議（週1回の企画会議）である。この運営委員会は「国際協力論」の履修生（2年次生）7名とサポーター（履修生ではない）の学生（3年次生）2名で構成される。私が会議に遅刻したこの日（10月27日）は，翌々日の第7回授業の企画を私の到着を待たずに学生だけで始めていた，というわけである。

　私にとって運営委員会の会議は楽しくて待ち遠しい。それは「至福のひととき」といっても過言ではない。教員一人が抱え込んで孤独に授業を企画していくよりも，運営委員会で同じ授業企画者として履修学生と頻繁にやりとりしながら，授業を企画していくことは実に楽しいし，履修学生の状況にあった学習効果の高い授業ができると踏んでいる。もちろん，この運営委員会は運営委員の学生にとっても価値の高いものである。これは以下に示す学期末課題に記された運営委員の学生の感想からもうかがえる。

●こんな大人数の授業なのに，全員参加の授業を目指している先生だからこそ，運営委員になりたいと思いました!! 本当になってよかったです! 大学にいって，こんなことができると思いませんでした。(中略) 前に立ってしゃべ

っていると，もっとしゃべりたい!! と思います。こんな貴重な体験をさせていただいて，本当にありがとうございます!! （2009年度経済入門，M）
- 高校生までは先生から与えられたもの行っていたのが，大学に入学し経済入門に出会い，この授業を通して"自分で動く""自分で意見する""自分で聞く"ことをしない限り何も生まれないし，変わるコトもできないと思いました。"自分を変えていく＝周りも変えていく"そして運営委員に挑戦し，授業に興味を持って積極的に学ぶ姿勢が身につきました。（2009年度経済入門，A）
- 最初は，とまどいや，60人の生徒の前で授業を運営できるのか，という不安と自信のなさでいっぱいだった。しかし，回が進むにつれて，学生自身が企画することで，より一層授業を理解できるという発見や，「更に授業をよくしていこう！」という気持ちが高まってきた。また，周りを常に見ること，他人に分かりやすく説明しようとする気持ち，意欲などが一番の発見として，人前が苦手な私でも，人前で話せるように少しはなったのかな？という気づきです。（2009年度国際協力論，T）

　本章では，この運営委員会方式を紹介したい。この方式は，学生の授業に対する当事者意識（ownership，主体性）とやる気を自然に高めるだけでなく，担当教員と授業づくりに参加する学生たちの創発的な「居場所」となって，授業をつくりあげる喜びと醍醐味を味わえる。しかも，この方式は一定人数以上のクラスならば，どのような科目でも，誰でも，いつでも，たとえ300人クラスであっても導入可能であることに特徴がある。

　なお，「運営委員会」というネーミングは何となくつけたのだが，今でもこのネーミングがピッタリくる。教員にとっては「委員会」と聞くとマイナス・イメージを抱きがちだが，学生にとっては高校までの懐かしい「委員会活動」「学級活動」を喚起するものであるため効果的だ。

2 「教員のお悩み相談室」として運営委員会を発足させる

　運営委員会は「教員とともに授業を企画・運営する」と先述したが，もちろん初回授業から履修生が企画・運営する，ということではない。運営委員はその授業の履修生であるから，その募集開始は早くても初回授業からになる。なお，先にふれた「国際協力論」運営委員会には，履修生ではない学生が「サポーター」として

図10-1 「国際協力論」運営委員会

参加していた。多くの場合，私のゼミの学生が担うことが多いサポーターは，当初は教員とともに授業の企画運営を行うと同時に，運営委員の一刻も早い自立を促すという難しい任務を遂行する。しかも，運営委員のロールモデルとなることも求められる。この点で，サポーターのあり方が運営委員会発足の鍵を握っているといえる。したがって，教員との十分な信頼関係と後輩を支援する熱意が不足し，授業前後のコミュニケーションが十分に可能でない場合はサポーターを置かない方がいいだろう。

　では，発足当初の運営委員の役割は何か。一言でいえば，教員の相談相手である。授業のことは，もう一方の当事者（履修生）に聞くのが手っ取り早い。しかも，このことで履修生が運営委員に立候補しやすくなる。考えてみればわかるように，初めて参加した授業，たとえば国際協力論で「この授業を企画運営してみないか」と呼びかけても，履修生たちはこれから学ぶ国際協力についてのまとまった知識があるはずもなく，しかも授業なるものを運営したこともないわけだから「やってみたいけど……できるかなあ」と尻込みしてしまい，立候補するには相当の困難がある。

　だが「教員の相談相手になってくれ」との呼びかけであれば，学生は立候補しやすい。履修生に向かってそのように呼びかける教員は皆無なので「学生に助けを求めるなんて，情けないけどオモロイ先生だなあ」となり，やる気のある学生や世話好きの学生，興味本位の学生が立候補してくる。もちろん，学生をだましてはいけないので「最初は教員の相談相手だけど，いずれ君たちにやる気があれば，授業を丸ごと任せてもいいよ」とことあるごとに言っておく。学生たちは，私がまさか本気で言っているとはつゆにも思っていないようであるが……。

3 コミュニケーションツールとしてのラベルと振り返り会議

　運営委員会は，週2回開催される。授業直後に開かれる会議では，直前の授業を振り返り，その数日後に開かれる会議では，次回授業の企画を行う。つまり，

> 授業→振り返り会議→企画会議→次回授業

という流れである。運営委員も教員も，とかく気が急いて振り返りを十分にしないまま，次回の授業の企画を始めがちである。しかし，履修生がどのように授業を受け止めているかをよく把握しないままに，次回授業を企画しても履修学生にうまく適合しないことは自明であろう。

　もちろん，そうした振り返りを十分に行うためには，履修生の受け止めを把握・共有するための仕組みが欠かせない。私たちの授業では，林（1994）に基づいて，3枚複写式ラベル（80mm × 38mm大，参画文化研究会製）を使った以下のしくみを動かしている。

> ①毎回の授業終了直前に，履修学生全員が記名の上ワンセンテンスで記入・提出する「要点ラベル」と「感想ラベル」。「要点ラベル」には授業の要点を，「感想ラベル」には授業に対する感想を書く[2]。
> ②「要点ラベル」「感想ラベル」をピックアップして運営委員などがコメントしたものを次回授業で配付する「ラベル新聞」。

　こうした仕組みのもとで，振り返り会議（林（2002）がいうところの「反省会」）では，教員とサポーターも加わって，授業終了直前に記入された「要点ラベル」「感想ラベル」を，クラスサイズが小さい場合には全員のラベルを，大きい場合は分担して読み，各自が気になるラベルを読みあげる。そのうえで運営委員やサポーター，担当教員も一言コメントする。最後に評価点と改善点を簡潔に出し合う。これによって，履修生の受け止めがおおむね把握される。同時に運営委員にとっては，いち早く他の学生たちの受け止めを知ることになり，授業を教員と私の関係を中心に捉える1人の履修学生の視点から脱して，他の学生もいる教室という場に関心を高めるようになっていく。

　この振り返り会議は，運営委員会だけが盛りあがって，他の学生を置き去りに

するような事態を未然に防ぐ。時として教員の「味方」となった学生は他の学生を敵視し，教員にとって他の学生に対する「要塞」になってしまうことがある。とくに担当教員が，学生の声に耳を傾けることを怠ったり，やる気がないようにみえる学生を見放したりする場合はそうなりやすい。そうした可能性をなくす意味でも，「要点ラベル」「感想ラベル」を読み込む振り返り会議は重要である。運営委員会は常に全履修生につながっている＝開かれていることが大切なのである。

4 教員の相談相手になることで運営委員は自信と自己肯定感，当事者意識を高める

　では，企画会議はどうか。発足当初の運営委員会の企画会議は，教員の授業についての悩みがもちこまれ，学生側がコメントする形となる。教員側も学生側もテキストに目を通しておくなどの準備が不要な会議であり，気軽に参加できる。教員は「来週はこういう説明の仕方をしようと思っているんだけど，どう」などと次回の断片的なアイデアについての学生の考えを聞くまたとない機会となる。

　もちろん，そこで吐露された教員の悩みが常に全てスッキリ解消！といくわけではないが，学生に相談していくうちに解決の方向がみえてくる。何より，教員の悩みを受け止め，一緒に悩んでくれる相手がいて，それがしかも履修生だということ自体が教員に力を与えてくれる。こういったことを通じて，運営委員会は教員にとっての居場所になっていく。

　なお，この場はあくまでも学生に教員の悩みの相談に乗ってもらっている場だということを忘れてはいけない。運営委員の学生たちは，わざわざ教員のために自分の時間をさいて会議にありがたくも来てくれているのだ。よもや学生を見下して説教を始めてはならない。この原則を踏み外すと運営委員会は崩壊する。

　一方で，学生にとっての「教員のお悩み相談室」は何だろうか。それは，授業でわからなかったことをじかに教えてもらう絶好の機会であり，自分の授業に対する希望をかなえる絶好の機会である。加えて，教員が授業で何を悩み，授業の裏でどのような苦労をしているのかを知りえる貴重な機会にもなる。しかも「相談をもちかけられている」という状況は，相手に信頼されている証拠であり，加えて教員に「頼られる」「助けを求められる」経験はほとんどの学生にとって皆無であって，教員と学生の立場の逆転は学生の自信と自己肯定感を高める。同時にこの立場の逆転によって，学生の自分たちの言葉で気軽に何でも話せる雰囲気が運営委員会に醸成

されていく。運営委員にとっても会議が居場所になっていくのである。

運営委員会が「教員のお悩み相談室」段階であっても，実際の授業において一履修学生としてではなく，運営側としてふるまうようになり，研究室から教室への物品の搬送やプリントの配付などの周辺的な仕事を担うようになる。ただしこうした仕事も，運営委員だからと押しつけるのではなくて，あくまでも「時間があったら手伝ってくれると助かる」という控えめな呼びかけをするか，「先生，私やります」の一言を待つようにしている。

5 「教員のお悩み相談室」から授業の開発部隊へ

■ 5-1 お悩み相談室として

運営委員会が「教員のお悩み相談室」として機能しているだけでも教員としてはありがたい。だが運営委員会は，状況によっては授業を開発する組織へ，そして最終的には企画・運営する組織へと成長していく。

もちろん，「教員のお悩み相談室」にとどまり続ける場合もある。それでも担当教員としては満足しなければならない。少なくとも「教員のお悩み相談室」としての運営委員会は存在し続けてくれるから，教員にとってありがたいことにかわりない。ポイントは，教員が運営委員会の成長を性急に求めず，彼らの授業の企画運営者としての意識の高まりを働きかけながら気長に待つことだ。「先生の相談相手だけじゃダメなんかな……」「先生は私たちに授業を押しつけようとしているのでは」と学生を不安や疑念を抱かせてはいけない。

「意識の高まりを働きかけながら気長に待つ」とは，運営委員の一人ひとりの学生を信頼するだけではなく，ありがたい存在として尊敬することである。なおかつ，成長への期待は日頃からやんわりと表明しつつ「このままでいいんだよ」「無理は禁物だからガンバリすぎるな」とのメッセージを送り続けることである。

■ 5-2 授業の企画運営者として

運営委員は教員の相談に乗っているうちに，授業の企画運営者の立場からも自分たちが履修している授業を捉えるようになる。つまり運営委員は，授業の企画運営者としての意識（より高い当事者意識）を抱き始め，会議で実践的な優れたアイディアを出すようになる。この時点で運営委員会は「教員のお悩み相談室」から一歩踏み出して授業の開発部隊となり，運営委員は教員のカウンセラーから授業開発メン

バーとなる。

　この段階の初期は教員が中心となって，問題点と出されたアイディアとを検討し，議論を整理しながら授業企画を立てるが，回を重ねる度に運営委員に任せることを増やしていく。やがてその場で1つの授業プログラムがほぼ完成するほどの質と量のアイディアが学生から出てくるようになる。それどころか，出されたアイディアに対してコメントをしたり，いくつかのアイディアを結合・改善して新しいアイディアを編み出したりするメンバーがあらわれる。さらには，議論を交通整理しながら，90分の授業プログラムを前に立ってホワイトボードに書きあげるメンバーもあらわれる。

　このような状態になると，メンバーの性格に応じた役割分担も形成される。議論が盛り上がって「このアイディアはすばらしい！ やろう！」となった際に「でも，こういう問題があるんじゃないの」と冷静に批判的に吟味する役や，「今なんでこの議論やっているんだっけ」と脱線した議論をもとにもどす役もあらわれる。

■ 5-3　自由闊達かつ創発的な「居場所」のために

　運営委員にとって，こうした居心地がよくて，自分の役割があって，何でも言える自由闊達かつ創発的な「居場所」をつくりだすためには，いくつかのポイントがある。そのうちでもとくに教員が意識して行う必要があるのは，会議において教員が率先して羽目を外すこと，つまり突拍子もないことを言ったり脱線をしたりすることである。こうしたことは，会議ではラジカルに考えるのが性分である私にとってはやりやすいが，人によってはやりにくいかもしれない。しかしこの「羽目外し」は効果テキメンである。

　教員による突拍子もない発言は，たとえば「銅鑼を打ち鳴らして目を覚まさせる」（後述）。学生は運営委員といえども「授業のことだし，大学教員とディスカッションするのだから，真面目に考えなければならない」との自己規制が相当きつくかかっている。そのままだと自由闊達なディスカッションはできないので優れたアイディアや企画はできないし，何より運営委員にとって会議が息苦しく居心地が悪い。そうした自己規制を外してもらうために，私は突拍子もないアイディアを出し，冗談を言い，脱線する。そうすると「責任者であるはずの教員があれだけ不真面目で自由奔放なんだから，私たちも思うことを自分の言葉で語っていいんだ」となっていく。冗談も含めて気兼ねなく言える場になると，脱線があっても不思議と会議の質が上がり，目的の共有が自然とでき，授業開発もスムーズに行くようになる。

■ 5-4 冗談半分が授業に反映されることも

　こうした運営委員会は，学生が冗談半分で口走ったことが授業に反映されてしまうコワイ場でもある。運営委員の学生がウケを狙って「まさか授業でそんなことはできまい」と思って運営委員会で発言すると，それがなぜか受け止められ，授業で展開可能なプログラムに昇華（開発）され，授業で実行されてしまうことがある。学生は「キツネにつままれた」気になるが，冗談半分で出されたアイディアは往々にして授業で行う価値があるものなのである。こうした例としては，アイスブレーキングとしてのフルーツバスケットや，「均衡点体操」があげられる。ここでは「均衡点体操」が生まれた時の「経済入門」振り返り会議の様子を以下，紹介しよう。

　この「均衡点体操」は「右手は買い手，左手は売り手，需要と供給，均衡点！」と言いながら，最初大きく両腕を回してから両腕を交差させ，本人から見て右腕が需要曲線，左腕が供給曲線，両腕が交差したところが市場に置ける均衡点を示す体操である。この体操が開発されたのは，運営委員によって居眠りをしていた学生が目立ったことが指摘された，6月17日の振り返り会議である。

　この指摘を受けて，その場で居眠り防止策の検討が始まった。その検討は「教室に大きな銅鑼を持ち込んで，居眠りが目立ってきた時に銅鑼を打ち鳴らせばいいのでは」という私のアイディアから始まった。しかし，銅鑼を鳴らせば驚いて一瞬起きるだろうが，また時間が経てば居眠りをしてしまう。だからといって，銅鑼を何回も打ち鳴らすのも逆に集中力を途切れさせるので問題だとなった。

　そこで一瞬だけでなく，授業の終わりまで目を覚ましていてもらう対策が考えられ，体を動かして血の巡りをよくすることによって，眠気を防ぐのはどうかとなった。一方で，長時間かけて居眠り対策するのは本末転倒なので，短時間（2〜3分）で可能なものが求められた。ならば，その場でできるストレッチや体操がいい。どうせやるなら，居眠り問題1つを解決するのではなく，一石二鳥のおトクな体操をめざそう，ということになった。

　そこで，これまでの授業を振り返ってみると，運営委員から需要曲線と供給曲線を混同しやすいとの声があがり，教員としてもその混同は重大問題なので，これを解決しようということになった。そこで生まれたのが先述の均衡点体操である。これを授業中に運営委員が前に出てきて実演することになった。いったんは運営委員が体操実演のために前の教壇に上がる際，戦隊物よろしく集合ポーズをとることになり，その場で「市場レンジャー」というユニット名もポーズも考えてリハーサルもしたが，さすがにそこまでやると学生が「引く」だろうとの判断から，これはや

図10-2　授業での均衡点体操の実演

らないことになった。この体操は，6月24日に初めて授業で実行された。

6月24日振り返り会議の記録担当の運営委員（M）は，2009年06月25日に関西大学SNS経済入門コミュニティ「必修！　経済入門を100倍楽しむ愉快な仲間達2009」で，こう書いている。

> 276人の前に立ってなにかをするのは慣れました！　しかし温度差があって……;;
> でも思ったよりも高評価をいただき，とてもうれしいです‼
> いろんな知り合いから，「買い手～」とか，いろんなフレーズを振ってこられます！　笑
> みんなうろ覚えなので，その都度きっちり教えてます！　笑

運営委員会がこうした創発的な「居場所」になっていけばいくほど，教員の役割は次第に縮小していく。ついには教員がいなくても運営委員会の会議が始まるほどになっていく。ただし，役割が小さくなったとはいっても，運営委員会と授業の最終責任を負う覚悟を教員は手放してはならない。

6　授業の開発部隊から授業運営部隊へ
：一つの授業を運営委員会に丸ごと任せる

運営委員会が創発的な「居場所」になれば，一つの授業を丸ごと任せられる可能

性が出てくる。なぜなら授業開発のほとんどを運営委員に任せている状態だからである。なおここで「可能性がある」としたのは授業の開発に慣れてきたからといって，うまく実践できるとは限らないからである。このことを学生たちはよく知っている。しかも授業での発表には残念ながら，発表も反応も今一つの「寒い」思い出をもつ学生は多い。だから授業開発を楽しむ学生たちでも「授業を自分たちがやること」に躊躇することはあり得る。ここでも大切なことは「待つ」ことである。

そうした躊躇が消えて運営委員自ら希望して，教員がうまくフォローできれば，教員が中心となって行う授業よりも，学生たちが授業に集中しやすく，仲間と学ぶ雰囲気にあふれ，学習効果も高い授業をつくりだすことができる。すなわち林義樹のいう学生参画型授業の出現である。2009年度「経済入門」運営委員会が企画運営した，6月3日の授業（貿易ゲーム）はその典型的な例である。このことは，当日の授業で書かれた運営委員メンバーの感想ラベルに対して，学期末に書かれた本人コメントからうかがい知ることができる。

- まさか自分の案を通してもらえるなんて……本当に楽しい時間だった。運営委員としての実感をした日でもあった。大学での勉強は，ただ机の上でするだけじゃなく，企画し，それを皆で進めていくことも勉強なんだ！と思った。参画型って本当に楽しい！（T）。
- きたあーっ!! 貿易ゲーム担当!! めっちゃドキドキした。この日のために運営委員で，先生とたくさん協力して準備をしてきましたね。大変やったけど今はすごくいい思い出です。この授業によってみんなそれぞれ得られたものがあったのがすごーくうれしかった!! 1年の時からこんなスバラシイ経験できてシアワセ（S）。
- 貿易ゲーム！ 僕は運営委員だったので，ゲームに参加しなかったが，一番楽しめたと思う。みんなの進行状況やアドバイスをすることは，とても楽しかった。みんな稼ごうとしていたのでさすが経済人だと思った（K）。

このような授業を開発した運営委員会の企画会議を以下で紹介しよう。貿易ゲームの結果発表方法は，全チームの得点を集計し順位を確定し，発表するまでの時間を可能な限りゼロに近づけることと，広い教室の後ろからも結果がよく見えることが求められた。当初は，4つのユニットの検査係が担当する11チームから売上報告書を回収して，それを運営委員に提出し，運営委員が第1位を一番上に，第

11位を一番下にした掛軸にし、上部を黒板に貼って垂らすというものだった。しかしこの場合、黒板に貼ることができるサイズは小さくなり広い教室の後方からはよく見えない、しかも第1位から見えてしまうので効果的な演出ができない問題が指摘された。

ならば、掛軸ではなく、横に長い黒板を有効に使って、横置きのA3判用紙（売上報告書）を11枚つなげる巻物にすればいいのではとなった。しかし、掛軸とは違って巻物の場合、黒板にテープで1-2ヶ所貼りつけるだけでは固定できない問題が指摘された。これに対しては、巻物を黒板上でほどく係とは別に、先んじてガムテープの輪を巻物が通る黒板部分に貼りつける係を設けることになった。また、時間を節約のために売上報告書のつなぎ合わせは検査係が行い、巻物にしてから運営委員に渡せばいいのではとの提案もなされた。

そうしたやりとりがあって、最後には以下のようになった。各チームから提出されるA3判の売上報告書（ユニット名、チーム名、国コードが印刷されており、売上高を提出時に記入する）をユニットごとの検査係が、順番に並べて貼り合わせ、巻物にして運営委員に提出する。運営委員は巻物をほどきながら黒板に貼り出し、別の運営委員がテープで固定していくこととなった。この発表方法に至った時には、すでにどこの部分が誰のアイディアか識別できなくなっていた。運営委員会は創発的な授業開発の場となったのである。

7 なぜ授業を運営委員会方式、学生参画型にしたのか

かくいう私も、以前は大教室での専門科目「中南米経済論」の授業においては—私の恩師がそうであったように—分厚いプリントを毎回配付して、90分のうちのほとんどを早口でまくしたてていた。1年次必修のクラス制科目「基礎演習」では、論文作成スキル習得めざして事細かに課題を出し、スパルタ式で指導していた。そうした授業のために深夜まで準備に追われる悲壮感漂う毎日を送っていた。

こうした形式の授業は2年続いたが、結果は惨憺たるものだった。「中南米経済論」のレポートは盗用のパッチワーク。持ち込み可のテストも、穴埋め問題すら満足にできない。論述問題もほとんどが「中南米経済論」以前の話で、日本語になっていない。これは一体何が起こっているのだろうと愕然とした。

一方で「基礎演習」においても、学生たちはレポート作成スキルを身につけたものの、ギリギリと「やらされ」ていた彼らは、つらいばかりだった。学ぶ喜びを味

わってほしいと願っていた私が懸命にとりくんだ結果がこれだった。もちろん私自身も学ぶ喜びを感じることはなかった。

そこに学びはなかった。その代わりにあったのは「学びからの大脱走」であった。苦労は報われず，授業に学びを取り戻すことができなかった。これ以上のエネルギーを投入しなければいけないのであれば，もう私には大学の授業などできない。かといって他に方法を持ち合わせていなかった。喪失感と閉塞感に襲われた。

藁をもつかむ思いでいろいろネタ探しをした。そのプロセスで経済学教育学会を発見し，1997年に広島で行われた全国大会に行く。そこで偶然にも林義樹先生と学生参画授業，ラベルワークと出会う。私は，授業は学生とともに行うもの，授業の主人公は学生という信念はあったが，どうすればそれが実現できるのかその時までわからなかった。しかしこの時，このラベルを使えば学生自らの手で授業を最初から最後まで運営できる，すなわち学生参画型授業ができると確信した。目からウロコが落ちた。以来私は，担当授業を学生参画型へと次々と転換していき，学生とともに授業をつくり，学ぶ喜びを分かち合ってきた。この運営委員会方式は，そうした私たちの10年にわたる授業実践の到達点である。

8 授業が終わっても運営委員会は終わらない？：学生FD活動への接続

2009年度「経済入門」運営委員会は，2010年2月に立命館大学で行われた「学生FDサミット2010冬」において，自分たちの取組を寸劇形式で発表した。発表メンバーはこの時に各地の大学での学生FD活動に感銘を受け，学生FD活動を進めるチームfd4kus（関大生による，学生のためのFDの意）を結成した。これと前後して，あるメンバーは授業で教員を支援するSA，あるメンバーは授業で学生の学習を支援するLA，あるメンバーはKUBIC（関西大学ビジネスプランコンペティション）実行委員となって，授業支援や学部の教育プログラムのスタッフとして活躍している。

私には夢がある。それは，こうした学生たちと授業づくりを楽しむ「居場所」運営委員会があちこちの授業で大学で生まれ，教員と学生とによる学習効果が高い授業運営が行われること。そして，運営委員会で授業づくりに関わった学生たちが個々の授業から飛び出して，各大学の学生FD活動を担っていくことである。そうなれば大学は，教員と学生の双方にとって，今よりはるかに楽しくなる。

【注】
1) 本稿で運営委員会の事例として取り上げた 2009 年度「経済入門」3 組と 2009 年度「国際協力論」は，私のゼミ生を中心とするサポーター，履修生から立候補した運営委員とともに企画・運営してきた。一人ひとり名前を掲げることは紙幅の関係からできないが，彼らの参画なくしては成り立たなかった。ここに記して感謝したい。
2) この「要点ラベル」「感想ラベル」は，履修学生全員が「しっかりわかる」ための仕組みとしても機能している。具体的には，学期末に全員がそれぞれ「要点ラベル」「感想ラベル」を使い，場づくりラベルワーク法で「要点ラベル図解」と「感想ラベル図解」を作成・提出するのである。

【引用・参考文献】
林　義樹（1994）．学生参画授業論　学文社
林　義樹（2002）．参画教育と参画理論　学文社

11 学生クルーと創る e-Learning 教材

竹本寛秋

1 はじめに

■ 1-1 脱出ゲームをご存知ですか？

「脱出ゲーム」というコンピュータゲームのジャンルがあるのをご存知だろうか。プレイヤーが何らかの理由で密室に閉じ込められ，そこから脱出するべく部屋を探索するというタイプのゲームである。実は筆者は 2009 年 3 月まで，「脱出ゲーム」を専門に制作するゲーム会社に出入りし，主にゲームのシナリオを執筆する仕事をしていた。シナリオ制作の正直な感想は，「消耗する」である。もちろんそこに楽しさはある。思いもよらない仕掛け作り，想像力を喚起させるバックストーリーを準備し，それらを提供する喜び——そうしたクリエイティブな楽しみがそこにはあった。しかしながら，そこには徒労感が常につきまとっている。商売である以上，ゲーム会社は量産を要求する。謎解きタイプのゲームは，1 度解いたならば 2 度遊ばれることはない。シナリオはいくらでも必要になる。必然的にアイデアは枯渇する。すぐに「解けました。今回は簡単でしたね」といった感想が載る。そして次回作の要求。その無限の繰り返しである。

■ 1-2 e ラーニング・コンテンツの制作へ

さて，書き出しを個人的な経験，また，やや本書の主旨から外れた地点から始めたのにはわけがある。以上のような一シナリオライターの経験と同じようなことは，e ラーニング・コンテンツ制作の現場においても言えると思うからである。e ラーニング・コンテンツも作るためには労力と時間そしてお金がかかるが，学生が使うのは一瞬である（あるいは，見ない）。e ラーニング教材の製作も，膨大な作業量と徒労感を常に背中に積み上げられる種類の仕事である。

かくいう筆者は2009年4月より，金沢大学FD（Faculty Development）・ICT（Information and Communication Technology）教育推進室に赴任し，FD推進およびICT教育支援の任にあたっている。そして，その仕事のひとつにeラーニング・コンテンツ制作の支援，推進がある。

本章では，大学におけるeラーニング教材開発の現場にいる者の立場から，eラーニング教材開発の体制をめぐる問題を整理したうえで，金沢大学でのeラーニング教材作成に重要な役割を果たしている「学生クルー」組織について述べていくことにする。

2 ICT教材作成における問題

2-1　誰がeラーニング・コンテンツを制作するのか？

周知のことではあるが，ここでeラーニング教材を「誰が制作するか」についての問題を洗い出しておきたい。eラーニング教材を制作する主体には，いくつかのパターンがあろう。まず大きく分けて以下の3つのパターンが考えられる。

> ①教員自身が制作する
> ②企業による製品を買う，または企業に商品を発注する
> ③機関内の専用の部署（たとえば大学教育開発・支援センターなどのセンター）が制作を請け負う

ここで，それぞれに固有の問題について指摘しておこう。

2-2　eラーニング・コンテンツを教員自身が制作する場合の問題点

まず，①の教員自身が制作する場合，一番大きな問題は，教員のeラーニング教材作成能力である。多くの教員は，eラーニング教材作成に必要なスキルをもっていない。また，仮にスキルをもっている教員も，教材作成に費やす時間は十分にもっていない。作成のためのPC環境，ソフトウェア環境も自前で用意するならば，教員それぞれに負担がのしかかるはずである。もし，教員が，スキル・時間・環境・費用面の条件を全てクリアしているならば，自分にあった完璧なeラーニング教材を，行う授業に合わせてその都度制作することができるだろう。そうであればこれ以上のことはない。しかし，おそらくそのような教員は少ない。

■ 2-3 企業による製品を買う場合の問題点

では,②教員の利用に見合う教材を企業などから買えばいいではないか,という発想も生まれよう。そうすれば,商品としてクオリティの高いコンテンツが利用できる。しかしながら,これにはいくつか問題がある。まずはコストの問題。こうした教材は,多少の違いはあれ,いずれも高価である。個人の教員が個別に購入するにはコストがかかりすぎる。また,教材の柔軟性の問題も起こりうる。つまり製品としての商品は,いかにクオリティが高くても,実際の授業で利用する際に細かい不都合が起こる場合が多々ある。

■ 2-4 eラーニング専用部署で制作する場合の問題点

最後に,③教育機関内にeラーニング専用の部署があるとして,そこに制作を依頼する,というパターンが考えられる。筆者の所属する部署もそれにあたる。この場合,教員の希望をヒアリングし,それに合った教材の作成をその部署が請け負うことになる。これならば,教材作成のスキルをもち,制作にあてる時間もある程度もった一部署が,教材作成のための機材を集中して管理し,何らかの予算配分にて活動するということが可能である。また,学内の組織が制作を行うことで,教員と十分に打ち合わせること,また,教員の要望に合わせて柔軟に教材を変更・カスタマイズしていくことが可能な機動力をも持ち合わせることができる。

しかしながら,この場合にも問題はある。その部署の形態にもよるが,少なくとも筆者自身の所属する部署は,教材作りのみをしていればよいという組織ではない。大学におけるFD活動,ICT教育推進にまつわる研究・支援活動全般を扱う組織である。独立のセンターをもっているという幸福を享受している機関であっても,教員の教材作成依頼が殺到するとすれば,今度はその部署に所属する教職員が発狂する憂き目をみよう。

また,大学によっては,こうした独立の組織をもつことが難しい場合もあろう。また,教材作成支援のために常勤の教員・職員を雇用すること自体に理解が得られない状況は大いに予測できる。私自身,所属部署が大学にとって経費削減の最有力候補であることを肌身で感じている。

個別の教員の個々の授業に柔軟に対応する教材を作成するための,機動力のある組織の構築において,学生が有力な候補として浮上するのはここにおいてである。

3 「学生クルー」を巻き込んだeラーニング教材作成

3-1 学生クルーとの出会い

2009年の4月に着任が決まり，ばたばたと引っ越しを終えて，下見がてら赴任予定の金沢大学を訪れた際，まず連れて行かれたのが「キャプテン会議」なるものである。そこには，十名ほどの学生が集まっていた。私はこの会議がいかなるもので，なぜ学生が集まっているのかまったくわからず，とんちんかんなあいさつをした記憶がある。

これが私の，金沢大学における「学生クルー」との最初の出会いである。そうした出会いを経て，「学生クルー」と行った最初の仕事は，講義「大学・社会生活論」のeラーニング教材作成であった。「大学・社会生活論」は，金沢大学において，新入生が大学生活にスムーズにランディングできるよう用意されている必修講義である（青野, 2009）。その中のコンテンツ「環境論」の素材撮影のため，私は「撮影班」のリーダーおよび数名の学生とともに大学の環境保全センターへと撮影に向かった。そこで目にしたのは，プロ仕様のビデオカメラを慣れた手つきで使いこなす学生クルーの姿である。正直「ついていっただけ」状態の私を尻目に，彼らはてきぱきと仕事をこなし，かつ，楽しんで撮影を行っていた。私はそうした学生のスキルの高さとともに，それくらいのことは当然のことであるという主体的なありさまに驚いたのであった。

3-2 学生クルーを巻き込んだICT教育推進プログラム

金沢大学において，教材作成支援のために学生アルバイトを募集し編成が行われた時期は，2005年に遡る。発端は2004年度に採択された「現代的教育ニーズ取組支援プログラム」（現代GP）である。このプログラムにおいて，現在の金沢大学のICT教育の基盤が形成されたといってよい。ノート型パソコンを全学生に必携させること，学内の無線LAN環境の整備，全学で利用できる学習管理システム（LMS：learning management system）の導入と運用，共通教育科目における電子教材素材のデータベース化，等々はこのプロジェクトによって推進された（鈴木, 2007）。

鈴木によれば，帝塚山大学や千歳科学技術大学の取組を参照しつつ，GPの開始当初より教材作成をアルバイトに分担させることを計画していたという。募集初年度の2005年に13名のアルバイトで始まった体制は，2006年には60名程度に増加

している。そして2009年現在,「学生クルー」としてアルバイト登録している学生は,150人を越える数となっている。

アルバイトの組織化は,2005年度末頃には始まっていた。アルバイトリーダーを設置し,アルバイトの管理・統率を行う仕事を任せることで作業の効率化が図られたという。その後,学生の経験・能力,また学業との両立といった観点から組織の洗練が図られ,学生アルバイトをいくつかのチームに分け,各チームを統率するリーダー,リーダーを補佐するサブリーダーを設置する現在の組織がかたちづくられた。

■ 3-3 教員とスタッフと学生アルバイトの関係

ここにおいて,教材作成を依頼する教員と,FD・ICT教育推進室のスタッフ,学生アルバイトリーダーの関係は以下のようになる。

まず,教材作成の依頼を教員が行う。FD・ICT教育推進室のスタッフがその依頼を受け,適切なチームのリーダーに指示を行う。リーダーは,具体的な作業を行う学生を確保して指示を与え,必要に応じて依頼主の教員と打ち合わせを行いながら教材の作成を進めていく。その過程において必要があれば他チームとの連携をはかる。このようにして,複数のチーム・リーダーが主体的に行動し,連携して教材作りの主力となるのである。FD・ICT教育推進室のスタッフ(私を含めた教員・教務補佐員ら)は,逐次彼らをサポートしていく。

■ 3-4 編成されたチーム

現在,撮影班,ホームページ班,サーバー班,Flash班,マネージメント班といったチームが編成されている。

撮影班は,教材作成に利用するビデオ撮影,写真撮影に携わる。ホームページ班は,学生主体でのホームページ制作を行っている(小野ら,2009)[1]。サーバー班は,学内における動画配信サーバーやいくつかのメールサーバーの管理を行うほか,依頼に応じてサーバー関係の設定などを行う。Flash班は,Adobe Flashなどを使った動的コンテンツの作成や,その他画像処理ソフトウェアを扱う仕事を行っている。マネージメント班は学生クルーの編成や作業説明,さまざまな行事の取りまとめを行う。もちろんチームは柔軟性をもっており,チームを越えた作業が行われることもある。

4 「学生クルー」の意味

4-1　あえて「学生クルー」と呼びたいのである

　eラーニング教材作成において，学生をアルバイトとして採用し，作業を行っている例は多くある。しかし，私がここで注目したいのは，それら学生を何らかの関係性において編成し，組織として運営している点である。教材作成を依頼する教員に対し，学生が個別に依頼を受けて作業を行う場合とは，異なる構図がそこにはあると考えられるからである。

　すなわち，教材作成の依頼に対して，それに適したチームへ依頼は流される。その依頼は「リーダー」「サブリーダー」の任を受けた学生の判断により，チーム内の学生に割り振られ，学生が共同して作業を行う。教材作成において，学生は一定の主導権を握ることができる。教員は，もちろん最終的な責任は負わなければならないが，信頼関係をもとに教材作成の具体的作業を任せることができる。

　自律的に行動できる組織化された「学生クルー」——ここではあえて「学生アルバイト」ではなく，「学生クルー」という名称を使いたい——の存在は教員にとっても，学生にとっても，多くの利点がある。

4-2　教員にとって，学生にとって，大学にとってのメリット

　それではここでメリットについて少し掘り下げておこう。

　まず，教員にとっての最大のメリットは，小回りの利く柔軟な教材を気軽に作成できることだ。年度ごとにバージョンを変えるといった場合でも，面倒な企業とのやりとりをする必要がなくなるだろう。学内の学生であれば，緊密に連絡を取り合うことが可能である。

　学生の側にもメリットはある。まずは，自分の学ぶその大学内で仕事ができるということ。うまく都合をつければ，講義時間の合間を有効に利用することも可能である。アルバイト代がおまけについてくると考えれば，これほどよいことはない。さらに——こうした点をメリットに感じる学生の方がはるかに多いのだが——通常は利用することができない高価な撮影機材やスタジオ，編集ソフトウェアなどを利用できる機会ができる。また，教材作成において，さまざまな専門性をもった先生と交流し，また専門の設備・施設に触れて見識を広げることができる。そして仕事を通して，PCの知識や高度な撮影・編集機材の知識を得てスキルアップすることができる。そしてまた，組織化されていることにより，技術は学生間で伝播する。

学生はいずれ卒業などで大学を離れるが、教え合うことで、知識が継承されていく。

もちろん、決して無視してはならない悲しい事実としても、学生を雇うメリットは存在する。それは、常勤の職員を雇うよりもコストがかからない、という点である。もちろん、これは学生を搾取するということと同義ではない。学生においても、先述したようにさまざまなメリットが存在する。教員のニーズと学生のニーズが一致する地点のバランスが正しくとれているならば、そこには幸福なサイクルが形成されるだろう。逆にいえば、その関係がうまく構築されないならば、学生にとっても教員にとっても不幸なひずみが生じることになるだろう。

5 「つなぐ」教員の存在

5-1 「文系」と「理系」の2人の教員

さて、こうした教材作成組織の中で、「私たち」教員が担っている役割について述べて起きたい。「私たち」と書いたのには、金沢大学において学生クルーをとりまとめる仕事をしている教員は、2人いるからである。

その1人が本章の執筆者・竹本であり、「文系」を担当するFD・ICT教育支援にあたることになっている。もう1人、末本哲雄特任助教（現・大分大学 高等教育開発センター 講師）は、「理系」を主に担当する。

5-2 それぞれ担当者がいる理由

文系／理系にそれぞれ担当者がいるのには、わけがある。eラーニング教材といっても、語学教材から、物理教材まで多岐にわたる。もちろん我々がそれら全ての知識をもっているわけではないが、出身学部による素養の違いはやはりある。文系出自の教員の方が、文系独自の問題──たとえば、文字の問題や、言語の問題──には洞察が働くであろうし、理系出自の教員でなければ基礎概念からしてわからないことはたくさんある。金沢大学FD・ICT教育推進室は、そのように文／理双方の視点を持った支援教員を配置することで、できるだけ幅広い教員のニーズに応える体制を用意しているといっていいだろう。もちろん、厳密に支援教員が「文系」「理系」にがちがちに固まっている必要はない。文／理という対立よりはむしろ、仕事の特性とお互いの個性で仕事を割り振っているのが実情だ。また、深い専門性よりは、それぞれの分野への目配りと洞察力の方が重要と思われる。依頼主である教員のニーズはどこにあるのか、その実現には何が必要であり、どういった種類の

仕事が発生し，どういった属性の学生を募集していくのか，それをディレクションしていくのが我々の仕事であり，力点を置くべき箇所である．

■ 5-3　担当者が教員であることの意味

この仕事は，あえていえば「教員」でなくともできる仕事であるかもしれない．狭く考えればその通りである．しかしながら，eラーニング作成のディレクションをする「教員」が，FD支援も担うことにはメリットもある．eラーニング教材作成は，単なる受注生産ではない．金沢大学は，ICTの積極利用によるFD推進を掲げている．すなわち，eラーニング教材は，単なる授業素材なのではなく，それら教材を使うことを通して，授業公開の可能性を拓き，新たな授業の可能性を拓くきっかけとなりうる，教員のFD活動に接続するものとして位置づけられているのだ．

そこまで考えたうえでのeラーニング教材の開発・提案には研究活動が必要である．我々2名の特任教員は，その関心・得意分野に合わせ，効果的な教材作成をめざすため常に積極的な情報収集活動を行っている．そのうえで，金沢大学という条件において，どのようなことがどこまで可能なのか，その可能性を研究活動として追求している．これらの活動は，ICT教育を通したFD活動の一翼を担うという自覚のもとでの実践なのである．

私としては，あくまで文系出自であるという出発点は保ちつつ，ICTやデジタルゲームに関心をもつ教員として，多くの文系教員にありがちな「機械アレルギー」をどのように「ほぐし」つつ，ICTの教育利用に関心をもってもらうか，その点に力点をおきつつ活動を行っている．

6　学生・教員の共同作業としての教材作りに向けて

■ 6-1　マッチングの問題

さて，このようにして，「教員」―「支援教員（我々）」―「学生」という形での教材作成組織は体制として確立している．しかしながら，問題はいくつも存在する．その大きなものに，仕事の需給関係がある．教員が依頼してくる仕事の内容，量そして時期と，学生の能力，時間は，往々にして一致しないのだ．

教員は，必要な時に必要な教材が授業に間に合うまでには欲しい．しかしながら学生にも都合がある．いつ仕事が来るかわからず，仕事が来るときはいきなり言

われる,というのは,学生にとってあまりいい状態ではない。また,現状において,学生クルーの人数に比して仕事の数は圧倒的に少ない。あるリーダーは,仕事の募集をした際に,応募者が多すぎて一人ひとりに断りのメールを送るのがとてもつらい,とこぼした。登録はしたもののまったく仕事にありつけない学生も多くいる。可能であれば,決まったサイクルの上に仕事が運用されるような状況が望ましい。そのバランスを調整するのも我々支援にあたる教員の仕事であると考えてはいるが,なかなかうまくいかないのが実情である。

■ 6-2 創造的な組織づくりのために

「学び合いつつ教員・職員・学生がともに教材作りを行う」,そうした創造的な組織作りはどのように行われうるだろうか? その答えは,凡庸であるが,それぞれの大学の性質・背景によって異なるというのが本当のところだろう。千歳科学技術大学のように,eラーニング教材作りをカリキュラムに組み込み,単位化させる試みもある(高岡,2007)[2]。しかし,同じ試みを金沢大学で行ったとしても,大学の性質上,うまくいかないと思われる。それゆえ,それぞれの大学における背景にあった,持続可能な教材作成体制をデザインし,運用していくことが必要だ。

それが,持続的で,よいサイクルをもつ組織として構築されるならば,ここにおいて,「教員」―「支援者」―「学生」の関係性は,より高いレベルの協同性を帯びてくる可能性もある。すなわち,教員から学生への仕事の依頼,という一方向の矢印にとどまらず,学生からの働きかけによって教員を巻き込んでいくような教材作成のあり方,それを誘発する支援者のあり方,それらを通した双方向のやりとりの発生によってさまざまな可能性が開かれる。

学生は4年間で卒業する。大学院に進学する学生もいるが,それにしてもいつまでも大学にいつづけるわけではない。人の流動,限られた期間,さまざまな前提のもと,スキルを伝達し,経験し合い学び合う場として,また,大学教育の重要な要素を自身が担っているのだと,学生が実感できるような場として「学生クルー」という組織を運営し,構築していくこと。筆者はまだこの場に参入して半年たらずであるが,すでにこの場に参入してしまった人間として,何ができるのか,常に動きながら考えたいと思っている。

【注】

1) ホームページ班が作成したサイトは，http://www.el.kanazawa-u.ac.jp/pc-lecture/ で閲覧できる。
2) 現在千歳科学技術大学では，グルーバルシステムデザイン学科の必修科目として「システムデザインプロジェクト A～D」としてeラーニング教材の開発・評価がカリキュラム化されている。

【引用・参考文献】

青野　透（2009）．学習動機づけのための全学必修教養科目―学生相談から生まれた授業　学生と変える大学教育―FDを楽しむという発想　ナカニシヤ出版　pp.62-75

小野祐貴・菱木拓哉・瀬川　忍・森　祥寛（2009）．学生によるみんなのための"お役立ちパソコン講座"　ホームページ開設　2009PCカンファレンス論文集　pp.37-38

鈴木恒雄（2007）．IT教育用素材集の開発とIT教育の推進　報告書　金沢大学IT教育推進プログラム総合メディア基盤センター

高岡詠子（2007）．千歳科学技術大学における「学生による学生のための e-Learning」　サイエンティフィック・システム研究会

12 学生と教員を結ぶクリッカー

末本哲雄・青野　透

1　はじめに
(末本哲雄・青野　透)

　2009年夏，来日したノーベル賞学者カール・ワイマン博士が，科学教育のあり方に関する連続講演を行い，授業効果を高めるためにクリッカーの活用を推奨し注目を集めた[1]。日本の学生が米国の大学に留学してとまどうのは，教員から質問や意見を頻繁に求められ，また学生自身もわからないことはその場で質問する双方向型授業であるといわれる。そのようなアメリカで広く普及しているのが，クリッカーである。

　クリッカーとは聴衆応答システム（audience response system）の一つで，本章では学生からの投票をリアルタイムで集計し結果を表示するICTシステムのことを指す。テレビの審査番組で導入されている「点数を即時集計する仕組み」を教育現場に持ち込んだと考えてもらえばよい。番号ボタンを押す（＝クリックする）ので，「クリッカー」と呼ばれている。撮影スタジオにある大がかりな機材が必要に思えるが，手のひらサイズの番号リモコン，信号を受け取るレシーバー，作問や集計に使うパソコンとソフトウェアさえあれば，教室内でも容易に適用できる。教育現場でのクリッカー活用はおよそ次のようになる。講義前に教員がソフトウェア上で質問文と選択肢を作成しておく。講義途中に教員が質問文と選択肢を学生へ提示する。学生は自分の意見を選択肢から選び，リモコンの番号ボタンを押して回答する。回答はレシーバーで受信され，パソコン内にて自動集計される。教員が受信を締め切ってから数秒後，回答はグラフとなってスクリーンに表示される。教員は集計結果を学生と共有しながら講義を進めていく。

　日本でも，中央教育審議会『学士課程教育の構築に向けて（答申）』（2008年12月24日）が，答申のキーワードの一つである「学士力」が課題探求や問題解決な

どの諸能力を中心とすることから、「既存の知識の一方向的な伝達だけでなく、討論を含む双方向型の授業を行うことが不可欠である」「学生の主体的・能動的な学びを引き出す教授法を重視し、たとえば、学生参加型授業、協調・協同学習、課題解決・探求学習などを取り入れる」ために、「的確な授業設計を行った上で、携帯端末を活用した学生応答・理解度把握システム（いわゆるクリッカー技術）による双方向型授業の展開」を試みることを提唱した。

　金沢大学（以下「本学」）では、クリッカーを2008年10月に購入し、まず、大学教育開発・支援センター（以下「センター」）の末本や青野が授業で使い始めた。その活用法に関し、大学教育学会・日本高等教育学会などで報告した。この間、『学生と変える大学教育』（2009年2月刊）所収の鈴木久男「クイズで授業を楽しもう」で、理系科目におけるクリッカー活用の意義が明らかにされた。また「リモコン式の学生応答システム（クリッカー）も、今では大型クラスの標準装備になりつつある」（小笠原正明「学習させる授業と『2つの文化』」『IDE現代の高等教育』第515号、2009年11月）との指摘もある。新しい発想の授業改善を行うためには、こうして普及しつつあるクリッカーの有効な活用法を検討することが一つの課題であろう。本章では金沢大学における試行錯誤の記録を中心に、クリッカーを用いることにより授業はどう変わるのか、どのような活用方法が望ましいのか、そして、学生の考える力の向上にどう結びつきうるのかを考察する。まずは、学内の種々の授業でクリッカーの普及に努めてきた末本が報告する。そして青野が学生たちへのアンケートを引用しながら報告する。

2　金沢大学での導入　　　　　　　　　　　　　　　　　　　（末本哲雄）

　センターでは授業改善に関する情報提供や共同学習会（毎週のFD研修会）の企画・実施、教育相談などを行っている。クリッカーの存在を知った2008年の夏は、まさに授業改善につながる具体的な提案を探していた時期であった。とりあえず50台のクリッカーを購入し、センター教員で試行しながら、学内への貸与や利用講習を行っていくこととなった。

2-1　初戦の成功と課題の認識

　納入の翌日に筆者が担当する授業があったので、まずここで実践してみようとさっそく準備に取りかかった。この回のテーマは「プレゼンテーション技法」である。

ソフトウェアの操作はとても簡単で，すぐに使えるようになった。本格的に授業に組み入れようと思った時，ピタリと手が止まった。いったいどんな質問を作ったらよいのだろう。ものすごく困った。結局，講義開始の直前まで悩んだ末，5つの質問を選んで授業に臨んだ。

受講生にクリッカーを配り，あいさつをした後，唐突に質問を投げかけた。

設問1　プレゼンすることは好きですか？
　(1)　Yes
　(2)　No

これが金沢大学における記念すべき最初の質問である。あまり考える必要のない2択問題から始めた。受講生はリモコンの1か2のボタンを押すだけ。「該当する選択肢の番号を押して下さい。間違えたら，後に押した方が反映されます」と言えば，操作説明も十分である。とてもありがたい。案の定，受講生の興味は完全に新しい機器に向かっており，複雑な説明は聞いてくれそうにない。パソコンのEnterキーを押すと，「Yes 19%，No 81%」の棒グラフが表示され，受講生から驚きの声があがった。続いて，

2　この教室内で，予想として，あなたのプレゼンのレベルは？
　(1)　トップ5
　(2)　ベスト10
　(3)　違和感なし
　(4)　下位10
　(5)　下位5

と問いかける。選択肢が3つ以上ある質問も可能というデモンストレーションだ。授業開始から5分と経っていないが，この時点で既に教室の雰囲気はかなり高揚していた。質問3からは講義を方向づける質問をしていく。

3　プレゼンが苦手な理由は？
　(1)人前に立って話すのが嫌い
　(2)経験が不足している

> (3) 物事をうまく説明するのが難しい
> (4) 聴衆からの質問に答えるのがつらい
> (5) プレゼン資料の作り方がわからない
> (6) PowerPoint などのソフトをうまく使えない

　この後の質問は省略するが，プレゼンテーションに対する不安の程度を問いかけ，講義の話題として組み入れた。
　この日の講義はとても楽しかった。集中して話を聞いてくれる受講生の顔には感動すら覚えた。冒頭でプレゼンテーションに対する受講生の弱みを把握して講義に取り入れられたこと，その回の目標を受講生とうまく共有できたこと，教室内の雰囲気がいつもよりも高揚していたこと，受講生が普段よりも圧倒的に活発な発言をしてくれたことにとても満足した。
　その日，クリッカーに対する感想を自由に記述してもらうと，

> ● クリッカーの操作自体がおもしろかった
> ● 他の学生の回答がリアルタイムで見られたので良かった

という旨の意見が多数寄せられた。また，

> ● 他の学生がプレゼンに対してどのように苦手意識をもっているかがわかった
> ● 他の人の苦手意識が自分にとって安心感をもたらした
> ● 自分とは異なる理由で苦手意識を感じている学生がいることを知ることができた
> ● 教室に一体感を感じた

など，他の受講生に対する気づきも表現されていた。
　クリッカー導入の初回としては成功といえるだろう。しかし，極めて重要な課題も明らかとなった。質問の作成である。講義を楽しくするだけでなく，学習効果を高めていく物としてクリッカーを位置づけるためには，教員が質の高い質問を次々と繰り出していかなければならない。クリッカーを授業改善ツールとして他の教員

に提案する際には，ソフトウェアの操作方法だけでなく，よい質問の作り方に関するアドバイスも必要だと感じた。しかし，具体的にどのようなアドバイスをするべきなのか，すぐにはわからなかった。

■ 2-2 他の教員に使わせてみたら，酷評

続いて，文系学生の選択必修専門科目「大学・学問論」での利用例を紹介しよう。約 150 名の受講生が高等教育，日本と世界の大学，金沢大学の歴史などを学ぶオムニバス形式の授業で，センターがコーディネーターを務めている。

2009 年度，教員 9 名のうち 6 名がパソコンを使って講義を進めると聞き，クリッカーを使っていただくようお願いした。「面白い機械だ」と関心をもつ教員もいたが，質問作成に対して「いろいろ考えたけど，何を聞いたらいいのかねえ」と困惑する教員もいた。

この講義での質問は，

> アジアで最初の大学はいつごろ設立された？
> 　(1) 16 世紀
> 　(2) 17 世紀
> 　(3) 18 世紀
> 　(4) 19 世紀

のように正答の一部を変化させた質問や「先ほど述べた定義のこの部分に当てはまる言葉は何か？」（3〜5 択）といった穴埋めの質問がほとんどであった。初めてクリッカーを使う教員にとっては，講義を聞いていれば（メモしていれば？）答えられるような記憶を問う質問が扱いやすいのかもしれない。教室の様子を見学させてもらったところ，半数以上の教員がこれまでやってきた講義に 2 回ほどクリッカーの操作を足してみたという印象の使い方であった。講義開始から 40 分ほど経過した頃，クリッカーの質問を一つ提示，受講生の 7 割ぐらいが正解，講義再開，80 分ほど経った頃，別の質問を一つ提示，受講生の 6 割ほどが正解，最後にミニッツペーパーを記入して授業終了といった具合である。

クリッカーをこの講義で使い始めてから 3 回目あたりまで，受講生は色めき立っていたが，回を追うごとに関心を示さなくなっていった。中には教員が話す間は寝ていて，クリッカーを使うときに喧噪で目が覚め，面倒くさそうに番号ボタンを押

して再び机に伏せるという者もいた。

　最後の講義でクリッカーについて自由記述アンケートを行ったところ，受講生の1割ほどが「おもしろかった」「参加している感じがあった」との肯定的な感想を書いたのに対し，半数近くは酷評であった。授業の雰囲気から何となく気づいてはいたが，実際に「とくに使用する意味はなかった」「クリッカーは別に使わなくていい」「授業を受ける側としてはあってもなくてもいい」などという意見がかなり多く，落胆するとともに講義の担当教員に対してたいへん申し訳なく思った。何名かの受講生に直接尋ねたところ，「クリッカーで質問して何の意味があるかがわからない」「答えとなる言葉を講義中に確かに言っていたけど，すぐに忘れた」などと答えてくれた。クリッカーの有用性はどこに行ってしまったのだろうか。

3　クリッカー活用の目的と設問パターン　　　　　（末本哲雄）

　筆者はこれまでに，文系・理系を問わず，クリッカーを活用した授業を支援し，そのいくつかを実際に見学させていただいた。この経験から，筆者がクリッカー講習会を担当する場合，次の3点を明確にしてもらうように必ずお願いしている。

■ 3-1　クリッカー活用の目的設定
1）クリッカーを使う目的を明確に設定する
　クリッカーは道具であり，目的に合致したときにこそ有用性を発揮する。したがって，「何を期待してクリッカーを使うのか？」「クリッカーを使って学生と授業をどうしたいのか？」を熟思する必要がある。

2）目的にあった問題を用意する
　キーワードを記憶してほしいだけならば，単純な穴埋め問題でもよいだろう。しかし，学生に理論の意味も含めて正しく理解してほしいのであれば，何となく解けてしまうような穴埋め問題では不適である。理論を正確に把握し活用的に理解できていなければ，誤答を選んでしまう質問を用意しなければならない。

　クリッカーを即時開票できるアンケートとして利用するならば，学生が集計結果を見たくなるような質問もしくは理由づけを用意する必要がある。

3) クリッカーを使うタイミングを学生の気分と同調させる

これは授業に抑揚をつけるという意味でもある。90分間の講義を集中して聴き続けることは極めて難しい。そこで，学生の集中が切れてきた時間に手を動かすなどの作業を入れる。聴くという作業を中断し，回答を考えて番号ボタンを押す作業はちょっとした息抜きになる。ただし，学生の集中力が維持されているとき，息抜きのためにクリッカーを使うと逆に雰囲気がだらけてしまう可能性がある。

質問を作る時，効果的な出題タイミングとはどのような状況なのかを考える必要がある。

以上の3点はクリッカー活用の位置づけを明確にするための観点である。要するに「何のために，何を，どのように問うか」である。教員の一人は「クリッカーを使うなら，授業のやり方を大きく変えないといけないね」と感想を述べていた。本学には，質問回数を増やして学生からの反応をベースに授業を展開する教員もいる。逆に，質問を含むわずか4枚の授業スライドで議論を重視した講義を進めているカリフォルニア大学バークレー校の実践例もある（鈴木，2009；p.168）。モデルとなる授業形態は複数あるが，上記3点を十分に検討していれば，それなりの活用効果は期待できるだろう。

■ 3-2 クリッカー活用の4パターン

本学での少ない事例をまとめた程度ではあるが，使用形態を4パターンに分類してみた。クリッカーを講義に取り入れてみたいと相談に来る教員には次のように紹介している。

1) 理解度チェック

授業の途中で質問を出し，学生が内容を正しく理解しているのかを確かめるために使用する。学生の正答率によって先に進むか，もう一度説明するかの分岐点を作ることができる。このためには授業の内容を正しく理解していなければ解けない核心的な質問が不可欠である。正答させたい課題（いわばゴール）の設定から授業準備が始まるので，教授内容がぶれにくくなるというメリットがある。質問作成は思いのほか労力を要するので，オリジナルの質問だけではなく，国家試験の過去問を使っている教員もいる。

授業の流れとして，「質問－講義－同じ質問」のセットを数回繰り返す構成を勧

めている。前後の質問の正答比より，質問のクオリティおよび講義の効果を検証できるためである（兼田・新田，2007）。また，「質問－議論－同じ質問」という応用的なセットも有効である。テーマとなる自然現象に対し，自分が正しいと思う説明を学生同士で主張し合い，議論前後での正答率を比べさせる手法が物理学などで取り入れられている（Caldwell, 2007）。この手法では，議論する過程で学生が相互に理解を深め，自ら正答に向かうという。同時に，説得技法を学ぶ訓練にもなっている。

2）振り返りの記録

授業を通して関心・意欲・態度などの変化を記録するために使用する。理解度チェックと同じく「質問－講義－同じ質問」のセットを用いる。まず，学生は自己の状態に近い選択肢を選び，内面を確認する。次に集計されたグラフから回答者全体の傾向と自分の位置を比較する。そして講義後の同じ質問にて，自己の内面の変化を認識するとともに，全体の傾向と自らの位置を再比較する。

筆者のプレゼンテーション技法の講義では，最初と最後にクリッカーを使って受講生各自の不安感を尋ねている。

（1）かなり安心
（2）安心
（3）やや安心
（4）やや不安
（5）不安
（6）かなり不安

最初，ほとんどの学生が「(6) かなり不安」と答える。しかし，周囲の学生も「(6) かなり不安，(5) 不安」と回答していることを知って安心するという。また，「(6) かなり不安」に偏っていた受講生たちも，講義終了時には「(3) やや安心，(2) 安心」へと回答を変えていく。その結果を視覚的に眺められるのでとても面白い。機種にもよるが，クリッカーの設定次第では個人の回答を追跡していける。

3）意識調査

メディア論の科目で，講義の冒頭に学生の意識調査を行っている教員がいる。

「日頃からニュースや新聞に関心を向けてほしい」と強調するこの教員は，時事ネタを引き合いに出しながら「あなたはこの社会問題に対してどちらの立場をとりますか？」や選挙戦を前に「あなたが選挙権をもっていたら，どの党に投票しますか？」といった質問を投げかけ，クリッカーで回答させている。学生の意見が偏った場合には，大衆メディアで報道されにくい情報や真反対の立場から解説を加えたり，教員自身の解釈を述べたりしていた。冒頭の約5分程度の活用に過ぎないが，クリッカーは授業に対する好奇心や集中力を高めるに大きな貢献をしているようだった。この教員は

- 受講生が150人もいて，なかなかコミュニケーションはとれないからね
- 予想外の答えが多くて驚いたね
- 学生の反応があるっていいね

と感想を残している。大勢の受講生とコミュニケーションを楽しむためにクリッカーを使っているようだった。ちなみに，この教員は本題に入ってからクリッカーを一切使わない。

4）息抜き

　パソコンとスライドを使って講義を行う場合，教員の説明が早くなり過ぎ，学生がついてこられなくなることが多々ある。時間を節約して次へ次へという展開が必要な時もあるが，話題転換の際に息抜きの質問を作っておくと講義にメリハリが生まれる。例えば，筆者は「これまでの要点をまとめると，……ということだ。（10秒ぐらいの間）で，次の話に移る前に聞いてみるのだが，（質問スライドを見せながら）

進行は早い？
　(1) 早い
　(2) 少し早い
　(3) ちょうどいい
　(4) 少し遅い
　(5) 遅い

（集計結果を見て）わかった。じゃあ，もう少しゆっくり話そうか」と軽い息抜

きの時間を入れることにしている。もちろん，全ての話題転換時に尋ねているわけでもないし，授業速度の確認が息抜きに最適なのかもよくわからない。

ちなみに，この程度の問題に全員の回答を待つ必要はないだろう。6～7割の回答が集まったら，すぐにEnterキーを押して余計な間延びを避けるようにしている。

この息抜きの効果は未確認である。しかし，筆者は重要な話を聞いている時によく息を止めてしまっているため，話題が変える時ぐらい深呼吸する時間があってもいいと思う。受講生へのささやかな配慮である。

4 学生のためのクリッカー　　　　　　　　　　　　　　　　　　（青野　透）

末本は，特任助教という立場で，さまざまな授業科目でビデオ撮影をし，教材デジタル化の作業を行いながら，現場で授業支援力を磨いてきた。他の教員たちのクリッカーの使い方に対する観察は鋭く，その批判は的を射ている。これを踏まえて，授業の責任者として1年半クリッカーを使ってきた青野が，学生たちへのアンケート結果を引用しながら報告する。

筆者は，2008年度共通教育科目『日本国憲法概説』で初めてクリッカーを使用した。そのときの学生たちの感想は概ね肯定的で，表12-1のとおりであった。

末本が紹介した例とは明らかに反応が違ったことになる。私が注目したのは，学

表12-1　クリッカー使用時の学生たちの感想（2008年）

- クリッカーを用いた授業は新鮮で，皆の考えと自分の考えとの比較ができ有意義でした
- 自分も授業に参加している感があった。匿名であることは，周りの空気でやる人がいなくなるので，効果的である
- リアルタイムで同じ授業を受けている同級生の意見を知ることができておもしろかった
- 質問者と回答者，どちらもリアルタイムで結果を知り，共有できる点がすごい
- 楽しい。授業の動機づけになる
- 匿名なので，素直に答えられたし，自分とは違う考えの人がたくさんいるということがわかった
- クリッカーを使うと，結果などに興味を持って授業を聴く姿勢になれ，おもしろかった
- あまり自分の考えを言えないようなことでも，質問して答えることができるのでよい
- 学習意欲が高まる
- クリッカーはその場でやるので楽しく，グラフとなって出てくるので，一目でわかるのがうれしい
- 授業が単調にならず，みんな画面に集中できていたからよかった
- 授業中に他の人の意見がリアルタイムで見られてよかった

生たちの「意見」「考え」という言葉である。意見や考えを問いかけてくる，それを他人に知られず匿名で伝えることができる，他の学生がどう考えているかが即時にわかる。学生たちは，ここに，クリッカーで答えることの意味を見出していると推測したのである。

そこで，翌年度の薬学部専門科目『生命・医療倫理』では毎回，知識，理解度そして賛否を問う設問をクリッカーで行った。最終回に，クリッカーについて，

①知識確認のための意義
②授業内容理解確認のための意義
③賛否確認のための意義，
それぞれについて5段階評価（1：全くない～5：十分ある）

で受講生たちに答えてもらった。その結果は表12-2のとおりである。学生たちは，たとえば「クローン技術の人間への適用」「薬害未然防止の方策」などに関する学説や判例について賛成か反対かを回答することにクリッカーの意義がより多く認められると答えたのである。

クリッカーを「何のために」と自問することは，「誰のためにクリッカーを使うのか」ということでもある。知識の有無や授業理解度は教員（だけ）が知りたがっていることであり，小テストでもしなければ本当のところはわからない。クリッカーをクイズの道具としてのみ利用するのでは学生たちは飽きてしまう。

クリッカーでの問いは，その回答結果が，教員も学生もともに気になるもの，画面を皆で注視するものでなくてはならない。学生たちにとって，自分の一押しの結果が意味あるものであれば，自ずと回答にそしてその後の説明に身が入ることになる。授業における各自のかけがえのない役割が明らかとなり，学生の間に，授業に参加している（take part in）という一体感が醸成されることになる。

授業は学生のために行っているのである。問うのは教員の役割ではなく，むしろ

表12-2 クリッカーの意義についての質問結果（2009年）

質問項目	全くない	ない	ふつう	ある	十分ある
①知識確認のための意義	2	7	23	25	8
②授業内容理解確認のための意義	2	9	24	25	8
③賛否確認のための意義	1	5	18	26	15

学生が問うべきなのである。受講生を授業時間中に学ぶ主体とする，考える主体とするために種々の授業方法改善がこれまでも行われてきた。たとえば，筆者は長年，ミニッツペーパーへの学生の書き込みを次回の授業で紹介している。学生たちはこれに敏感に反応する。他の学生の意見についてどう思うか，学生にマイクを向けるとそれへの感想を述べてくれる。その回のミニッツペーパーで再度それに言及する学生が多い。学生たちは授業中も考え続けているのである。そのような学生間のレスポンスをその場で行うことをクリッカーで試みることが可能になる。即時に集計できるからといって，すぐに回答できる簡単な問題ばかりにする必要はない。たとえば，150人のクラスで3人に1台のクリッカーを渡し，設問について合議をして回答させるということも可能である。どう回答しようか迷い考える時間を与える設問も大切なのである。

　こうしてクリッカーの特徴を積極的にいかせば，学生の理解のスピードに合わせた授業進行，そして学生の視点に立つ学生のための授業改善になる。クリッカーはそれ自体では，問う→答えるだけの一方通行のメディアでしかない。しかし，教員自身がリアクションを丁寧に返し，あるいは，学生同士で討議しあえば，双方向・多方向の授業を自ずと形成していく重要な道具となるのである。

5　クリッカーから始まる授業内容改善　　　　　　　　　　　（青野　透）

　334校の大学専任教員21,797名が回答した『平成19年度私立大学教員の授業改善白書』（2008年5月，私立大学情報教育協会）では，授業改善に向けた課題として，その8割が「学習意欲を高めるような授業設計・運営を工夫したい」，また6割が「授業中に学生の反応を捉え，理解度に応じた授業をしたい」と答えている。また，文部科学省の調査では，学生による授業評価は，2004年度までに四年制大学全体の97％にあたる691大学で実施されている。質問項目でもっとも多いのは「授業の分かりやすさ」（526大学）であり，「担当者の熱意・意欲」（487大学）「授業に対する興味・関心」（476大学）と続く。組織として行う学生授業評価において，学生の授業内容理解度を知ることはかなめであり，全てのFDの出発点である。そうした授業評価を活かすと同時に，教員が各自で授業内容や方法を対象化し，客観的に見直すためには，方法はなんであれ，授業中に学生自身に内容がわかっているかどうかを問うことは不可欠である。

　筆者は全ての授業でパワーポイントを使っている。当然のことながら，板書より

も正確に用語を伝えることが可能であり，常に学生たちの顔つきから理解度をうかがいながら授業を進めることができる。そして必要な画面に何度も戻ることができるし，テーマからの脱線もひどくならずに済む。このパワーポイントのスライドにクリッカーによる設問を入れ，そこで一息つき，果たして皆はどう答えたのかという画面を予想しながら一緒に見る。ここで，学生の学びの姿勢が強くなることが実感できる。

　本来の教育改善は，授業方法の改善により，教員の授業内容が変わり，その結果として受講生の学習内容が改善されることにまで至るものを指す。これまでも，パワーポイントの，次はどんな画面の説明になるか学生にはわからない，という特徴をいかす授業を行ってきた（全体のデータは授業後にポータルに復習用に掲載する）。あくまでもこちらの側のシナリオ通りである。だが，クリッカーの導入によって学生の理解度が低いことが教室内で動かぬ事実とわかれば，再度説明を授業内で繰り返すことは必至となる。授業は一連のものであり，その場で全て理解できなくてもよいが，考えるために必要な材料だけは可能な限りわかりやすく与えねばならないというこちらの意欲も，クリッカーを通じて学生たちに伝わる。

　学生の理解度を知るのは大切であると誰もが考えているが，ミニッツペーパーのようなレスポンスカードは，「配付・回収などに多大な手間がかかり，ただでさえ限られている授業時間が，それによって削られる」（塚本，2006）。そして，授業中の大人数の学生の意見を知ることなどは，事実上，不可能であった。だが，クリッカーの登場で時間や手間の壁は乗り越えられる。

　新たな道具の採用は授業設計や授業内容を変える。クリッカーを使って学生に考えさせる授業では，伝える情報量を絞ることになる。もともと筆者は，学内専用ポータルに予習用教材を適宜掲載し，学生に授業外学習を促している。学生の学習量・時間は当然のことながら多くなる。教室では教えるべき内容のエッセンスを理解させることに集中でき，そしてその理解の正確さやそれに基づく意見をクリッカーで確認するのである。

　学生をより真剣にさせる問いかけを教員は行わねばならない。学生たちが期待する情報がクリッカーで提供されねばならない。学生たちにとってその情報がない場合よりもより学習効果の高い授業を展開してはじめて，クリッカーを授業に導入した意義が出てくる。

　学生たち自身，板書を写して記憶し試験で再現するなどという勉強の仕方には辟易している。そのような勉強で考える力が身についたと学生自身が思えないのは

明らかである。覚えたり教わったりするだけでなく，理解できないことに出会ったら，考え，問題解決のための手がかりを追求していくのが大学での学びである。学生たちは教室でも考えることを望んでいる。知識を得るためだけであれば教室で皆で学ぶ必要はない。思考を始め，あるいは深めるために，同じ教室にいる同じような者たちの考えを知ることがどうしても必要なのである。これはアクティブ・ラーニングが唱道されるゆえんである。なぜ他の学生は自分と同じように考えないのだろう，自分の考えには合理的根拠があるのだろうか，と考え始め復習で自ら調べることになる。こうしてはじめてクリッカーは，学生たちの求めている，そして大学がめざすべき授業の実現に近づく，有効な手段となりうるのである。

6 おわりに　　　　　　　　　　　　　　　　　　　　　　　　（青野　透）

　今時の学生はみんなの前で意見を言わないから，という理由でクリッカーの必要性が指摘されることが多い。だが，授業が活性化すれば，クリッカーなしで，学生たちは意見を出し合うようになる。それはクリッカーを使おうと考えた教員の意図が学生たちに正しく伝わった証である。

　かつては15回の授業の最後に答案用紙だけが学生から教員に渡されるだけであった。ミニッツペーパーは毎回の授業後である。クリッカーが画期的であるのは，授業中に即時に全学生と教員を結ぶことである。大講義室で授業を受けながら学生がツイッターでリアルタイムに意見を述べることまで始まっている。学生と教員を結ぶいろんな手段を活用すればいい。もちろん，中教審答申が指摘している通り，「的確な授業設計を行った上で」のクリッカーなどの使用でなければならないことは言うまでもない。

　末本の報告は教育支援者として種々の授業を手伝いながら得られた貴重なものであるが，その背景には，授業内外での多くの学生との意見交換の積み重ねがある。こうした，教員と学生をつなぐ人の存在こそが，新たな道具の導入とともに不可欠になっている。そして，学生や職員とともに創る大学教育という新発想FDは，同じファカルティ（faculty）の教員がどのような授業をしているのかを知り，学生と教室外で接している職員の声を聴き，そして授業の相手であり学習の主体である学生のことをもっと知ることが重要である。そのためには，各教員は他の教員の研究室のドアをノックし，学生には数字をクリックしてもらうことから始めるという方法も存在するのである。

【注】
1) http://www.scienceportal.jp/highlight/2009/091007.html によれば，京都講演でカール・ワイマンが示した例は「授業の前に，学生は電流についての章を読み，基本的な事実と用語を学習する。授業の冒頭で確認のための小テストを行う。授業は，クリッカーを使った一連のチャレンジングな問題により構成される。問題に答える前に概念について考え，学生同士で討論するよう促す。その後，講師の指導のもと，クラス全体でそれぞれの推論について討論する」というものであった。

【引用・参考文献】
青野　透（2011）．研究者の特質を生かした授業方法による学習質保証，文部科学教育通信，**275**, 18-19
青野　透（2011）．クリッカーから始まる双方向多人数授業―学生が考え発言するアクティブ・ラーニングへ，大学時報，**336**, 56-61
兼田真之・新田英雄（2009）．クリッカーを用いた物理教育―ピアインストラクションとゲイン，物理教育 **57**(2)，103-107
私立大学情報教育協会　（2008）．平成 19 年度私立大学教員の授業改善白書（2008 年 5 月）
鈴木久男（2009）．クイズで授業を楽しもう　清水　亮・橋本　勝・松本美奈［編著］学生と変える大学教育―FD を楽しむという発想　ナカニシヤ出版
塚本榮一（2006）．授業改善を改善せよ―学習者レスポンス分析の理論と展望　ジャストシステム, p.74.
Caldwell, J. E. (2007). Clickers in the Large Classroom: Current Research and Best-Practice Tips *CBE - Life Sciences Education*, **6**(1) 9-20.

PART 4
◉学生・職員と創る大学教育

13 学生とともに作る授業，学生とともに進める FD

木野　茂

1　はじめに

　本書では多くの章において学生がキーワードになっている。大学教育を語るとき，学生は大学の構成員であるだけでなく，高等教育を学ぶ主体であるから当然のことといえるが，実際には長い間，大学でも教育や授業の主体は教員であったし，学生は常に教えを受ける側とみなされてきた。また，1991 年の大学設置基準の大綱化以後徐々に始まった FD（Faculty Development）は，1999 年に努力義務化され，2008 年には完全義務化されたが，ここでも取組の主体は教員と職員であり，学生までは含まれていない。

　知識伝授型の旧来の大学教育が変化する社会と学生から乖離し，社会からも学生からも改革を求められたことを契機に，教育改革に学生の視点を取り入れ，学生参加型の授業に取り組み，FD にも学生の力を取り込もうとする本書の執筆者たちの活動に著者ももちろん共感するが，実際のそれらの取組のなかで学生がどれだけ主体的，能動的に関わっているのかは気にかかるところである。

　本章では，授業改善や FD 推進の取組において，著者が学生とどう向き合ってきたのかを振り返りながら，「学生とともに作る授業，学生とともに進める FD」とは何かについて考えてみたい。

2　原型は自主講座

■ 2-1　東大自主講座・公害原論

　1968，9 年に全国的に多くの大学で学生による学園闘争が広がったが，そのきっかけは多くの場合，授業への不満や学生の権利要求であった。実際，大学設置基準

の制約で実現には至らなかったが，それらの学生の不満に応えようと改革案を練った大学も多かった。しかし，学生の不満が大学の責任問題に発展するなかで学園闘争は教育改革の実を結ぶことなく機動隊の力で物理的に封じ込められて収束した。

ところで，学園闘争が終わった後，この学生の不満に呼応して正規の授業ではできない教育の場を構築しようという新しい動きがあったことを知っている読者はどれだけいるであろうか。その先駆けは当時，東京大学の工学部助手であった宇井純の始めた「東大自主講座・公害原論」である。宇井は自主講座開講のことばの中で，

> 立身出世のためには役立たない学問，そして生きるために必要な学問の一つとして，公害原論が存在する［中略］この講座は，教師と学生の間に本質的な区別はない。修了による特権もない。あるものは，自由な相互批判と，学問の原型への模索のみである。

と述べている（宇井，1991）。この宇井の東大自主講座は1970年から宇井が沖縄大学教授になる1985年まで続いた。

宇井によれば，ポーランドでナチス・ドイツの占領に抵抗する市民の拠点となったワルシャワ大学や，フランスで市民講座から出発したコレージュ・ド・フランスや，ドイツで若い有能な研究者が市民や学生を相手に講座を開いて自分の力を問うた私講師の例にならって，当時の大きな社会問題であった公害をテーマに東大の教室を使って市民・学生向けにこの自主講座を開いたとのことである（宇井，1991）。

また，この自主講座は，宇井も後に述懐しているように，ブラジルの教育学者パウロ・フレイレの問題解決型学習に通じている（フレイレ，1979）。フレイレはできるだけ知識を詰め込んで必要なときに引き出す旧来の学習法を銀行型学習と呼んだが，宇井もそのような教育は現代では使い物にならず，一番大切な問題は何かを考え，そのためにはどうすればよいかを学ぶために自主講座を始めた。宇井とフレイレに共通しているのは，学生が受け身ではなく，授業に主体的・能動的に参加し，他者とともに学びながら問題解決に取り組むという教授・学習過程が実践されている点である。

■ 2-2 自主講座の展開

この自主講座活動は東大以外のいくつかの大学でも試みられたが，大学の支援を受けない草の根方式の開講であったため，ほとんどは長続きしなかった。比較的長

く続いたのは，1976年から6年間続いた熊本大学自主講座（原田正純主宰）と著者が1983年から13年間続けた大阪市立大学自主講座くらいである。自主講座は，学生が主体的能動的に参加し，教員およびクラスメイトとともに作り上げる授業の典型であり，まさに「学生とともに作る授業」の原型であったが，正規の授業ではないので，自主講座を企画・実行・運営する母体が必要であった。

　これを担ったのが自主講座に共感する学生たちである。自主講座実行委員会を作り，主宰する教員と一緒になって自主講座のための活動を続けた。当時はまだFDという用語はなかったが，この活動こそ，「学生とともに進めるFD」の原型でもあった。具体例を挙げると，第1に講座概要の作成であり，これは今でいうシラバスに近いものである。第2は，講座参加者からのアンケートの実施であり，現在の授業アンケートに相当する。第3は，講座後に行う参加者の交流会であり，今風にいえばオフィスアワーと同じである。第4は，講座の開催に関わる資料類の整理と記録で，今でいえばティーチング・ポートフォリオの作成に相当する。

3 アメリカで始まった大学授業のパラダイム転換

■ 3-1　知識伝授型授業から学生参加型授業へ

　日本で旧来の大学教育を批判して宇井や著者らが自主講座を行っていた頃，日本より早く大学がユニバーサル段階に近づいていたアメリカでは，1980年代後半から大学教育のパラダイム転換が提唱されていた。つまり，教員から学生への知識伝授という古いパラダイムから教員と学生がともに構築するものという新しいパラダイムによる学生参加型授業への転換である（Johnson et al., 1991）。具体的にはグループ学習の導入であり，最も代表的な方法は，学生を4～5人くらいのグループに分け，課題を与えるか自分たちで考えさせたうえで，その課題をグループで探求させ，その成果をレポートや論文にまとめさせたり，クラスで発表させる小グループ学習である。さらに小グループ学習だけでなく，フリー・ディスカッション，ディベート，ブレーン・ストーミング，ケース・スタディ，バズ・セッション，フィッシュ・ボール，ロール・プレイングなど，さまざまな共同（協同）学習の手法も取り入れられた。

■ 3-2　大学設置基準大綱化と日本での導入

　日本でも大綱化の頃になって，ようやくグループ学習や共同学習の取組が始まっ

たが，そのほとんどは演習型授業や小規模授業で，それも教育学や教職科目などの分野にとどまっていた。たとえば，大綱化以後1996年頃までの授業改善の取組についてまとめた赤堀（1997）によれば，65の授業改善事例（同一授業の複数事例も含む）のうち，100人以上の中・大規模での学生参加型授業は7事例だけで，それも教育関連の授業のみであった。また，「学生参加型授業」「協調／協同学習」「課題解決／探求学習」「能動的学習」「PBL（Problem/Project Based Learning）」などで検索した論文から「学生の自らの思考を促す能動的な学習」を抽出した溝上（2007）の調査によれば，2005年度で72本の論文が抽出されたものの，そのうち講義系授業は13本だけで，そのうち5本を教育学が占めていた。多人数の講義系での取組は依然として少ないだけでなく，パラダイムの転換が提唱された教育系の分野以外ではまだまだ進んでいないのが現状である。

これに対して自主講座の場合は，もともと旧大学設置基準による正規授業科目で開講できない分野で行われたので，公害・環境分野が最も多く，他に戦争・平和や大学論，人権関係などであった。本来なら新しいパラダイムの授業もこれらの分野から始まってしかるべきであるが，大綱化以後はこれらの分野も正規の授業として開講できるようになったため，自主講座のときのように「学生とともに作る授業」という必然性はなくなっていた。

果たして日本では大学授業のパラダイム転換ができるのであろうか。

4 自主講座から双方向型授業へ

■ 4-1 双方向型授業：正規授業となった自主講座

前述したように，大綱化以後，自主講座は正規授業に衣替えしたため姿を消した。著者も自らの自主講座を閉じて，いくつかの環境系科目を開講したが，正規授業になってからもその目標は自主講座にならって学生の自主的能動的学習におき，旧来の一方向型授業に対して「双方向型授業」と呼んできた（木野，2005）。すなわち，教壇からの講義だけに終わらず，学生と教員および学生同士での質疑・討議・意見交換を積極的に授業展開のなかに取り入れる授業の実践であり，今から思えば新しいパラダイムの授業とも相通じていた。

■ 4-2 双方向化の仕掛け：授業コミュニケーションの活性化

しかし，自主講座にならってとはいっても，自主講座ではもともとテーマに興味

関心の強い学生が集まっているので自然と双方向型になっていたが，正規授業では学生の興味関心は個人によって大きな差があるので，教員の方からさまざまな仕掛けと工夫を凝らさない限り，受け身の学生が多数を占め，一方向型の授業に陥ってしまう。

この仕掛けと工夫の第1が授業コミュニケーションの活性化である。コミュニケーションが活発になれば，学生の授業への関心も自然と高まり，授業に自らも参加しているという実感を与えることになり，自然に主体的能動的な学習に導くことができる（木野，2008）。

■ 4-3　さまざまな授業コミュニケーション手法

授業におけるコミュニケーションの取り方としては，直接の対話，紙ベース，ICTベースの3種に大別されるが，一般に最も多用されるのは紙ベースのコミュニケーション・カードである。これは教員にも学生にも満足度が高いようであるが，この場合の満足度はその場限りの場合が多く，教員から適切なフィードバックがない限り，さらなる自主的能動的学習に導く効果は望めない。

それに比べて，授業外も含めて教員との直接の対話は，学生に授業後の学習へのインセンティブを高める効果が期待できる。しかし，100人以上の授業では教員が「何か質問は？」とか「何か意見は？」と水を向けても，手を挙げる学生はほとんどいないか，きわめて限られた学生だけである。それでもその対話に刺激を受けた学生には学習意欲を喚起するが，さらに効果を上げるためには，多くの学生が参加できる工夫が必要である。

最近ではメールをはじめICTを利用したコミュニケーションも可能になった。メールやメーリングリストは即応性で紙ベースを凌ぐ利点があり，操作が面倒な面からまだ授業での利用率は低いとはいえ，電子掲示板（BBS）などを使えば記録性も確保でき，授業外でのコミュニケーション・スキルとして今後活用が期待される。

さらに，これらの授業コミュニケーションを成績評価の対象に取り入れることで，学生の自主的能動的な学習のインセンティブを高めることもできる。

■ 4-4　授業自体に双方向性を取り入れる：参加型学習の技法

授業コミュニケーションを活性化することは双方向型授業を行ううえでの第一歩であるが，次に必要なのは授業自体に双方向性を取り入れ，学生自身が自分も授業に参加しているという実感を得て，自ら学ぶ姿勢に導くことである。このための

仕掛けと工夫は新しいパラダイムの授業と通じており，グループ学習やプレゼンテーション，ディスカッションなど，さまざまな参加型学習の導入である。とはいえ，20人程度の小規模クラスであればどんな参加型授業も容易であるが，100人以上の規模にもなると，その実施の仕方についてもさらなる工夫が求められる。

■ 4-5 ディベート

著者もこれまでに参加型学習を取り入れたさまざまな工夫を行ってきた（木野, 2005, 2009a, 2009c, 2010）が，その一つにディベートがある。多人数であるから当然チームで行うのであるが，100から150人規模のクラスだと1チームの人数を5人程度とすると20から30ものグループとなる。そこで工夫したのは，全チームで予選のディベートを行い，予選で良い成績をあげたチーム同士で本選を行うという方式である。予選は4チームごとに小教室または大教室の場所ごとに分かれ，2チームによる対戦を他の2チームが判定し，判定の票差で得点を決める。本選は大教室で全員の前で行うが，さすが本選に出るチームは自分たちと違うというのが常に学生たちの感想である。このディベートでは事前の準備学習が必須であるが，個人ではなくグループで行うことにより，相互に刺激し合い，補い合いながら，自主的能動的な学習法を自然に身につけることができる。

図13-1　学生参加型授業のディベート本選風景

■ 4-6　グループ研究・発表・討論

また別の授業ではグループ研究と発表・討論を取り入れている。課題は指定でも自由でもよいが，グループ研究の間は進展状況を把握するために毎回の報告を提出させて，逐次，助言やコメントを行うことが不可欠である。これはグループ研究が進まなくなったり，脱線しないようにするためだけでなく，教員とグループの間のコミュニケーションを絶やさないためにも重要である。発表と討論の回ではフォーマットを決めたうえで運営を学生に行わせることにより，学生が自分たちで

授業を作っているという実感をもつようにしている。また，発表グループにはレジュメを作ること，討論の質問者には質問と回答の記録をBBSに書き込むことを課し，発表や討論がその場限りで終わらないように工夫している。

■ 4-7 授業外の自発的な学習との結びつき

このような工夫により，個人では日常的な学習がおろそかになりがちな講義授業でも，協同で進めるグループ学習により自然に自発的な学習へと導くことができるし，学習や研究の成果をアウトプットする機会を作ることにより受け身ではなく能動的な受講姿勢を引き出すことができる。実際，著者の行っている学生参加型授業では，授業外学習がとくに優れていることが学生の授業アンケートでも実証されている。「学生とともに作る授業」は今や自主講座のときのように自然発生的にできるものではないが，授業コミュニケーションと参加型授業を基本に工夫しさえすれば正規授業でも十分可能である。

5 学生とともに進めるFDへ

■ 5-1 国立大学における学生参画型FD

2-2で述べたように，自主講座では学生実行委員会が今でいうFD活動の一端を担っていたが，1991年の大綱化以後は学生の主体的な関わりはなくなった。なぜなら，シラバスの作成は教員に課せられ，授業アンケートも大学が実施するようになり，FDは大学が行うものとなったからである。しかし，その後もFDの推進は容易に進まなかったため，1999年にはFD実施の努力義務が大学に課せられ，FDを推進するためのセンターの設置が旧国立大学を中心に相次いだ。それらのうち，岡山大学，長崎大学，京都大学，大阪大学，金沢大学などでは，学生をFD活動に参画させる取組も登場したが，2005年頃を境に岡山大学を除いては定着しなかった。

岡山大学では2000年に教育開発センターを設置し，2001年から学生を入れた学生・教員FD検討会をスタートし，2003年からは学生を委員長とする学生・教職員教育改善委員会となり，現在に至っている。その代表的な取組は学生発案型授業の実施と大学間学生交流イベントの開催である。岡山大学で学生参画型FDの活動が継続できているのは，各学部から学生委員を選出し，その委員会を学内の正式委員会としているからである。しかし，教学の運営に学生を公式に参加させることは

ハードルが高く，この方式は他の大学では採用されなかった。

■ 5-2 私立大学における学生参画型FD

　旧国立大学の一部でのこれらの動きに対して，私立大学ではFDの取組もセンターの設置も遅れたため，もちろん学生参画型FDの動きもなかった。立命館大学（以下，本学）は全国の私立大学のなかでもかなり早い1998年に大学教育開発・支援センターを設置したが，専任教員を置いたのは著者が就いた2005年からである。センターでは，その翌年に「授業改善の支援に向けた調査・検討ワーキング」を設置し，その委員に学生を加えただけでなく，今後の本学のFD活動においては，学部およびセンターの活動だけでなく，学生が取り組む活動も重要であるとした。その結果，ワーキングの答申に基づいて定められた本学のFD活動の定義には，「（本学のFD活動は）学生の参画を得て」行うことが明記された。

　これに基づき，2007年度から，学生主体で教育や授業をよりよいものにするための活動を行う「学生FDスタッフ」の募集をセンターが行い，その活動もセンターがサポートすることになった。センターは2008年度より教育開発推進機構に改組されたが，学生FDスタッフの募集および活動のサポートは引き継がれている。著者は当初からこの学生FDスタッフの相談役を務めている。

　本学の学生FDスタッフがこれまでに取り組んできた活動は，

①授業インタビュー
②しゃべり場
③体験オフィスツアー
④学生視点からの意見表明
⑤他大学との学生交流
⑥学生FDスタッフのWeb開設（http://www.ritsumei.ac.jp/acd/ac/itl/itl fd/index.html）

などであるが，いずれも学生の視点から授業をより良くするための活動を学生発案で企画し，その実現に向けてセンターがサポートしている。学生発案型のFDであるところは自主講座の学生たちと通じているが，それを大学のセンターがサポートしているところは自主講座にはなかった点である。

6 学生FDサミットの開催へ

6-1 山形大学との学生交流から生まれたアイデア

　この本学の学生FDスタッフたちは2008年度に大きな飛躍を遂げる機会に恵まれた。それは2008年6月に結ばれた山形大学との包括的協力協定による学生交流である。このときのテーマの一つが「授業改善（学生中心の授業づくり）」になったので、学生FDスタッフたちもこの交流に参加した。お互いの大学を訪問し、授業にも参加し、学生間で交流した後、12月に両大学の学長の前で交流をもとに考えた成果発表会が行われたが、このなかで本学の学生たちは「学生FDサミット」の開催を提案した。

　学生たちによれば、国立と私立の違いだけでなく、規模も地域もまったく異なる山形大学との交流を通じて、大学での教育や授業について共通の課題があると同時に自分たちの大学の良いところも改善すべきところもよくみえてきたので、この授業改善やFDをテーマにもっと多くの大学の学生との交流に広げたいということであった。これまでにあった学生交流との違いは、学生が主体的に取り組むことを重視している点で、学生が主体的に学ぶ姿勢こそ学生自らの成長につながり、この厳しい時代を生き抜くための力をつけることになるという発想である。さらにもう一つの特長は、一過性のイベントに終わらせず、それぞれの活動の交流を通じて振り返りながら一歩ずつ前に進む継続的な取組の場にしたいということから、夏と冬の年2回開催ということであった。

6-2 一気に夢が現実に

　この提案は学長をはじめ学内関係者からも賛同を得たが、実現の可能性についてはまだ遠い先の話と思われた。ところが、翌年3月の大学コンソーシアム京都のFDフォーラムで、著者がコーディネーターを務めた「学生とともに進めるFD」の分科会において、本学の学生FDスタッフがこの提案をしたところ、予想以上に多くの大学関係者から強い賛同の声が寄せられた。これを契機に一気に夢が現実となり、「学生FDサミット2009夏〜大学を変える、学生が変える〜」が8月に本学で実現した（木野，2009b）。参加者も26大学・機関から100名にのぼっただけでなく、国立大学が中心だった2005年以前とは対照的に、立命館大学をはじめ、追手門学院大学、法政大学、京都文教大学、東京農大短期大学部など、私立大学からの参加が多かったのが特徴的であった。

13 学生とともに作る授業，学生とともに進めるFD

表 13-1　第1回学生FDサミットのしゃべり場テーマ

- ヘンな授業の改善法
- 授業アンケートって必要？　何のため？
- 高校生から大学生へ—初年次教育を考える—
- 大学で学生が身につけるべき力とは？
- 「大卒」って何？—大学教育の質保証—
- 学生・教員・職員が協力して良い大学を作るには？
- 都市の大学，地方の大学，それぞれのデメリットをメリットに変えるには？
- 障害の有無にかかわらず大学で学ぶためどのような環境が必要か？

図 13-2　第1回学生FDサミットのオープニング風景

　プログラムの中心は少人数の学生と教職員が一緒に話し合う「しゃべり場」で，学生FDスタッフが学内で始めていたものがそのモデルであった。第1回の「2009夏」では15の多彩なテーマが用意されたが，最も希望の多かったのが「学生・教員・職員が協力して良い大学を作るには？」であったことは印象的である。表13-1に希望者の多かった8つのテーマを示した。

　本学の学生FDスタッフはさらに年2回開催という方針から，2010年2月に再び本学で「学生FDサミット2010冬」を開いたが，参加者はさらに増え，39大学180名に上った。参加者のうち学生の割合は2009夏が約半分であったのに対して，2010冬には3分の2に増え，実質的に学生主体のイベントとなった。また，学生FDが展開されている各大学からの活動報告も始まり，「学生FDサミット」らしい内容となった。

　第3回も2010年8月に本学で開催したが参加者が210名に増えただけでなく，

学生FDの取組が始まっている大学が30大学にも上っていることがわかった。サミットを始めた時点では5大学に過ぎなかったが，サミットが契機となってわずか1年間で学生FDは名実ともに全国規模となった。

　この「学生FDサミット」を契機に，今後，各大学での「学生とともに進めるFD」の取組が相互に刺激し合いながら発展し，それが学生たち自身の成長にもつながり，さらに大学が取り組むFDのカンフル剤ともなることを願っている。

【引用・参考文献】
赤堀侃司［編］（1997）．　大学授業の技法　有斐閣
宇井　純（1991）．　公害自主講座15年　亜紀書房
木野　茂（2005）．　大学授業改善の手引き―双方向型授業への誘い―　ナカニシヤ出版
木野　茂（2008）．　授業アンケートに見るコミュニケーションの効果―改訂された新授業アンケートの結果から―　立命館高等教育研究 **8**，123-145．
木野　茂（2009a）．　学生とともに作る授業―多人数双方向型授業への誘い　学生と変える大学教育―FDを楽しむという発想　ナカニシヤ出版，pp.136-151．
木野　茂（2009b）．　学生とともに進めるFD－第1回学生FDサミットを開催して　大学マネジメント **5**(6)，2-7．
木野　茂（2009c）．　教員と学生による双方向型授業―多人数講義系授業のパラダイムの転換を求めて―　京都大学高等教育研究 **15**，1-13．
木野　茂（2010a）．　学生とともに作る授業を求めて―ドキュメンタリー・環境と生命　学生主体型授業の冒険　ナカニシヤ出版，pp.43-58．
木野　茂（2010b）　学生とともに進めるFD（ラウンドテーブル）　大学教育学会誌 **32**(2)，51-54．
木野　茂［編］（印刷中）．　大学を変える，学生が変える―学生FDガイドブック　ナカニシヤ出版
財団法人大学コンソーシアム京都　（2009）．　第14回FDフォーラム報告集，173-206．
財団法人大学コンソーシアム京都　（2010）．　第15回FDフォーラム報告集，9，1-44．
財団法人大学コンソーシアム京都　（2011）．　第16回FDフォーラム報告集，②，1-42．
フレイレ，P.（2011）．　三砂ちづる［訳］新訳　被抑圧者の教育学　亜紀書房（Freire, P. (1970). *Pedagogia do oprimido.* Paz e Terra.）
溝上慎一（2007）．　アクティブ・ラーニング導入の実践的課題　名古屋高等教育研究 **7**，269-287．
Johnson, D. W. Johnson, R. T. & Smith, K. A. (1991). Active Learning: Cooperation in the College Classroom（関田一彦［監訳］（2001）．学生参加型の大学授業―協同学習への実践ガイド　玉川大学出版部）．

14 プロジェクト科目とは何か？
PBL授業の支え方

中原伸夫

1 無限の可能性を秘めた，進化し続ける科目：学びの原点を考える

　同志社大学で2006年度から展開されているプロジェクト科目は，教養教育にPBL（Project-Based Learning，以下PBLと略す）の授業手法を採り入れた，きわめて異色の科目である。一口にPBLといっても，カリキュラム上の位置づけや対象とする人数，学年や専門分野などで，展開が異なってくる。その多様性がPBLの理解をより複雑なものにしている側面もあるが，無限の可能性がそこには潜んでいる。

　PBLの基本は，学習者の学びの意志を尊重することにある。学びたいという気持ちの強さがプロジェクトの原動力であり，推進力である。プロジェクトには，期限や制約があるが，学びに上限はない。学生の学びへの渇望に対し，どれだけおいしい「水」を提供できるかで，大学の人的資源も含めた教育資源の豊潤さが試されるのである。

　PBLは，他の学習の手法と同様，型（モデル）は存在するが，完成品が存在しない。日本の大学での実践事例や研究はまだまだ乏しく，各大学が目的にマッチする最良モデルの構築をめざし，試行錯誤を行っている段階である。本学においても，毎年少しずつではあるが，職員も参加するPBL研究会や研究調査などを通してPBLへの理解の環を学内外に広げながら，教職員が一体となってさまざまな工夫を編み出し，学びの仕組みや機会をプログラムに配置して，学生の学びが最大となるように努力を重ねてきている。学生・教職員を育て，プロジェクト科目も育ててきたのである。

2 変容する職員の支援：教職協働への挑戦と限界

2-1 従来の科目の支え方

　教員からみれば，職員はあくまで事務屋である。課外活動ならまだしも，正課授業の教育に直接的に関与することは教員の聖域に踏み込むことを意味し，ほとんどの大学においては企画段階から同じテーブルにつくことはまずあり得ないだろう。

　最近は，単位を付与できる初年次教育科目で，たとえば図書館の活用法などの，教員が直接指導することが困難な領域について，図書館職員が授業の一部を担当するケースはあるようだが，図書館学専門の教員が一定数存在し授業を担当できる状況にあるならば，やはり「職員でなく教員にお願いしたい」というのが本音であり，あくまで職員の授業への関与は臨時的な代替の措置でしかない。

　また，そもそも，私立大学の職員は，こうした状況を承知のうえで就職しており，「職員が教育に直接的に，もっと前に出て，関与していかねばならない」というような気負いをもっていない。教育に積極的に関与できないという待遇について不平や不満に感じることは，"お門違い"なのである。

　だからといって，職員に，教育に対する関心や興味がないわけではない。職員は，登録や試験実施などの授業周辺の事務手続業務を中心とする間接的な日常・非日常の支援を行うなかで，「学生や教員というフィルターを通して，その向こう側で光る宝箱を積極的に発掘し，それを教員や学生に再提示していく」ことを心掛け，業務に臨んでいる。あえて教員の聖域を侵すことよりも，まず，自分たちに与えられたタスクを完璧にこなしたいという意識の方が強い。

2-2 職員からみた教職協働

　最近，FD講演会などで声高にいわれている「教職協働」という言葉が，「職員がもっと教育に直接的に，積極的に関与すべきだ」というかたよったメッセージに変容しているように感じる。そもそも教員と職員とで立場が異なるからこそ，それぞれの存在意義があるのであり，同じ役割を果たすべきではないし，職員が前に出て教員と同じ目線になってしまうと，今まで見えていた大事なものを見失う危険性もある。つまり職員は，教員や学生から一歩離れた俯瞰的な立場で，客観的・中立的に授業（教育）を捉える存在であり続けるべきなのである。時には教員の，時には学生の代弁者となれるのは職員であり，仲介も大切な業務の一つである。

　教職協働は，「教員と職員が，お互いの職責や立ち位置を相互に理解したうえで，

同じ量と質の「目的・目標，問題点などの情報」を共有し，それぞれができうる学習支援を，お互いを尊重し，助け合いながら，効果的に遂行していく活動」でなければならない。

■ 2-3 プロジェクト科目の支え方

　PBL では，学びのコントロールは受講生である学生が行う。教員はガイド役に徹し，授業をコントロールする。職員は，プロジェクト活動に必要な「学習・教育資源」をコントロールする。大学を劇場にたとえるなら，演じる俳優・主役は学生で，演技指導をするのが教員，環境整備が職員の役目である。職員は，俳優や指導者が演技や演技指導に集中できるように，ステージや照明などの舞台装置を補修，整備し，衣装を準備する。また，ステージが小さ過ぎる場合にはより大きなステージを用意して，過不足なく快適に演技できるように環境を整え，資源（資金を含む）を調整する。

　プロジェクト科目では，教員委員で構成されるプロジェクト科目検討部会が全体を統括し，プロジェクト科目事務局が運営をサポートしている。授業は担当教員が，授業に関わる事務手続は職員が行う点は，他の科目と同様であるが，大きく異なるのは学習支援の内容（質，量）である。とくにプロジェクト科目では，プロジェクトの遂行に必要なリテラシーの向上のために授業時間外にも講演会や説明会の開催などのさまざまな学習支援を企画・運営しており，このために費やす時間や人員は，通常の座学とは比べ物にならないほど手厚い。

　とくに授業時間外の学習支援は，プロジェクト科目検討部会の教員委員とプロジェクト科目事務局の職員が協働して議論を重ねながら確立してきた経緯がある。職員の意見やアイデアも多く反映されており，教員が一方的に決めて実施しているものは皆無といっていい。このような教職協働体制が実現できたのは，プログラムの運営規模が大き過ぎて教員だけでは対応できないため職員の力を動員せざるを得なかったという人的資源の事情や，PBL の取組がほぼ初めての経験という状況下で円滑にプログラムを推進するには教員と職員とが一体になってあれやこれやと相談しながら創りあげていくしかなかったという方法論的な事情がある。

　しかしながら，このような事情が背景にあったにしろ，職員の参画に対して教員の理解と信頼を得られなければ，教職協働は成立しえなかった。職員が教員案に反対したり，委員会や打ち合わせで「リアルタイム」で自由に発言（他の委員会ではまず見られない光景である）できたりするのは，事務サポートに対する教員の理解と信頼が寄せられているからに他ならない。教員も職員も，「教職員は，学生の成長を総

合的に支援し,限られた資源を有効に活用して,学生の学びを最大化するという目的の達成をめざす"同志"である」という共通認識をもって,お互いの強みを活かし協働していこうと努力することが大事である。職員の片想いでなく,教職員が両想いになり,真の協働が成立すれば,教員がすべきこと,職員がすべきことが自然とみえてくる。すべきことがわかっていれば,自立的な事業推進も可能になる。

3 なぜ,プロジェクトで学生は成長するのか:求められる職員の支援とは?

　教職員・学生が科目の目的を共有し,理解していなければ,効果的な学習支援にはとうてい辿りつけない。学習支援に際しては,教職員が,さらに,現状の把握,成果と要因の分析に努め,達成度を検証しておくことが不可欠である。以下では,4年間のプロジェクト科目の実践,運用を通して得られた成果やわかってきた学生の成長促進の要因についてふれながら,必要な支援を考察し,それを踏まえたうえで,今後職員に求められる支援のあり方について考えてみたい。

■ 3-1 プロジェクト科目で得られる成果
1) 知識,能力,スキルの向上

　知識に加え,課題発見,課題解決,コミュニケーション,マネージメント,企画立案などの能力や,ICT(PCやソフトウェアの操作,情報検索など)やライティング,プレゼンテーションなどのスキルが向上する。さらに,マナーや思いやり,挨拶といった態度の変化もみられる。本学では,知識や能力,スキルにプラスして,プロジェクトの遂行に必要とされるリーダーシップ,フォロワーシップ,コンプライアンス,ストレスコントロールといった態度や素養,モラル,良心なども,プロジェクト活動に必要なリテラシーであると捉えており,単に個々のリテラシーを伸ばすだけに留まらず,さらにこれらのリテラシーを総合的・創造的に運用できるスキル・モラルを身につけてほしいと考えている。これを我々は「プロジェクト・リテラシー」と名づけている。身につくプロジェクト・リテラシーは,プロジェクトの内容や学生の資質などによって量も質も異なってくるので,授業時間外でのフォローも重要な意味をもつ。

2) 社会性の獲得

　従来の座学では,社会性を実感・獲得することはなかなかできなかった。プロ

ジェクト科目では，集団に身を置き，社会や地域のおとなと濃密に触れ合うことで，学生は社会の一員であることを強く認識するようになり，集団に適応していく能力＝社会性を身につけていく。また，学生という立場に甘えるのではなく，一歩踏み出して，「責任ある社会の一員」として果たすべき役割とは何かを考えるようになる。

3）キャリア形成の芽生え

社会性を身につけていく過程で，学生はキャリア形成を強く意識するようになる。授業を通して多様な価値観にふれ，社会を垣間みることで，現実の社会で真に要求される教養とは何かを五感で理解する。社会をよりよく生き抜くための生きた知恵を見極め，同時に未熟な自己を掌握することで，その両者のギャップを自ら認知し，それを埋めるために何が必要かを考えるようになる。プロジェクトの実践により座学の重要性を再認識するようになり，座学と実践の学習サイクルの形成によって自立した学習が身につく。

■ 3-2 PBLで何が学生を成長させるのか

1）適切な学習の自由度

前述した通り，PBLでは学生が学びをコントロールするが，最初の授業から「自由に」では学生は困惑する。まず，最初の数回の授業では，テーマに関する基礎知識を注入し，現実に何が起こっているかをレクチャーして，受講生が一定の共通認識に達した時点で，学びのバトンを渡す。注意しなければならないのは，このタイミングの見極めである。教職員は，教え過ぎてはいけないし，教えなさ過ぎてもいけない。また，いつまでもバトンを渡さず，教員だけがゴールインしてしまうケースは絶対に避けねばならない。ゴールは学生自身の力で通過させる（少なくとも学生にはそう思わせる）こと。自らの力でゴールに達した喜びは生涯忘れない。また，信頼や期待も，学生の成長を促進する大切な要素である。教員は学生を信頼し，期待して，コースからそれないように適切なタイミングでアドバイスするだけに留め，あとはじっと我慢することが肝要である。

2）適切なタスク配分，居場所作り

自分の学習に意味があり，誰かの役に立っているという充足感が，責任感につながり，同時にアイデンティティーの確立も促す。タスクは，多過ぎてもいけないし，簡単過ぎてもいけない。がんばって，がんばって，やっと手が届く内容が望ましい。

発表の機会を与えるなど，プロジェクトで活躍できる居場所（学生のスキルや性格を考慮した役割を与える）を設定し，受講生全員がメンバーとして機能しているように実感してもらう工夫が必要である。これらは，学びの推進力，モチベーションの維持につながる。

3) 多様性の確保

　同質集団の活動に安住しては，視野が狭くなってしまう危険性がある。受講生の構成（学年，学部など）の工夫も含め，たとえば，反対の立場の人たちの意見を聞くなどの機会や異年齢（こどもやお年寄り）の人たちと触れ合える機会を積極的に用意することも大事である。そこには，別次元の気づきや発見，カルチャーショックがある。既成概念や固定概念を根本からくつがえすような出会いは，生涯の財産になる。

4) 適度な競争原理

　適度な競争は有効である。過度はいけない。また，競争を上から与えるのでなく，学生自身がハードルを設定し，自ら高めていけるような仕掛けが理想である。成果報告会は，他のプロジェクトから刺激を受ける絶好の機会となる。講評担当の教員からの指摘や称賛に学生は一喜一憂し，ほぼ同年齢のレベルの高い学生の発表は，どんな教材よりも良いお手本となり，受講生を大いに奮起させる。適度な競争は，振り返りと奮起を促し，プライドを刺激する。

5)「伝える」と「振り返る」機会の確保

　自分自身が率先して学んだ内容は，他人に教えたくなるものである。学生にシンポジウムなどの事例発表を依頼すると，実に快く引き受けてくれる。大舞台での発表を一つ終えるごとに学生は一段とたくましくなる。会場からの質問や指摘にも堂々と対応できるようになり，新たな知見を素直に自分の中に吸収できるようになる。発表の機会は通過点として捉えるのではなく，活動を振り返るマイルストーンとして活用することが大切である。プロジェクトを単なる自己満足で終わらせないためにも，社会的な評価はどうなのか，どこまで目標を到達できたか，何が欠けているかを検証し，振り返ることで，彼らは新たな高次のステップに歩み出すことができる。さらに，振り返りの結果を言語化・映像化して表現，発信させることで，学びをさらに深化させることもできる。

4 学びを最大にするために

プロジェクト科目では，学びを最大にするために，前述の成長の要因を踏まえた工夫をプログラムの随所に埋め込んでいる（表14-1）。

表14-1 プロジェクト科目における工夫

①テーマの公募，教養教育科目として展開	テーマの公募により，本学の教員に担当できない領域のテーマ・学生の学習意欲を喚起する魅力的で多様なテーマを確保できる。全学年，全学部が履修できる全学共通教養教育として展開することで，学生の多様性も確保できる。
②担当者説明会の開催	教員にPBLの授業を理解してもらうため，開講前に説明会を開催している。PBLの授業の進め方や評価方法，事務の諸手続きや注意事項について解説した「授業運営の手引き」を教員監修のもとで事務局が作成し，配付している。
③登録説明会の開催	PBLの授業を学生に理解させるため，登録説明会を開催している。登録したいテーマについて，登録志願票（400字）を書かせることで，学びの目的を自己認識させている。
④CNS（SNS型学修支援システム）説明会・会計説明会の開催	ICTを活用し，情報共有やコミュニケーションを促進するシステムを独自に構築しており，利用説明会を開催している。プロジェクト情報やブックレビュー，FAQのコミュニティでは，プロジェクトに関するおしらせや関連書籍，よくある質問等を紹介し，コンテンツの充実（主に職員が掲載）を図っている。他のプロジェクトコミュニティも閲覧可能であり，コラボレーションも推奨している。各プロジェクトのコミュニティでは，受講生に議事録や報告書などを提出させており，データ共有等の設定もICT担当の学生に委ねられている。学生のライフスタイルを考慮し，携帯電話にも対応している。受講生より会計担当者を選出させ，大学会計の仕組みや手続きについて説明会を開催（職員が解説）している。説明会では，資金の運用がプロジェクトの成否に関わることを認識させ，予算管理も大事なリテラシーであると教えている。
⑤リーダー講習会の開催	リーダー，サブリーダーを集め，講習会を開催している。ゲストスピーカーや過年度の受講生を講師に迎え，講演やワークショップを通じて円滑なプロジェクト推進方法について学ぶ機会としている。
⑥受講生懇談会，担当者懇談会の開催	受講生懇談会は，学生が「伝える」・「振り返る」機会であり，他のプロジェクトメンバーとの交流の機会にもなっている。担当者懇談会では授業の工夫や反省点等が話し合われ，FDの機会となっている。これらの懇談会の意見をプログラムの改善に役立てている。
⑦シンポジウム，合同成果報告会の開催	学生に事例発表を依頼し，「伝える」機会を創出している。多様な参加者からの意見や指摘から新たな知見を獲得し，より充実したプロジェクト活動を展開できる。
⑧ブログ，HPによる情報発信	活動の様子をブログやホームページで紹介（職員が担当）し，学内外に発信している。受講生にも記事の投稿を依頼し，プロジェクトの成果を「伝える」スキルを磨き，他のプロジェクトの活動も知ることで自分たちの活動を「振り返る」機会としている。他のプロジェクトに対し，競争心が芽生え，奮起する。
⑨プロジェクト手帳	プロジェクトに関する記録（ポートフォリオ）を推進し，円滑なプロジェクトの推進を支援するため，諸注意や事務手続きを記載したプロジェクト手帳を配付して，学習をナビゲートしている。
⑩貸出（機材，図書，資料，印刷機）の充実	取材や編集，イベント実施のために必要な機器（ビデオカメラ，PC，プロジェクタ，ネームプレート等）の貸出を行っている。図書や参考資料，過年度の成果報告書を資料室に展示し，閲覧に供している。
⑪成果報告書集の作成	「振り返り」を推進するため，担当教員主導のもと，成果物を含む成果報告書の提出を求めている。2009年度からは学生の代表者執筆による学生成果報告書を刊行している。
⑫TA，SAの配置	全プロジェクトに，TA，SAを配置し，プロジェクトの進行状況等のヒアリングにより，情報収集を行っている。なお，SAは，プロジェクト科目を受講した経験がある学生を雇用しており，プロジェクト活動における身近な相談相手になっている。

職員は，主に会場手配や予算執行などの事務手続き，資料の準備・整理，冊子の取りまとめ，設営等，学びのための環境整備を担当する。教員（プロジェクト科目検討部会委員）は，当日のイベントなどで，企画運営の代表者として，また，ナビゲータ，ファシリテーターとして進行等を担当し，全体を統括する。

5 今後の職員による支援のあり方：全ては教育・研究のために

　正課授業における教職協働による学習支援体制の確立は，一定の条件下でのみ成立するものであり，職員の一方的な片思いだけで成立しうるものでないことはすでに述べた通りである。プロジェクト科目の教職協働の事例が，他の科目において無条件に成立するわけではない。職員の参画に対する教員の理解の獲得は，まだまだ高いハードルであるかもしれない。だからといって，職員は，悲観したり，閉塞感に打ちひしがれたりする必要はまったくない。職員は，教育・研究のために存在しているのであり，教育・研究のために「できること」からまず，始めればよい。

　考え方を変えてみよう。正課授業という枠組みに固執しなければ，正課外でも学生の学習支援のために職員が活躍できる場はまだまだたくさんある。学生支援業務では，「学生助育」という考え方——学生助育とは，学生を各種の人間的な欲求を持って生活し成長する主体であるとみなす観点に立ち，その発達と成熟を助長し援助する一切の活動を意味する（文部省大学学術局学生課，1953）——があり，この「人間的な欲求」に知的欲求をも含めて考えるならば，学生支援業務も学習支援業務もめざすところは「学生の成長」であり，一緒である。我々職員の支援においては，必要以上に正課・正課外という枠組みに固執したり，過剰反応したり，互いに敬遠しあったりする必要はなく，大きな目的である「学生の成長」を支援するために，学生支援と学習支援の双方が歩み寄って，資源を共有し，職員同士が組織を超えて協力し，工夫していくべきである。それができる余地は，どの大学にもまだ，たくさん残されているのではないだろうか？

　FDとともにSDの必要性が問われて久しいが，FD同様，上位から与えられて達成できるものではない。FDもSDもその人の内面からにじみ出てくるものであり，にじみ出させるには，内部に吸収されているもの（知識，問題意識，知恵，スキル，アイデア）が存在しなければなければならない。そのために，職員は，もっと学生を知り，教員を知り，学びの現場を知る必要がある。そして，学生の学びのために，職員が今できることは何かを考えることこそが求められており，それが

SDへの第一歩なのである。

【引用・参考文献】

シャラン, Y.・シャラン, S.（2001）. 石田裕久・杉江修治・伊藤　篤・伊藤康児［訳］「協同」による総合学習の設計—グループ・プロジェクト入門　北大路書房

ニューエル, R. J.（2004）. 上杉賢士・市川洋子［監訳］　学びの情熱を呼び覚ますプロジェクト・ベース学習　学事出版

文部省大学学術局学生課［編］（1953）. 学生助育総論—大学における新しい学生厚生補導　文部省大学学術局学生課

【参考URL】

・同志社大学・プロジェクト科目〈http://www.doshisha.ac.jp/students/curriculum/pbl/index.php〉
・同志社大学・プロジェクト科目ブログ〈http://pbl.doshisha.ac.jp/blog/〉
・同志社大学・「公募制のプロジェクト科目による地域活性化」〈http://www.doshisha.ac.jp/academics/activity/gendai/#2006〉
・同志社大学・「プロジェクト・リテラシーと新しい教養教育」〈http://www.doshisha.ac.jp/academics/activity/kyoiku/index.php#2009〉
・同志社大学・PBL推進支援センター〈http://www.doshisha.ac.jp/academics/institute/ppsc/index.php〉

15 学生のやる気を引き出す地域連携

「持続可能な共生型社会」をめざす提言づくりの経験

藤岡　惇・仲野優子

「私は眠り，人生は喜びだという夢をみた。私は目覚め，人生は奉仕だと知った。私は行動し，目をこらす。奉仕は喜びだった」（ラビンドラナート・タゴール）

1 はじめに

　立命館大学びわこ草津キャンパス（以下 BKC）は，経済・経営・理工系諸学部の学生 1.6 万人が集う巨大キャンパスである。私たちは，7 年前から教養科目の地元学（近江草津論，後期 2 単位）を担当しているが，大規模私学の通弊として受講生数は多く，2009 年度も 420 名を超えた。

　閉鎖的な教室空間に多数の受講生を囲い込み，受講生の「未来」とは結びつきにくい内容を「教え込む」べく，教員が「独り相撲」をとっていると，ほぼ確実に次のような悪循環が生まれてくる。

①教室内の受講生は精神的な「酸欠状況」に陥り，出席率が激減するし，出席を強要すると私語と居眠り，「内職」が多発する。
②そうなると教員側もやる気をなくし，義務感だけで授業を行うようになり，受講生の志気の低下に拍車がかかる。
③定期的にレポートを課さないと，学生はまず教室外では学習をしない。しかし定期的にレポートを回収し，採点するには，たいへんな労力が必要となり，勢い 1 回の期末試験の結果で，採点・評価することになる。そうなると教室外学習の時間は増えず，学生は一夜づけの知識で定期試験にのぞむので，その知識はすぐにはげ落ちる……。

このような悪循環に陥らないために，教室内で教員が「独り相撲」をとるというやり方とは決別することにした。つまり「地域とともに楽しく進める」授業をめざそうとしたのだ。

① 「持続可能な共生型社会」を求める地元関係者，「理想の学園都市」を求める先輩（昨年度受講生）のパワーを教室の中に導き入れたこと
② 学外に出て，FW（フィールドワーク＝教室外での調査活動）を1回，VW（ボランティアワーク＝社会奉仕活動）を1回する仕組みを作ったこと
③ 成績評価は，受講生が作成する5回のレポートで評価することとし，期末の定期試験はとりやめたこと
④ レポートは，5回ともWeb-CT（大学が用意する科目のホームページ）に提出・掲載させ，学生同士互いに作成したレポートを読みあえ，教え合えるようにした。

そうすると結果的に，教員側の教育活動も「楽しくて楽なもの」となった。学生側が「自発的な協同の学び」に向けて動きだすにつれて，教員は「教え」から撤退することができる。肩の力を抜いて自然の流れに身を委ねたほうが，上手にスキーを滑れるのと同じ原理だ。

2 初回の講義：科目の意義と目標の共有

担当者は藤岡と仲野である。初回の講義で，2人は以下のようにアピールした。

近江・草津・BKCの地を持続可能な共生型社会に変えるにはどうしたらよいのか——その探求が本科目のテーマです。1度のFW，1度のVW，5回のレポート作成を行ってもらいます。最終レポートは，住民・学生の心に刺さる『提言レポート』の作成となります。5回のレポートは全て，本科目のホームページ（Web-CT）に提出します。420名が寄稿する「文集」が，5回サイバー空間に出現するわけです。他の受講生の作品を読んで，コメントをつけ合ってください。優秀作品は，地域住民の皆さんに届けるだけでなく，次年度受講生にも伝承していきます。みなさんの仕事は，よりよい社会づくりのために役立てられるわけですから，ぜひがんばってほしい。

3 10月：基礎理論を身につけ，到達点を伝承する時期

　最初のレポートは第1回（そもそも）レポートと呼び，10月24日までにWeb-CTの「第1回レポートの部屋」に提出してもらった。

　2009年の論題は次の通りである。

> ① 36億年ほど前に地球上に最初の『イノチ』が現れたといわれる。『イノチ』とは何か。『私』（不変の自我）が『イノチ』を持っているのか，それとも流動的な『イノチ』が『私』を生きているのか。
> ② 『自然』，『社会』，『政治』，『経済』，『文化』とは何か。相互にどのような位置関係にあるのかを図示すること。
> ③ 『地域社会』（コミュニティ）とは何か。『持続可能な共生型の地域社会』とは何であり，どのようにして作ったらよいのか。

　まさに地元学の根底にある基礎理論を問うたわけだ。「生まれてこの方，この種の哲学的テーマを深く考えたことはない」とカルチャーショックを受けながら「答えのない大問題」に挑戦する喜びを表明したレポートが少なくなかった。

　次に取り組んだのは，第2回（伝承）レポートの作成で，10月末に提出してもらった。論題は次の通りである。

> 昨年度の先輩の残したFW・VWレポート，最終（提言）レポートの優秀作が50本づつ，Web-CTに残されている。そこから感心したレポートを2点とりあげ，論評してください。

　「昨年の偉人たちよ，私があなた方の魂に再び息を吹き込もう」という表題で，今年の一受講生は，次のような伝承レポートを書いた。

> 　Sさんの『祭りで活性化』というレポートを読んで，私はとても共感しました。最初BKCに来た時，草津には何もないなあと感じました。……BKCの公式ホームページにもそういうイベント情報を載せて，学生たちにアピールすればいい。盛り上げるのはもちろん学生と地域の人々。みんなでつくるイベントを開発していきたいです。

4 FW・VW受け入れ団体との「お見合い」

　この授業の最大の山場は，何といっても1回のFW，もう1回のVWを行い，体験をレポートにまとめることだ。後輩（来年度の受講生）のためにその模様を伝える写真や資料を添付することも義務づけた。

　学外活動が単なる観光に終わるのではもったいないので，地域に生きる社会人と会って，深く交わることを勧めた。交流の舞台として，ミュージアムなど社会開放施設の場，イベントや講演会の場，観光の場などを含め，推薦施設やイベントの一覧表を配布した。

　当然，受講生はFWやVW先としてどこを選んだらよいのか，右往左往することになる。FW・VWを受け入れる市民団体を組織する活動を仲野優子が担った。その結果，草津市役所・5つの市民団体・3つの学生団体から6件のFW，13件のVWの受け入れが表明された。4回目と6回目の講義の場を使って，FW・VWの受け入れ団体の代表をゲストとして招き，「事業説明会」を開いた。求人側と求職側とのマッチングの場を2回にわたって設けたわけだ。近江の市民団体は，420人の学生の「労働力」を無償で使いこなす権利を手に入れる代償として，学生の人間的成長を支える責任も担わされることになった。

5 10～11月：最初の学外活動を行い，問題発見レポートを書く

　10月末に2晩にわたって旧東海道の草津宿周辺で開かれる「くさつ街あかり，華あかり，夢あかり」という秋祭りへの協力・参加が，FW・VW活動の皮切りとなった。30名ほどの受講生がボランティアとなり，行燈づくりや点灯，イベント会場への観客の誘導などで活躍し，その他に20名ほどの受講生が「お客さん」という立場で秋祭りのFWを行った。旧草津川の川床を無数の蝋燭が彩るイベントの開催は，受講生が軸となった。

　草津市北西端の県立琵琶湖博物館を舞台にFWを行った受講生は60名にのぼった。この博物館を舞台にして10日間行われた「びわ湖・まるエコ・DAY」にも相当数が参加し，一部はVWも行った。落葉シーズンに入ると，キャンパス近くの桜ヶ丘町では清掃活動が数次にわたって行われる。このVWに参加した受講生も30名にのぼった。琵琶湖湖岸での清掃活動や旧草津川の川床を開墾しての菜園づくりにも多数の受講生が出動した。その他，母親たちの育児サークルや障害者施設

への訪問支援，日系南米人労働者を支える多文化共生支援センターの活動や夜間の防犯活動サークルへの参加など，学生たちは多彩なVW活動に参加し，地域の人々と交流の輪を結んでいった。

最初の学外活動を展開して地域に触れ合うことと並行して，11月には第3回（問題発見）レポートの作成に取り組んでもらった。

> 近江・草津・BKCの地を『持続可能な共生型社会』に変えていくために，どのような問題をなぜ追究したいのか。
> その問題の位置づけと解明の意義を明らかにすること

が11月30日締切りの問題発見レポートの論題であった。

6　12月：2回目の学外活動を行い，FW・VWレポートを完成させる

11月末になると，最終レポートで取り組むべきテーマが明確となってくる。したがって，最終レポート作成に役立つ分野にしぼって，2度目の学外活動を行うことが次の課題となる。このタスクを果たしつつ，合計2回の学外活動の経過と成果をまとめる第4回（FW・VW）レポートの完成の課題がしだいに受講生の頭を占めるようになる。締切りは，年の改まる大晦日の深夜12時で，提出先は，Web-CT。体験したFW・VWの模様と魅力とをできるだけ具体的にレポートし，写真や資料も添付して，後輩（来年度の受講者）のためのよきガイドブックとなるように工夫してほしいと訴えた。

もちろん，教員側が用意した受け入れ団体ではなく，受講生が自ら開拓した先でFW・VWを行ってもよい（ただし単なるアルバイト先などは不適格）。受講生の2/3が受け入れ団体が用意するタイプの，1/3が自主開拓タイプのFW・VWを行った。

帰省先から，紅白歌合戦を聴きながら，FW・VWレポートを提出した受講生も少なくなかった。教員側も，除夜の鐘を聞きながら，レポートにコメントを寄せるという「離れ業」ができたのも，インターネットのおかげだった。

7 1月：最終レポートを完成させる時期

> 近江・草津・BKC を「持続可能な共生型社会」にするという目標のもとで任意の問題を設定し，その問題がなぜ生まれたのか，その仕組みを調査・分析するとともに，問題の解決策を提言する

が，第5回（最終）レポートの論題であった。授業やFW・VWでの学び，先行する4本のレポートで得た成果，専門分野の学識をいかして，地域住民の心に刺さる最終レポートを完成させ，地元に提言してもらいたいと受講生に注文をつけた。

最終回の授業では，「この地をどう持続可能な共生型社会に変えるか——私たちの提言」というテーマを掲げて，最終（提言）レポートの中間発表会を行った。草津市役所の草津未来研究所の林田久充さん，エフエム草津代表取締役の酒井恵美子さんを助言者に招き，コメントしていただいた。またゲストのお二人には，優秀なレポートを書いた受講生を取材し，彼らの提言を地元の人々に報道していただくようにお願いした。

8 学外活動とレポートづくりに役立つゲスト講師を招いた

FW・VW 各1回の実践と5種類のレポート作成を支援するため，毎回の講義にさまざまな方をゲスト講師として招いた。表15-1に掲載したような講演の中で調

表15-1　テーマとゲスト講師

テーマ	ゲスト講師
「草津市の直面する課題とBKC・学生への期待」	橋川　渉（草津市長）
「市民はいかに政治と向き合うべきか」	阿倍圭宏（政策フォーラム滋賀代表）
「BKCのエコキャンパス化の課題」	吉田　真（生命科学部教授）
「近江の歴史と渡来人の遺産，国際理解・共生・協力の課題」	河　炳俊（渡来人歴史館長）
「障害者を世の光に——障害者劇団の実践」	明智大二郎（共生シンフォニーと5人の劇団員）
「琵琶湖の魅力と保全の課題——琵琶湖博物館への招待」	揚平（学芸員）
「パナソニック・ホームアプライアンス社の環境経営」	菅　邦弘
「菜の花エコ革命の課題」	藤井絢子（滋賀環境生協理事長）
「近江商人とは何か」	川島民親（たねや近江文庫）
「地域学と心象図法」	上田洋平（滋賀県立大学）
「書を捨てて，農に帰る」	森田清和（ユリサファーム）

査課題やFW・VW先について，さまざまな示唆と助言をいただいた。

9 おわりに

　一昨年の講義の際，特別ゲストとして招いた滋賀県の嘉田由紀子知事は，「探検・発見・ホットケン」という順序で，学びのレベルを深めていくのがよいと述べられた。この伝でいうと，伝承レポートや1回目のFW・VWは「探検」段階，問題発見レポートは「発見」段階，2回目のFW・VWや最終（提言）レポートは「ホットケン」段階に属するのであろう。

　5種類のレポートは，受講生の責任でWeb-CTからプリントアウトし，合冊したうえで，1月末までに大学の事務室に提出してもらった。各受講生の提出するレポート集は，平均すると5～15ページとなる。教員側は合冊されたものを読むので，受講生の認識深化の流れを読み取りやすく，総合評価を出しやすい。定期試験を採点する時よりも，時間がかかるのは事実だが，力作が多いので採点は苦にならない。よくできたレポート集を読むのは，むしろ至福の時間となる。およそ100点ほどの優秀作品は，次年度の受講生が書く「伝承レポート」の素材として，次年度のWeb-CTに掲載されることになろう。

　Web-CTへの今年の掲載件数は，最終的に3150件となった。うち受講生の掲載件数は2100件ほど，教員側からの配布資料や参考情報の掲載件数は100件ほど，受講生提出レポートに対して教員側が寄せたコメントの掲載件数は950件ほどであった。

　受講生のレポートをWeb-CTの場で公開した場合，他人のレポートを盗用する事件が発生することがある。そこで盗用事例を発見した場合，教員に内部通報してほしいと受講生にお願いした。420名の監視の眼が光っているので，最近，盗用事件は影をひそめている。

　ここで受講生のこの授業に対する典型的な感想をいくつか紹介しておこう。

- 漫然と草津に下宿していた時には，この地にこんな宝物や問題があるということに気づかなかった。
- この授業をうけ，半強制的にFWやVWに参加したおかげで，ボランティア活動の魅力や達成感を知ることができた。
- この科目をうけたことで，生き方を問い直された気がする。
- この種の科目やVWを必修にし，もっと地域と学生の連携を深めるべきだ。

このような特殊なスタイルの講義の成否は，事務当局と職員の方からの協力が得られるかどうかで決まるところが大きい。2003年度に立命館大学から「先進的教育実践優秀賞」をいただいたし，2009年も13名のゲストスピーカーに謝礼を出していただいた。竹谷利子氏（おうみNPO政策ネットワーク事務局長）は，FW・VW先の設定とお世話で，多大の貢献をしていただいた。記して感謝の意を表したい。

16 地域づくりの現場で熱い思いにふれる授業

持続可能な地域づくり実践セミナー

高野雅夫

1 はじめに

1-1 持続可能な地域づくりとは

　名古屋大学大学院環境学研究科は，地球環境科学専攻（理学系），都市環境学専攻（工学系），社会環境学専攻（人文・社会科学系）の3専攻からなる，日本最大級の環境学の教育研究機関である。その博士前期課程（修士課程）においては，体系理解科目という一連の授業を設け，3専攻を横断した内容で，学生も3専攻の学生が同じ教室で受講する，環境学の体系を学ぶプログラムを実施している。その1つの演習として筆者が担当しているのが，持続可能な地域づくり実践セミナーである。

　今，日本は明治維新以来の大変革の時代にある。明治半ばから100年にわたって続いた成長型社会が終焉し，人口減少がはじまり，それとともに経済も縮小に向かうちょうど変わり目にある。右肩上がりの社会の中で最適化されたあらゆる分野の社会制度や組織は作り直しを求められている。本書の課題意識となっている大学のあり方の変容もその典型的な課題と捉えることができる。

　地域社会も同様である。都市においても農山村においても地域の疲弊が進んでいる。1970年代以来，地域産業，風土産業というべき第1次産業や地場産業が衰退し，コミュニティのきずなが弱まりつつある。これまでは衰退する地域経済を財政による公共事業で下支えしてきたが，財政の破たんとともにそれも不可能になってきた。最終的に多くの地域で地域経済の息の根がとまりつつある。このままでは地域全体が立ちいかなくなる。

　そのような状況の中で，地域を元気にしようとする，さまざまな創意あふれる取組が地域の中で行われるようになってきた。グローバル経済や財政支出に過度に依存せず，また地域の環境問題を解決しながら，地域の資源を活かした自立自助の地

域経済やコミュニティが模索されている。そのような取組をここでは広く持続可能な地域づくりとよぶ。

■ 1-2 私の教育目標

そのような地域づくりの活動の中心には，強く熱いミッションを胸に活動に取り組むキーパーソンたちがいる。2000年代からは地域の中でNPOが重要な役割を果たすようになった。つまり，自治会などの昔から続く住民自治組織と行政とをつなぎながら，住民を巻き込み，地域の企業を巻き込み，行政の支援を引き出しながら地域づくりを進めていく姿が目につく。今日ではどの地方自治体も住民との協働を理念として掲げている。そのような具体的な取組が進んでいる地域の一つの特徴は，市民の一人としてNPOや市民活動に積極的に参加している特定の行政職員がキーパーソンになっている場合が多いということだ。

大学からそのようなキーパーソンとなって地域で活躍してくれる人を輩出したい。これが私の環境学研究科教員としての教育目標である。

■ 1-3 誰が先生か？

学問というのは，現実から学ぶものである。現実を作り出すことはできない。今日のように時代の大きな変わり目で，地域の中で次々に新しい動きが生まれてくる状況では，学問的に記述された内容は一歩も二歩もタイミングが遅れてしまう。また学問に求められる客観性を追求すればするほど，その記述の中で当時者の熱い思いは薄められていくのである。したがって，私が地域づくりについて調査研究し，それをまとめ，それでもって授業をしても，求めるようなキーパーソン候補生を育てることはできないと考えられる。つまり学生に現場に出て行って，直接学んでもらうほかないのである。そこでこの授業では中心的な内容として，地域づくりの現場を訪問し，そこで活動しているキーパーソンたちに話を聞く訪問調査を行うことを課題としている。

2 授業の展開

■ 2-1 地域づくりの現場の要素を授業の中で追体験する

授業の組み立てとして留意しているのは，訪問調査の行先の決定などの企画からその実施，取りまとめまで，一つのプロジェクトとしてグループで取り組むという

ことである。すなわち,実際の地域づくりの現場で行われているプロジェクトとしての活動スタイルを体験してもらい,そこでの苦労やコツに自然に気づくということを期待している。

■ 2-2　コミュニケーションのトレーニング

学生たちは4月に入学したばかりで,知人も限られている状況なので,お互いに知り合い,仲良くなることを目標にまずはコミュニケーションのトレーニングを行う。これは清水義晴他著『集団創造化プログラム―ワークショップの可能性を探る』(2002)に紹介されている「他己紹介ゲーム」を行う。知らない者同士で2人1組になり,15分ずつ互いにインタビューを行う。その際に3つのルールを設定する。

> ①聞く側は何を聞いてもよい。
> ②答える側は答えたくないことは答えなくてよい。
> ③答える側は聞かれていないことでも語ってよい。

この3つのルールは,安心して心からのコミュニケーションがとれるための条件となっている。インタビューでメモをとった内容を「他己紹介」,つまり相手が自己紹介しているかのように文章をつくる。できた紹介文はお互いに内容を確認して完成となり,全体で他己紹介をしあう。

やってみると,インタビューの時間は学生たちは初対面にもかかわらず活発にやりとりがあり大いに盛り上がる。「3つのルール」の有効性を学生たちは体感でき,これが全てのコミュニケーションの基礎となることを理解する。もちろん,後に行う訪問調査でのインタビューの際にもその理解が役に立つ。

■ 2-3　ファシリテーションと合意形成プロセスのトレーニング

次に私から持続可能な地域づくりとは何かということについて講義を行う。その後,そのような地域づくりの実践が行われている地域を探し,訪問調査地を決定する。そのプロセスの中で,グループ分けを行うとともに,ファシリテーションと合意形成プロセスのトレーニングを行う。

まず,各自インターネット調査を行って,興味を感じ訪問してみたいと思った地域づくり事例の情報を調べてくる。その活動名とキーワードをA4の紙に大きくかいたカードをつくる。次に,机などがなく動きやすい場所に移動して,お互いにカー

ドを見せ合いながら，内容や関心が近いと感じたらグループを作る。そうやって試行錯誤，離合集散を繰り返しながらグループを作っていく。これを私は「人間KJ法」と名前をつけた。KJ法において付箋に書かれた内容が近いもの同士でグルーピングを行うやり方を応用したからである。こうして，お互いにコミュニケーションをしながら，自然な形で，興味関心の近いもの同士でグループを作ることができる。

　グループができたら，訪問調査先を決定するプロセスに入る。これは地域づくりの現場でしばしば直面する合意形成のプロセスを体験することでもある。お互いにめざす方向は似ているのであるが，訪問先についてはそれぞれの希望がばらばらである。最終的にはその中から1つに決定しなければならない。ここで私は，ファシリテーションについて多少の講義をした後に，注意事項を掲げる。

> ①「声が大きい人の意見がとおる」という状況にしない。むしろ皆の前で意見を言うのが不得意な人の意見を引出すことに留意する。
> とくにファシリテータを決めるわけではないが，お互いにファシリテーションをしあうということ。
> ②多数決で決めない。よくよく議論をつくして，本意でない結果となったメンバーも納得して気持ちよく訪問調査に参加できるようにする。
> ③全員が議長・とりまとめ役になったつもりで合意をめざす。全体の利益になるよう配慮し自分の意見に固執しない。

　やってみると，なかなか話が進まず，場合によっては気まずい雰囲気になったりもする。それでも多数決をしないというルールによって話し合いを続けざるを得ず，訪問先の決定というささいな課題であっても，合意形成がいかに難しいものかということを体験してもらう。これには2回分の授業を割いて，じっくり話し合ってもらう。最終的に訪問先が決まった時には，学生たちは一様にほっとした表情になるのがおもしろい。

■ 2-4　調査計画書づくりと訪問先へのコンタクト

　次は訪問調査の計画書を作る。調査のタイトル，ねらい，訪問先の情報，インタビュー内容などである。インタビュー内容については，一応，話の流れのシナリオをつくり，聞きたいことを整理していく。ただし，実際のインタビューの際にはこのシナリオにこだわらずに，自然な形で会話を進行させていくことになる。また活

動状況や財政状況など，ネットや文献でわかる情報を収集・整理して，どうしても訪問して聞かなければならない内容を吟味する。

　計画書づくりと並行して，訪問先へのコンタクトをとる。最初の接触となるメール文については，原案をつくってもらって，それを私が添削して仕上げる。ここがこの授業の1つの重要なポイントである。相手方が気分を害するようなコンタクトをとった場合，もちろん調査ができないだけでなく，名古屋大学に対する地域の評判を落とすことになりかねない。私にとってもリスクがある。私はこの地域をフィールドに教育研究を行っているので，私に対する悪い評判がたてばダメージが大きい。そのリスクを回避するためにこのプロセスは欠かせない。

　そのうえでコンタクトをとり，訪問のアポイントメントをとってもらう。訪問調査先が私の知り合いのNPOや行政であることもあるが，私はそのプロセスにいっさいタッチしない。

■ 2-5　訪問調査

　めでたくアポイントメントがとれたら，訪問調査に出かける。そのための旅費や相手方への手土産代は学生たちの負担である（そのことは授業の最初に了解をとっている）。訪問にあたってはできるだけ，ギブ・アンド・テイク，つまり忙しい訪問先の皆さんに時間を割いていただくのに見合った何かが提供できるように努力する。たとえばボランティア活動に参加するとか，イベントに参加するとかであるが，ただ実際にはタイミングや内容によって，そのようなことができない場合が多い。たいていは訪問先のみなさんには，わざわざ学生のために時間を割いて対応していただくことになる。そのため私は以下のような留意事項を示して送り出している。

> ①話を聞くときは必ず共感をもって聞き，批判的に聞かない。学問的には内容を批判的に検討することが必要だが，それは後日とりまとめの時にやればよい。
> ②Q&Aのような，あるいは議会答弁のような雰囲気にならないよう，コミュニケーションの「3つのルール」に基づいて，楽しくおしゃべりする。「最も聞きたい内容，聞くに値する内容は，当人が話したいことの中にある」（宮本常一の言葉）。相手方の話したいという気持ちを引き出しながら対話をする。インタビューされる方もする方も，楽しい時間となるよう気を配る。

これまでの経験では，たいてい学生たちは歓迎され，予定していた時間や内容を超えてお話をしていただいたり，現場を見せていただいたりしている。その場で別のキーパーソンを紹介され，さらにインタビューをする場合もある。ありがたいことであるし，ささやかながら，大学が地域とお付き合いする機会となっている。

訪問調査後にはすぐに訪問先にお礼のメールや手紙を出すよう指導する。

■ 2-6　報告会と報告書作成

訪問調査の結果は，グループごとに授業時間内でプレゼンテーションをしてもらう。また最終的にグループでひとつの報告書という形にまとめる。誰がどの部分を執筆したかがわかるように書いてもらい，個人成績はその内容で判定することになる。

3　学生たちは何を学んだか

1）熱く強い思いにふれる

抽象的かつ感情的な表現で恐縮だが，訪問調査に行く前と後で，学生たちの目の輝きが変わる。学生たちは現場でキーパーソンたちの熱く強い思いに何より強い印象を受ける。このような思いが地域づくり活動を成り立たせることを学ぶ。

2）NPOの存在意義を知る

普通の学生はNPOという言葉は知っていても，その実体がどのようなものかわからない。現場を訪問することでその組織の特徴や活動スタイルを学ぶ。とくに行政との関係において，行政の関与が担当者の転勤などで不安定であっても，一貫したミッションと地道な取組によって活動が前進している点に深い印象を受け，NPOの存在意義を学ぶ。また，そのミッションや組織形態の多様性とともに，一様に財政や人材の面で困難を抱えながら活動していることも知る。

3）現場の価値を知る

学生たちは，インターネットや文献は地域で起こっていることの全体像を明らかにするうえでは，限られた情報しかもたらさず，現場を訪問しなければわからないし，一度訪問しただけでもよくわかることがたくさんあることを学ぶ。

4) コミュニケーションの大切さを知る

地域づくりの活動は全てがコミュニケーションに基づいていることを学ぶ。今日では地域のコミュニティが弱まり，住民同士や行政とのコミュニケーション自体が困難になっている。その中で，地域づくりの現場では，気持ちよい前向きなコミュニケーションが大切な要素であることを学ぶ。

4 おわりに

わずか1日であっても，現場におもむき，キーパーソンたちの熱い思いにふれることで，学生たちは大きな変化をみせる。そのために入念な準備をして送り出すというのがこの授業である。そしてその準備とは，きちんとしたコミュニケーションがとれるようになるということに尽きる。

ではきちんとしたコミュニケーションとはどのようなものか。私は授業の中でそのヒントとして学生たちに2つの話をしている。

■ 4-1 「村の寄り合い」方式

ひとつは宮本常一著『忘れられた日本人』(宮本, 1984) の中にある「村の寄り合い」の話である。村の寄り合いは何日もかけて行われる。その中のほとんどはいわゆる「雑談」である。ある議題が提示されても論理的につめた議論をするわけではなく，なんとなく話が進んで別の話題に移っていったりする。今日では，最も効率の悪い，へたな会議のやり方といわれるようなやり方である。それでいて，寄り合いで最終的に決定されたことはとても拘束力が強く，それに反した場合は「村八分」という制裁が行われるほどである。ここからは私の解釈であるが，村とは閉ざされた空間である。理詰めの議論でものごとが決定されていくと，どうしても不本意なメンバーのわだかまりが残ってしまう。それは将来の紛争の火種になるかもしれない。お互いに逃げ道を確保しながらゆるゆるとリラックスして話し合うことによって，心の深いところからの納得が得られる。将来の紛争を避けるということまで考えれば，村の寄り合い方式は合意形成を図るうえできわめて効率的なのかもしれない。この授業では，時間はかかっても理詰めでなく話題が広がるのを許しながら，気持ちよく対話を続けるというやり方を体験する。それは今日の地域づくりの現場でも役に立つやり方だろう。

表16-1 過去の訪問調査例

NPO法人 藤前干潟を守る会 （名古屋市）	●一般廃棄物の最終処分場として埋め立てられようとした干潟を守り，ラムサール条約登録地となるのに中心となった市民運動団体。 ●ラムサール登録以降はNPO法人化し藤前干潟に建設された環境省の環境学習施設を運営している。 ★学生たちは干潟とその保全活動の意義を学ぶとともに，市民運動団体からNPO法人としての事業活動へと変遷するなかで，メンバー内の意識の温度差や財政・運営上の難しさについて学んだ。
NPO法人 メタセコイアの森の仲間たち （岐阜県郡上市）	●小学生向けの自然体験施設からスタートし，現在では，若い代表のもとで「地域に住み続けられる郡上市をつくる」ことをミッションにしている。 ●若い職員が夏の子ども向け自然体験合宿を受け入れるとともに，冬の仕事づくりや郡上市のよさを全国に発信する事業を行う。 ●地域づくりのツールとして「コイア」という地域通貨を発行。 ★学生たちは地域通貨に関心をもち，その効果的な活用方法を考察した。
NPO法人 環境研究所豊明 （愛知県豊明市）	●市の事業として，生ゴミの分別回収を行いたい肥化施設でたい肥を作って販売。一方で市民農園を開設し，市民がそこでたい肥を活用するという「有機循環事業」を行っている。 ★学生たちは，行政の担当者や方針が変わるなかで，NPOが変わらず地道に活動に取り組んできたことが事業を持続させ発展させてきたことを学んだ。
愛知県幡生町	●過疎化と地元産業の衰退が進行し，地域の足となっている私鉄が赤字で撤退するかもしれないという状況の中で，行政が町のキーパーソンに声をかけ地域の魅力を高める活動を始めた。 ●駅の近くで定期的に地元の産物や手仕事製品を販売する市を開設するなどの取組。 ★学生たちは行政担当者が転勤で変わることで行政の熱意に変化があっても，市民組織が粘り強く取組を進めることで地域の魅力が高まっていることを学んだ。
堀川を守る会 （名古屋市）	●堀川は名古屋の港とお城を結ぶ運河としてつくられ，かつては町の中心地としてにぎわったが，近年では水質が悪化するとともに忘れ去られた存在になった。川のごみ掃除から始めて，川にいかだを浮かべるお祭を復活することで，堀川に市民の関心を呼びよせ，同時に地域コミュティを再生しようとする取組。 ●この活動の端緒は現代表1人の思いから始まった。 ★学生たちは地域づくりにおいて1人のキーパーソンがいることの大切さを学んだ。

■ 4-2 ギブ・アンド・テイクからギブ・アンド・ギブへ

よく地域づくりを成功させるには，win-winの関係をつくることが大切といわれる。つまり各主体間のギブ・アンド・テイクの関係がかたよりなくバランスよく成り立つということだ。一見もっともらしいが，私が地域づくりの現場で観察する主体間の関係は少し違っている。見返りを求めない，一方的なギブをお互いにやっているように見える。ギブ・アンド・ギブというべきかもしれない。単純に目の前に

いる人やグループに貢献できることは何かを考え，それを実践する。その人たちから見返りを期待しているわけではない。でも何かよいことをすると，それは見えない通帳につけられていて（「宇宙貯金」という人もいる）それはまた別のところから別のかたちで返ってくると思っている。

この授業でも，学生たちが訪問調査に行くことで訪問先に貢献できることはほとんどない。訪問先のみなさんにとっては一方的なギブなのである。それを気持ちよくやっていただいているのは，本当にありがたい限りである。学生たちには，この調査でいただいたものを，直接訪問先にはお返しができないが，また別の人に，別の形で貢献するということで「お返し」をしてほしいと伝えている。それは担当教員である私も同様である。

■ 4-3 地域再生に学ぶ大学再生

地域を再生するとは，それを構成している市民や行政などのコミュニケーションを再生するということといいかえることができるだろう。それは大学を再生するという課題も同様であろう。つきつめると大学の抱える問題とは，学生間，学生と教員の間のコミュニケーションが成り立たないことと捉えることができる。それを解決するには，コミュニケーションのスキルを高める活動を導入しながら，楽しく有意義な対話を授業の中で意識的に組織することが必要である。今後も学生たちと地域のキーパーソンたちとの心のつながりをつくりながら，地域再生と大学再生を同時進行させていく取組を進めていきたい。

【引用・参考文献】
清水義晴［監修］(2002)．集団創造化プログラム―ワークショップの可能性を探る　博進堂共育編集室
宮本常一　(1984)．忘れられた日本人　岩波書店

17 学生からの授業提案
評価と新規授業のデザイン

市原宏一・尾澤重知

1 「居酒屋のような授業」

「居酒屋のような授業」とは何か？　著者の1人が大分大学に着任し，後に大きなプロジェクトに関わることになった出発点は，ある学生からのこの比喩的発言にある。曰く「私語が止まない」「騒がしい」授業を指すらしい。居酒屋とは，これまた大げさなたとえである。しかし，そう言われてみれば実際に心当たりがないわけでない。業務の一環のため，ビデオカメラを持ってたまたま訪れたある教室では，確かにそんな環境で授業が行われていた。

もちろん「居酒屋」というのは誇張である。体験したといっても，大教室（250人近く収容）において，多少の学生が私語と内職をしているだけの話である。さらに断っておかなければならないが，全体からみればこのような授業は少数かつ，例外的といってもよいだろう。だが，仮にそれが一部であっても，また，誇張的表現であっても「居酒屋のような授業」と学生に発言させてしまうこと自体，大きな問題であると思われる。

このような現状をいかに改善するか？　これは広義のFDが取り組むべき論点の一つと考えられる。たとえば，「私語をしている学生を放置しない」というTips集を作って普及させることや，山形大学高等教育研究企画センターのように教員向けのビデオを作成することも解決策の一つだろう。「学生参加型」などの教授法の導入も有力候補と考えられる。

著者らが，このような現状の改善のために用いた手法は2点ある。1つは，学生自らが「学生の声」を教員に伝える場を設け，学生の活動を組織化することである。いいかえれば，「居酒屋のような」という学生の声を，学生から教員に直接，伝えてもらうことである。第2は，学生の声の一部を実際に授業改善にいかし，目に見

える形で成果を学生と分かち合うことである。

　本稿では，前者に関して大分大学が2005年から開催してきた学生教職員共同のフォーラムについて，その成果と実施過程を共有したい。後者については，同フォーラムで学生が提案した内容に基づき，新規授業を立ちあげた過程を中心に検討したい。

2　「学生の声」をいかに共有するか

　学生が個々の授業や大学に対して，自身の声を教員に伝える手段は，いくつかある。

　第一の典型は，授業アンケート（授業評価）であろう。大分大学では同様の調査を2000年度から全学的に実施し，結果を教員に返却する仕組みを作っている。しかし，多くの方がすでに指摘しているように，授業評価は，学期末の一時点での調査に過ぎず，定点観測以外の目的では効果を発揮しにくい。学生の視点に立てば，「書いたところで何も変わらない」というあきらめによる沈黙か，逆に，その反動となる「言葉の暴力」の公使の場になりがちである。

　第二は，個々の授業における教授法に関するものだが，たとえば「大福帳」「何でも帳」「ミニッツペーパー」のような毎回の授業のコメントの利用があげられる。しかし，このような工夫も，各教員が自発的に取り組まない限り，多くの場合は効果がない。

　第三として，学生と教職員が直接意見交換する場を設けるという方法が考えられる。これは全学・学部単位などでの取組が求められる試みであり，授業評価や教授法による工夫とは異なるレベルの取組である。しかし，FDという文脈から捉えれば，単なる講演会の実施などよりは，学生と教職員集団の相互性に基づく授業改善が期待できると考えられる。

　もっとも，このような場を設けること自体は，60年代以降の大学の歴史を振り返れば珍しいものではない。ただし，かつては学生が自主的に大学に意見提示していたのに対して，近年は，大学側が意図的に場を設けて，学生に「主体性」を期待するという違いはある。

　第三の手段については，大分大学では2003年以来全学規模で学生と学長を含む教職員との「意見交換会」を開催してきた。当初の意見交換会は，教育面から学生生活全般にわたる事項が扱われてきたが，岡山大学の学生・教職員教育改善委員会

の取組事例などを背景として，意見交換会にとどまらない取組が模索されてきた。本章で検討する学生教職員共同教育改善FDワークショップ（以下「学生WS」）の背景にあるのは，「学生の声」を学生教職員間で共有し，学生教職員の相互性に基づく授業改善である。

3 「学生の声」を共有する場としての学生教職員共同フォーラムの実施

　学生から意見を一方的に募集したところで，それを形にするのは難しい。学生WSの立ちあげにあたっては，高等教育開発センターの部門研究員（各学部の教員）が中心となって，旦野原キャンパスの3学部[1]から2～4名の学生を推薦するというかたちがとられた。初年度となる2005年度には，教育福祉科学部，工学部からは教員が推薦した個人が参加し，経済学部は学部自治会メンバーが中心となった。また，学生WSの発足と同時に，学生教職員共同FD研修会「きっちょむフォーラム[2]」を11月に実施することとし，そこで発表することを全体のミッションとした。表17-1に2005年度以降の主な内容と，参加者数などの概要を示す。

表17-1　各年度の学生WS概要と参加者数（概算）

年度	主な内容	参加者数
2005	「ここがヘン?!～学生の視点からの大学教育への問題提起～」 ●履修登録期間中の授業における出欠 ●講義で板書や話し方などの教授法 ●成績評価のあり方	教職員54名 学生12名
2006	「学生が求めているのはこんな授業」 ●こんな授業を受講してみたい ●教養教育科目ガイドブックの改善 ●受講態度その他の問題提起	教職員60名 学生32名
2007	「受ける価値がない授業」 ●「受ける価値がない」授業とは ●学生からみた評判の高い授業とは ●授業評価アンケートの活用法 ●成績評価について	教職員35人 学生41人
2008	●アルバイトで単位認定 ●DSを使った授業改善 ●英語教育の改善 ●少人数クラスと大人数クラス	教職員33名 学生51名
2009	●こんな授業はNO! 大分大学版授業NGビデオの制作 ●留学生と日本人学生のディベート授業 ●大学改善における"大分地域学生ネットワーク"の交流活動 ●課外活動の単位化	教職員31名 学生54名

初年度となる 2005 年度のテーマは,「学生教職員共同教育改善シンポジウム：ここがヘン？！〜学生の視点からの大学教育への問題提起〜」である。具体的には，学生らが実施したアンケート調査結果などに基づき,「履修登録期間中の授業における出欠」「講義で板書や話し方などの教授法」「成績評価のあり方」などが扱われた。当日は学生 3 名，教員 2 名が，それぞれの立場からの意見を表明し，その後フロアー参加者との意見交換がはかられた。

　学生教職員間の意見交換においては，単に学生の声をただ聞くだけでなく，実際に目に見える形で改善や変化をはかることが重要である。さもなければ，いわゆる「ガス抜き」に終わり，持続的な改善はあり得ない。その点では，本試みは初年度から成果をあげることができた。学生からの提案のうち，シラバスについてはただちに要望を汲んで，科目ページを曜限順に並べ替えるなどの改善をはかるなど成果を残すことができたからである。

　翌年の 2006 年度は，3 学部から大学院生，学部生 17 名が学生 WS に参加した。自らの組織を「大分大学教育改善コミュニティ motto!（モット）」と名づけるなど，学生を主体とする組織化が図られた。当該年度では，フォーラムにおいて学生と教員双方の「義務」ついて踏み込んだ議論がなされるなど，学生教職員間での議論の深化がみられた。また，具体的な改善についても，シラバスの見出しの追加がなされるなどの成果を残している。

　2007 年度からは，恒常的な参加学生が 7 名と減少し，メンバー構成も従来の自治会代表や学部学科からの推薦はなくなった。その代わりに，高等教育開発センターが関わる授業を通じて参加した学生が中心的に活動することになった。2007 年度は，とくに「授業評価アンケートの活用法」について，学生教員間の論点の相違が明らかになるなど，活発な議論がなされた。

　確かに，授業評価については学生に対して十分な情報提供がされていたとは言い難い面があり，これを契機に，授業評価の実施母体である高等教育開発センターが中心となって改善が図られた。本学の授業評価の取組を学生にもわかりやすく示し，報告書の一部も Web ページで閲覧できるようにするなどの改善が図られた。また，個別の評価結果自体もグラフ化を通して可視化を図るなど，教員がより結果を捉えやすいような工夫も行った（図 17-1）。

　2008 年度以降は，前年度までのようにメンバー間の年度を超えての活動が期待できなくなってきたことや，後述するように学生提案による新規授業の開設を検討するため，組織形態を変更した。授業との結びつきが強化され，「大分大学を探ろ

改善前　　　　　　　　　　　　　改善後

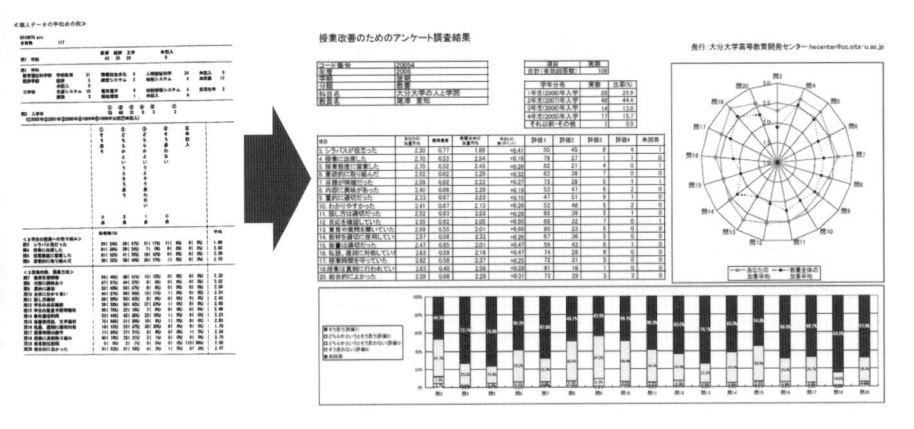

図17-1　学生による授業改善のためのアンケート調査結果（個人結果）の改善

う」など著者らが担当する授業を利用して発表者を募るという形が取られた。

　一方で，授業内からの発表者だけでは，活動が授業の一環にとどまる可能性もあるため，2008 年，2009 年ともに発表を公募し，それぞれ 1 件ずつは授業履修者以外の学生からの発表を得ている。2008 年，2009 年の実施が具体的にどのような成果を生んだかについては後述する。

4　学生教職員共同フォーラムの実施の課題と参加者からの評価

　これまで 5 年間継続して学生 WS を実施してきた過程で，課題がなかったわけではない。本節ではフォーラムの実施の課題と，学生や教職員などからの評価について述べたい。

　学生を巻き込む活動において最大の課題と考えられるのは，

> 学生らが自信をもって自らの意見を主張できないこと，言い換えれば教員を前にして，学生が遠慮，自粛，萎縮してしまうこと

である。このような背景には，いくつかの理由が考えられる。第 1 に，発表を引き受けるくらいの学生であっても，教員との信頼関係が十分に共有されていないこと。

第2に，

> 本活動の促進者自体が大学教員であるという点

も理由として挙げられるだろう。

　学生の「自主規制」を防ぐために，2006年度以降は参加学生には，他大学の取組を積極的に紹介するような工夫を図っている。2007年，2009年は，フォーラムでの発表学生の一部を岡山大学での学生・教職員教育改善委員会のイベント i*See に参加者として派遣するなど，他大学の取組も視野に入れた。各1名は岡山大学での発表の機会も得ており，自らの意見を他大学の学生の意見を通して相対化すると同時に，本取組への動機づけも図っている。2009年の「大分大学版授業NGビデオの制作」も，発端は山形大学高等教育研究企画センターの「あっとおどろく大学授業NG集」を学生自身が参照，模倣したものでもある。

　学生の発表内容に対しては，当初から関係する教員が関与し，発表の方向性や内容の洗練などの指導を行っているが，上記のように他大学の事例を参照させることで，自らの活動を相対化させ，教員が過度に学生の発表内容に影響を与えないようにもしている。

　第2の障壁は，前節でも経過について触れているが，参加学生の数と質の確保である。教員からの推薦にせよ，授業活動に一部を組み込むにせよ，学生の主体的な参加を促すことは容易ではない。フォーラムでの発表を最大の目的としても，教員が一定程度以上の支援を行わないと，学生が自ら組織化し，持続的な活動を進めていくことは困難である。

　本問題については，高等教育開発センターの学生アシスタント事業（センターが実施する授業収録や授業ビデオの配信の補助を行う役割）と，ゆるやかな連携を図るなどの工夫を2007年度以降行っている。一部は成功しているが，発表に向けボランタリーな活動を重視する側面と，授業の一環として単位が意識される部分や，アシスタントとしてのアルバイト的な側面を，どのように線引きし，連携していくかについては課題も残っている。

　次に，本試みの学生や教職員からの評価について触れたい。発表した学生の多くは，発表したこと自体の満足感はもちろんのこと，教職員から意見を得たことや，実際に何らかの改善が図られたことについて，やりがいを感じており，将来の自信にもつながっている。

参加学生についても，このような機会が大学公式で設けられていることに対する評価は例年みられている。

> 学生が意見し，先生が質問したり，いろんな議論ありとても楽しかったです。このように先生と学生が一体となって改善していけたらいいなと思いました

などの意見が典型である。また，学生と教員が相互に歩み寄ることの重要性を指摘する意見も多い。

教職員からは，例年

> 学生が何を不満に思っているのかについてよく理解でき参加してよかった

のようなコメントがみられている。

> ・もっと辛口のコメントが欲しかった
> ・表面的な内容が多い

など学生への期待の裏返しとも捉えられる意見も例年多い。一方で，

> 安易に学生のニーズを錦の御旗のように口にするが，学生の意識の方を変えなければならないこともあろう

のような，学生側の変革を求める意見も根強い。

なお，「居酒屋のような授業」という学生の声がフォーラム内で共有されたのは2006年，2007年度である。実際に授業での私語が解決したかといえば，残念だがそうではない。問題はそれほど単純ではなく，学生の声を共有したところで直接的な改善につながらない部分があるのも事実である。しかし，私語の問題については，2008年の「少人数クラス大人数クラス」や，2009年の「こんな授業はNo！」でも継続的に取りあげられており，学生教職員ともに歩み寄りながら解決しなければならない問題であるという共通認識は，参加学生・教職員間では生まれていると考えられる。

ただし，表17-1に示した各年度の参加者数をみても，学生教職員ともに参加者

が多いとはいえない。2008年度以降は，フォーラムの様子はビデオ収録し，学内配信するなどより多くの学生，教職員に成果を発信しているが，規模の拡大には一定の限界があるのも事実である。

5 学生の授業提案の声にいかに応えるか

フォーラム実施にあたって，2006年度以降課題となっていたのが学生からの授業提案の取り扱いである。授業提案については，前述の岡山大学では「知ってるつもり？コンビニ」や「ドラえもんの科学」などが実現されている。しかし，大分大学では毎年，発表を希望する学生からの提案が出るものの具体的な成果をあげることができなかった。

そこで，2008年度は学生の授業提案を具体化するために，フォーラムでは新規授業に関係する発表を優先的に実施することとした。社会調査法の基礎を学ぶことを目的とした授業を一部改変し，フォーラムでの発表を含む授業を開設した。具体的には，何らかの社会調査に基づいて，教育改善にあたっての「提言」もしくは「授業提案」を，フォーラム内ないしは学期末に発表することを課題とした授業である。授業開始当初からグループ活動を意識した授業デザインを採用し，授業時間内外において，グループ単位で活動することを期待した。やや特殊な授業ではあったが，授業には24名が履修し，うち22名に対して単位認定した。

テーマについては，前年度までの成果を参照させつつ，学生個人やグループが希望するテーマを検討させた。授業内コンペティション形式で選抜した結果，7テーマの中から「アルバイトの単位化」「ニンテンドーDS®を使った授業」「英語教育の課題」「少人数クラスVS大人数クラス」という4テーマを選出した。先に述べたように授業の履修者以外からも発表を公募していたが，英語教育の提案については，授業外の学生からの提案の内容が授業内グループよりも優れているという判断から，授業外の学生の発表を優先した。

学生からの授業提案自体を評価するために，2008年度はフォーラム内で質問紙調査を実施した。学生からは43名，教職員からは27名の協力が得られた。調査では提案内容に対して，「本内容は興味あるものであった」「本内容は，今後も大学として検討する必要があると思う」について5件法を用いて聞いた。前者は発表に対する興味を検討することを目的とし，後者は今後の検討の価値を確認することを狙ったものである。結果を表17-2，表17-3に示す。

表17-2 本内容は興味あるものであった

発表内容	学生 (S.D.)	教職員 (S.D.)
アルバイト	4.12 (1.04)	3.30 (1.20)
DS	3.90 (1.23)	3.92 (0.89)
英語教育	4.05 (0.97)	4.15 (0.66)
少人数	3.98 (0.96)	3.48 (1.16)

表17-3 今後も大学として検討する必要があると思う

発表内容	学生 (S.D.)	教職員 (S.D.)
アルバイト	3.50 (1.29)	2.07 (1.17)
DS	3.42 (1.28)	3.40 (0.96)
英語教育	4.16 (0.97)	4.26 (0.53)
少人数	3.93 (0.97)	3.78 (0.85)

　学生・教職員それぞれの評価をみると，学生は，自身の「興味」と，今後の「検討」の可能性を分けて評価している面があると考えられる。アルバイトの単位化やDSでは興味が高く，今後の検討としては評価が低くなっていることはこの現れといえる。一方，教員からの評価では，「興味」「検討」ともに英語教育が高く評価されているが，アルバイトの単位化への評価は極端に低く，課外活動と学業とを区別して捉えていることがうかがえる。

　フォーラム実施後，高等教育開発センターが中心となってこれらの評価を検討し，2009年度前期からは「プロジェクト型学習入門」という科目名で，学生の提案を実施可能な授業を開設することとした。授業デザインにあたっては，一定の評価が得られた「英語教育」や「ニンテンドーDS®を使った授業」などの提案を視野に入れた内容とした。

　具体的には，学生が自ら個人ないしはグループで目標（プロジェクト）を定め，その目標を達成する過程を，ラーニング・ポートフォリオ（学習記録の蓄積）として記述させ，発表等で評価するという形式をとった。プロジェクト形式によって学生の多様性に対応したものである。

　2009年4月に開講した「プロジェクト型学習入門」は21名が履修登録し，最終的に14名が最終プレゼンテーションまで行った。約20人という履修者数は大分大学での一般教育系科目としては少数である。履修者に対する調査でも，学生提案に

基づく授業であることは十分に知られていなかった。これはフォーラムでの成果についての広報が不足していると同時に，大分大学全体としてグループ学習や発表をともなう授業が学生に好まれていないことが理由として考えられる。

新規授業において「学生の声」を反映したといっても，それが実際，学生にどのように「映る」かについては予測が難しいのが現実である。

6 「居酒屋のような授業」を超えて

「学生の声」をいかに学内で共有し，それを授業改善などで活用していくか。大分大学の事例をみても，それが容易ではないことは察していただけると思う。学生の声に基づき，多少の改善や変化を生むことができた面もあるが，変わらない問題も残っている。

だが，学生の声に耳を傾けることなしに，授業の改善や大学改革はあり得ないのも事実であろう。重要なのは，「学生の声」を全学で共有し，学生と教職員が共同で問題解決にあたろうとしている姿勢を全体に示し，多少でも相互の成果を目に見える形にすることである。

もちろん，安易な学生の声にとらわれるのは避けなければならない。学生の意見はいつも同じという批判もあり得る。だが，学生の声に本当に耳をすませば，学生は自身の意見の平凡さや稚拙さに自ら気づき，問題を新たな視点で捉えようとするものである。学生に主張させること自体，学生の学びの契機である。教員は一生教員かもしれないが，学生は毎年入れ替わり，同じ地点にとどまらない。同じようにみえる繰り返しの中から，問題を発見し，解決する。そういう姿勢を個々の教員や組織がもつことができれば，学生の成長にもつながるはずである。

「居酒屋のような授業」に出会ってしまった学生も，いつか本当の居酒屋で，過去の授業，大学時代の経験を振り返り，そこから意味を見出すはずだと信じたい。

【注】
1) 挾間キャンパスに医学部（大分医科大学と統合し，後に医学部となった）があるが，医学部は参加していない。
2) きっちょむ＝吉四六は，大分の歴史上の人物。頓知者として昔話で取り上げられている。本催しは共同フォーラムと呼ばれる場合と，合同フォーラムと呼ばれる場合がある。本稿では，共同フォーラムに統一した。

18 あったらいいな！こんな授業

学生参画型イベントへの挑戦と課題

吉田雅章

1 はじめに

1-1 和歌山大学におけるFDへの取組

近年，多くの大学で教育改革が叫ばれ，和歌山大学でも1998年（平成10年）よりFD（授業改善）に取り組んできた。大学教育センターのような機関は存在しないが，FD研究会やFD推進委員会あるいは授業評価改善・推進部会と称する各学部より選出された教員によって構成された委員会が，さまざまなFD関連のイベントを企画・運営した。当初は多くの大学と同様に，学生による授業評価やFD講演会などを中心としていたが，ある程度軌道に乗ってからは，教員主導による公開授業・検討会を中心とした授業改善活動に取り組み，他大学などからも注目され，数回の外部評価でも相対的に高く評価されたように思われる。

1-2 i*Seeへの参加：学生参加型FDへのきっかけ

しかし，最近は，教員だけがFDに取り組むというのではなく，講義の受け手である学生が参加してこそ効果的ではないかと考えられるようになってきており，とりわけ，岡山大学で橋本勝教授（現富山大学）が主唱された学生参画型FDは脚光を浴びている。筆者が初めて参加した2005年9月10日開催の「第2回教育改善学生交流i*Seeワークショップ」は，全国各地の大学の教職員や学生が参加し，新しい授業を創作するというきわめて興味深いイベントであった。

これは同年の春に橋本教授より学生同伴での参加依頼のメールを受け取り，岡山市出身の大学院生1人を連れて，半信半疑で参加したものであるが，和歌山大学でも同種のものを開催しようと思い立つほどに，画期的で興味深いイベントであった。そして，翌年度は前述の大学院生だけでなく3人の学部生も加わり，岡山大学の第

3回教育改善学生交流に参加した。この2度にわたる岡山大学の学生参画型FDイベントへの参加を契機として，和歌山大学授業評価改善・推進部会で相談・検討の結果，和歌山大学でも新授業創作コンテストを内容とする学生参画型FDイベントの開催を試行してみることになった。

■ 1-3 全学的FDイベント開催へ

そして，実際，2006年から2008年にかけて毎年1回ずつ，合計3回の新授業創作コンテストを開催し，そのうちの2回は「あったらいいな！ こんな授業」という名称のもとに，全学的FDイベントという形式で開催することができた。

その詳細は後述するが，大ざっぱにまとめれば以下のようになる。すなわち，初回はイベントの開催それ自体に意義があり，何とか開催することができたという達成感を得られた。第2回は初回の検討を通してステップアップをめざし，イベント開催のための講義を開講して相応に充実させることになり，何とか，その課題はクリアできたように思われた。しかし，第3回は参加学生数を増やしていっそうのレベルアップを図る計画であったのに，イベント開催のための講義への受講登録者数がきわめて少なく，1桁台にとどまり，全学的規模でのイベント開催を断念し，今後の開催に向けて策を練り直すことになった。とりわけ教育学部の学生の参加を増やすことが課題となった。なお，第1回と第2回のイベントで最も高い評価を得た新授業提案に関連して，2008年度の前期と後期にそれぞれ1科目ずつ開講し，学生リクエスト科目を実施するという公約だけは果たした。

2 2006年の学生参画型イベント開催

■ 2-1 あったらいいな！ こんな授業

最初の学生参画型FDイベントは教育改善学生・教職員交流ワークショップ「あったらいいな！ こんな授業」という名称で開催することになり，核となる学生実行委員と新授業案の発表者を募集することから始まった。とりわけ，全学のFD委員会に相当する授業評価改善・推進部会の当時の委員長であった教育学部の川本治雄教授や教務課のFD担当職員と，イベント開催までの手順と予算的措置について綿密に打ち合わせをした。そして，岡山大学のイベントに同行してくれた4人の学生を中心に，協力してくれる学生を集めるためにポスター作りから始まり，授業評価改善・推進部会の教員にも呼びかけてもらった。

学生実行委員の募集ポスターは次のような文面であった。

> 和歌山大学では12月21日（木）の午後，学生と教職員とが協力して教育改善に取り組むワークショップを開催します。内容は，学生諸君が受けてみたいと感じる授業を提案してもらい，もし可能であれば来年度，その授業を実現してみようというものです。
> 開催にあたり授業評価改善・推進部会の教職員が企画・運営しますが，それに協力して積極的に世話役としてワークショップ学生実行委員となってくれる人を募集します。大学教育に受動的に関わるだけでなく，能動的に改善してゆこうという積極的な人，是非ともご応募して下さい。応募先は学生センターの教務課です。窓口が開いている時はいつでも受け付けています。

ところが，これに対する応募者は全くなく，当初より覚悟はしていたが，実に嫌なスタートであった。

一方，新授業案の発表者を募集するポスターは次のような文面であった。上記ポスターの文案と重複する部分は相当に存在するが，

> 学生諸君が受けてみたいと感じる授業を提案してもらい，もし可能であれば来年度，その授業を実現してみようというものです。第1回では全学共通科目で，『こんな授業があったら受けてみたいな』というものを募集します。パワーポイントで，タイトルや授業の目的・狙い，14回の授業計画などをみんなの前で説明してもらいます。最後に，投票で発表作の最優秀賞を決定し，大学がこれを表彰し，来年度に実施することができるか否か議論し，もし可能であれば全学共通科目として開設することも計画しています。
> 日頃の希望を大学に提起する絶好の機会です。聴衆としての参加も大歓迎ですが，発表者としてのご応募を待っています。

これに対しては数件の問い合わせがあったという報告を教務課の担当者より受けた。ただし，問い合わせだけにとどまり，発表までに至るケースはなかった。最終的には，発表は個人およびグループ併せて18組とはなったが，筆者の講義を受講していた学生や，授業評価改善・推進部会の委員である教員のゼミ生が大半であった。

ゲストコメンテーターとしては橋本勝教授に依頼したが，日程的に不可能であったので，徳島大学の大学開放実践センターに所属され，たびたび学生を引率してFDイベントに積極的に参加されていた神藤貴昭助教授（当時）にお願いし，快諾していただけた。

■ 2-2 イベントの内容

実際に開催したイベントの内容は次のようなものであった。まず，

> 発表してくれるグループの人数を基準に18組を4会場に分けて予選を行い，予選を通過した4組により本選を実施するという2段階で行い，最優秀を選出する

という手順にした。その18組が提案してくれた実際のテーマは，表18-1の通りである。以上の18件を提案してくれたグループがいったんは大会場に集合し，開会式と実行委員による趣旨説明の後，4つの小さい会場に分かれて，予選を実施した。審査基準は，

> ①魅力的で是非とも受講してみたい授業
> ②和歌山大学全学共通科目として実現可能であること

の2つとした。会場ごとに挙手にて本選進出者1組を選出し，「和歌山大学改造

表18-1 提案された18のテーマ

●ふるさと和歌山～ウェルカム・ワカヤマ～	●下宿生まるごとレシピ
●コミュニケーション・スキル	●賢い消費者になるために
●～嗚呼，我が1人暮らし～	●これからの科学館
●大学改造和歌山計画～身近な環境を考える～	●起業力育成
●模擬裁判	●紀州の海で釣り体験
●日本の方言	●実践 外国為替投資
●世界のCM	●映像，音楽文化と社会学
●目からウロコ！ 世界の学校	●身の回りの危険
●大学生のための論理トレーニング	●踊るんや20xx

計画〜身近な環境を考える〜」・「大学生のための論理トレーニング」・「起業力育成」・「映像，音楽文化と社会学」の4発表が本選に進出した（表18-1参照）。勝ち残った4グループで再度競い合ってもらい，無記名投票の結果，「起業力育成」と「大学生のための論理トレーニング」とが同数となり，挙手により「大学生のための論理トレーニング」が最優秀賞に選出された。問題は最優秀発表にふさわしい講義を開講できるか否かということであったが，一応は翌々年度である2008年度前期に「論理トレーニングと法的思考」という教養科目を開講した。

3 2007年の第2回学生参画型イベントの開催

3-1 1回目の反省を踏まえて

2回目の学生参画型FDイベントを実施するにあたり，意欲的な学生を集めることができるか否かが問題となった。第1回のイベントを支えてくれた学生たちの声によれば，何らの対価も得ないで，大学が開催するイベントを支えてくれる学生は存在しないということであり，相応の講義を用意して，単位という見返りで学生を集めようという結論に至った。そして，教育学部の川本治雄教授の協力をいただいて，筆者が新講義である「学生参画型授業改善演習『あったらいいな！ こんな授業』」を開講することになった。

同科目に関して，シラバスの中で記入した「授業のねらい・概要・科目の位置付け」は，以下の通りである。

> オープンキャンパス時に開催する予定の学生参画型FDイベント・第2回『あったらいいな！ こんな授業』を開催するためのさまざまなノウハウを修得し，大勢の聴衆の前でプレゼンをする能力を養成し，パワーポイントで『あったらいいな！』と思う授業案を発表してもらったり，司会者としてイベントを進行してもらったりすることが本授業の最終的な目標です。イベント開催に向けての取組を教養科目の授業として位置づけ，コミュニケーション力やプレゼン能力・企画をする力などを育成する演習として取り上げ，このような取組の成果をオープンキャンパス開催時に発表してもらいます。
> 和歌山大学におけるFD活動の一端であり，和歌山大学の授業改善・教育改善の一翼を担う活動でもあります。

さらに，初回の講義で，以下の事項を明確に述べ，イベント開催に協力してくれる学生の受講登録を強く希望した。

①当該科目開設の背景：大学における教育改善は，教職員だけではなく学生も含めて大学全体で考えるべきものである。和歌山大学では，授業改善の推進のために，学生の立場から，実現が可能であると思われ，かつ，受けてみたい授業を提案し，議論することが望まれている。昨年度に引き続き今年度も，8月のオープンキャンパスで教育改善ワークショップを開催する予定であり，積極的にこれに参加してほしい。

②開講にあたっての目標：『あったらいいな！ こんな授業』と思われる科目について，タイトルや授業の目的・狙い，14回の授業計画などを立案し，パワーポイントファイルにまとめ，上述の教育改善ワークショップで発表する。8月のオープンキャンパス開催時の当該イベントで発表した立案が注目され，その授業の実施が可能と判断された場合には，シラバスの原稿を授業担当教員と調整して完成させる。

③今後の計画：「最初に『あったらいいな！ こんな授業』と思われる科目について，授業科目名やコンセプトを考案する。さらに，授業の目的・概要や狙いなども整備し，通常半期15回の授業の中，1回の授業に該当する定期試験を除く14回の授業計画を立案する。以上の内容をパワーポイントファイルにまとめて上記イベントで発表する。そして，当該授業を実現するために必要な人材や経費その他の諸条件を調査する。当該授業の開講が実現可能な場合には，シラバスを完成させる。

100名程度の受講登録を期待したのであるが，最終的な受講登録者は43名となり，その中の39名が8月に実施されたオープンキャンパス時の学生参画型イベント開催に協力してくれた。なお，別途，和歌山大学・学生自主創造科学センターの自主演習も上記の教養科目と同内容で開設し，こちらの方の受講登録は7名で，全員が上記イベント開催に協力してくれた。

■ 3-2　オープンキャンパスでのイベント開催

学生参画型授業改善演習は，4月から7月にかけて13回の授業を消化し，前年度の録画を視聴したり，役割分担を決定したり，新授業案の発表をさせたり，イベ

ントのリハーサルをしたりして，14回目と15回目を第2回「あったらいいな！こんな授業」に割り当てた。それが2007年8月5日（日）のオープンキャンパス時に挙行した学生参画型イベント開催であった。同イベントの実施要領は第1回とほぼ同内容にしたのであるが，オープンキャンパス開催時に実施したねらいは，各学部開催イベントとは別個という意味で大学共通イベントとして同時開催して，受験生らに生の和歌山大学生を見てもらい，同時にオープンキャンパスに入場した受験生にイベント会場へ参加してもらうことにあった。同イベントで選ばれた新授業を受験生が入学してから受講できるという感激を味わってもらおうということを企図していたのである。

しかし，残念ながら，受験生の参加はきわめて少なかった。2006年度，筆者は経済学部の入試委員長をしており，その時の経験から事後的に判断すれば（高校の先生や一般市民からは興味深く拝見できたというご感想もいただいたのであるが），受験生にとって最も重要なことは入試のシステムや入試問題の傾向と対策などであり，大学の雰囲気や講義，そして学生生活などはあくまで二の次であって，入試委員会の説明は熱心に耳を傾けていたが，教務委員会や学生委員会の説明にはあまり留意していなかったような印象をもっている。大学側は入学後の便宜も視野に入れて種々の配慮をしながらオープンキャンパスを開催しているのであるが，受験生にとってはその前に入学試験に合格することが最重要課題であり，入学試験の情報を求めるためにオープンキャンパスに参加していたものと分析することができる。第2回の2007年度の学生参画型FDイベントはオープンキャンパス時に開催することに大きな意義があるとさまざまな機会で主張していた。しかし，あくまで結果論として述べることではあるが，オープンキャンパス時に学生参画型FDイベントを開催する意義はあまり大きくはなかったように思われ，今後の反省材料となった。

イベント本番における発表としては全部で22組の応募があり，午前中，5会場に分かれて予選を実施した。22組の発表テーマは表18-2の通りであった。そして，「意外に無かったな！ こんな授業～めざせ！ 記憶力up↑～」・「沖縄」・「ニュースの読める大学生」・「コミュニケーション・スキル」・「情報化社会と生活」の5発表が予選を通過し，本選に進出した。なお，前年度の計画通り，岡山大学の橋本勝教授にゲストコメンテーターとしてお越しいただくことができ，本選では最大時100名以上の参加があった。開催以前は低調に終わるのではないかという心配があったが，予想以上に活発な討論が展開され，無記名投票の結果，「意外に無かったな！ こんな授業～めざせ！ 記憶力up↑～」が最優秀賞に選出された。その後，

表18-2 提案された22のテーマ

「『留学したい』から『留学する』へ」	「知っておきたい身近なトラブル」
「ネットワーク取引概論」	「マナー入門」
「大学生による大学生のためのディベート」	「食の安全と食品」
「意外になかったな！ こんな授業 〜めざせ！ 記憶力up↑〜」	「大学改革〜身近な授業を考えよう！〜」
「沖縄」	「コミュニケーション・スキル」
「ヴィジュアルロック史」	「脱メタボリックシンドローム」
「音楽と経済」	「アドベンチャー・ザ・和歌山」
「現代社会の求める人材と雇用」	「情報化社会と生活」
「世界の大学」	「治安機関の歴史と沿革」
「ニュースの読める大学生」	「日本武道の歴史〜我らが先輩方の軌跡〜」
「オレンジデイズ」	「世界遺産を見に行こう!!」

第1回分も含め，優勝発表の具体化を授業評価改善・推進部会で検討し，筆者が20年度前期に「論理トレーニングと法的思考」を開講し，教育学部の米澤好史教授が20年度後期に「記憶力と認知力」を開講することになった。

4 2008年の試みと課題：なぜうまくいかなかったのか？

■ 4-1 受講学生の減少

2008年度も，当初は全学的イベントとしての「あったらいいな！ こんな授業」を開催する計画であった。しかし，前年度同様に学生参画型授業改善演習「あったらいいな！ こんな授業」を開講したところ，全受講生数がたったの9名であり，毎回の出席者数は4か5名という状態で，大幅に計画を変更せざるを得なくなった。

このように受講学生が大幅に減少したのは次のような原因によるものと分析している。すなわち，2007年度の学生参画型授業改善演習を検討したところ，2コマ連続でないと時間が短く，リハーサルをしたり前年度の録画を見せたりするのに時間不足となり，さらに2コマ連続での2単位科目にするためには隔週開講にする必要があった。そうした場合には単位取得の効率性を考慮すれば，もう1つ別の隔週開講の科目が不可欠であると考えたが，前年度の参加学生によれば，和歌山大学で

木曜の午後に開講している科目がほとんどなく，隔週開講にしても水曜の5限に開講するよりは受講学生は大幅に増えるという助言を得ていた。そして，木曜の午後の3限と4限の連続する時間帯に隔週で開講することにしたのである。

しかしながら，2008年4月の新学部である観光学部の開設にともない，教養科目のコマ数が少し増やされ，従来は空いていた木曜の午後に，いわゆる楽勝科目が入ったという情報を得ており，そちらの方に多くの学生が受講登録し（初回は教室が受講学生であふれかえり，数回は立ち見の学生が続出したと聞いている），学生参画型授業改善演習の受講登録が激減したものと思われる。さらに，教育学部の学生の参加を期待していたのであるが，まったく受講登録がなかった。そのため，上記演習の共同担当者である川本治雄教授と相談の結果，全学的イベントは開催せず，受講登録してくれた学生だけで新授業創作コンテストを実施することにした。

そして，講義の最終回で発表してくれたのは，経済学部の4名とシステム工学部3名の合計7名であり，そのテーマは，「人との話し方・接し方」「TOEIC TORIC」「日本の国会」「宗教について」「地球未来日記」「グリモワールと他文化～ソロモン72柱について～」「地域再生～地元発見～」であった。このような状況のために，いわゆる学生リクエスト科目を新規に創設することも中止した。なお，2009年も時間割が2008年とほぼ同様であるということだったので学生参画型授業改善演習は開講せず，全学的な学生参画型イベントも実施しなかった。学生参画型イベント開催にあたり，少数の学生しか集められないことは致命傷であり，今後に残された最大の課題である。

■ 4-2 課題と反省

その他にも学生参画型FDイベントに関する課題があるが，以下では3回の実施に関する分析と検討を試みる。主なものを列挙すると，次の5点である。

①企画・運営・司会・発表などに役割分担してイベント開催したことは学生にとって大きな成長となった。しかし，学生参画型授業改善演習という科目を開講し，役割分担ごとに手取り足取り指導して，とくに司会者役には実際と同じ時間設定で実技指導をして，学生が企画したイベントということができるのか疑問である。表面上は，学生が企画・参加してイベント開催という形にこぎ着けたが，実質上は，かなり細部まで事前に指導して何回もリハーサルをして精一杯という状況であった。

②通常は授業の受け手にすぎない学生が，授業を作る側に回ることにより，普段の授業の受け方が変わった。参加学生から寄せられたアンケートの一つに，「あっ

たらいいなと思える授業提案を聞き，私もおもしろそうだと思いました。コンセプトをしっかりと考えて，それにあった授業をみんな考えていました。大学の授業はおもしろそうな授業はあまりなく，単位さえ取れればいいとみんなは考えています。少しでも学生が興味を持って授業に参加し，得たものがある授業が理想的です。このようなことから，今日の学生提案は有意義なものであったと思います」というのがあった。

　③大学にとって，全国でも類例の少ない学生参画型FDイベントを開催できたことは対外的に誇れる材料である。大学評価が大学の存亡を左右する昨今において学生参加型イベントは非常に大きなポイントゲッターであると思われる。

　④参加者からの感想によれば先生の講義はつまらないが「あったらいいな！こんな授業」の学生発表は非常に興味深くて退屈しないで聴くことができるという趣旨のものが多かった。たとえば，

> こんな授業を受けたい，ということを学生自身が考え，目的や授業内容を提案したという点でとても興味深かったです。また，同学年の学部の友達や知り合いが，自ら考え，自分たちの意見を発表しているのを見ることで，いい刺激になりました。私たち学生は，通常，あらかじめ決められたそれぞれのカリキュラムの中から，自分の興味のある分野だったり，単位を獲得するためだったりとさまざま目的で受けています。しかし，いくら興味のある分野だとしても，教授の授業の仕方などによって学生の授業の取り組み方が変わってきます。講義を聞いているかぎりでは，情報は一方通行になりかねません。もっと授業をよりよいものに，より楽しんで学ぶようになるために，今回のような授業を行うことは有意義なものになると思うので，もっとこのような授業が開設されればよいなと思います。

という意見は大学教員にとって非常に考えさせられるものである。

　最後に，⑤新授業創作コンテストは非常に興味深い学生参画型イベントであるが，岡山大学のように教員も参加していれば内容的に問題ないと思われるが，和歌山大学のように学生だけで創作させると実現化の点で非常に困難である。初回で最優秀となった「大学生のための論理トレーニング」を他大学の専門家に打診したところ，「内容的に薄いため，3コマか4コマ程度ならともかく，15コマなどとてもできない」と拒否された。やむを得ず筆者の専門である法学と結びつけて，民事裁

判を扱ったテレビドラマを利用して受講学生の興味を引くように工夫して何とか開講した。しかし，毎年，新授業創作コンテストを開催して，最優秀発表を具体化する新授業を実施せよということになったらたいへんである。

【引用・参考文献】
清水　亮・橋本　勝・松本美奈（2009）．学生と変える大学教育—FDを楽しむという発想　ナカニシヤ出版
平成18年度和歌山大学UD報告書（2007）．
平成19年度和歌山大学UD報告書（2008）．
平成20年度和歌山大学UD報告書（2009）．

19 学生と協働する
学習相談とピア・サポート

山下 啓司

1 はじめに

1-1 なぜ学生相談を行うことになったのか？

「先生，学生相談を何と考えていらっしゃるんですか！」それは，相談室の待機時間を忘れていた筆者に対しての厳しいお叱りの電話であった。相手は当時名古屋工業大学学務課の係長，本学叩き上げの女性係長だった。

本学の学生相談が始まったのは，廣中レポートに動かされ，各大学が学生の目線に合わせた教育に取り組もうと動き始めて少し間をおいた 2002 年の正月であった。当時学生生活委員であった筆者は，学科選出というよくあるパターンによって相談員（資質は問われない）として，その任に就いていた。出身研究室でそのまま助手になり，研究室運営にあたりながら，20 年が経とうとしている時期であった。研究室の学生の面倒見のよさがこうじて学科の学生支援システムの構築に取り掛かろうとしていた頃である。クラス担任の選出方法を順番制から若い人，そしてマインドをおもちの先生への選抜制に変え，さらには学科独自の生活案内を作り，その中に新入生とクラス担任がコミュニケーションをとりやすくなるような写真つきの個人調書を作るなど，工業大学で抜け落ちがちになっている，初年次教育に工夫をこらしていた。そんな折にまわってきた本学初の学生なんでも相談室相談員であった。

1-2 学生支援システムの展開へ

しかしながら，開室から 2 年間，ほとんど学生の相談らしきものはなく，全体でも年間 30 件程度のお粗末な相談システムであった。筆者自身も呑気に構えていたのではあったが，2004 年，一度相談室を仕切ってみないかと，当時の学生生活担

当副学長からのお達しであった。その詳細は後に譲ることにして，この後，筆者たちは，学習相談室，ピアサポートシステム，キャリアサポートオフィスなどと，多様な学生支援システムを展開していくことになるのである。

本章では，我々名古屋工業大学という素人集団が五里霧中で組み立ててきた，工科系単科大学の学生支援システム構築の最中に見出された，すなわち，学生相談から気づかされた，そしてピアサポーターから教えてもらった，教員と職員が，加えて学生とが協働して初めて得ることのできた大学教育改革の試みについて紹介したいと思う。

2 学生支援の中の学生相談

本章では，手探りで始めた素人集団による学生支援システムの数々を紹介することで，心理学に関わることのない工学部教員と職員だけで作りあげた学生相談の仕組みにおける工夫とそこに介在する問題点や利点を論じたい。また，これら学生相談と学生をも巻き込んだピアサポートシステム構築の中で，学び，気づかせてもらった教育改革への展開について報告したい。

2-1 工科系単科大学における学生相談

本学は工科系単科大学であり，学部学生4500名，院生1500名の総勢6000名の学生に対し，教員350名，職員190名という，対教員学生数が異常に多く，かつ，心理系の専門家は皆無に等しく，精神科医を学医に擁しているだけの学生支援弱小大学であった。2002年正月に学生なんでも相談室を立ちあげたものの，2年間は閑古鳥の鳴く有様，相談室の場所の問題とか，開室時間だとか……試行錯誤の連続であったが，結局改善されることはなく，2004年の大胆なシステム変更に至るのである。しかし，変えたのはわずかなことからであった。すなわち，

> これまで，学科選出の順番制で選ばれた相談員には辞めてもらい，こちらからこの人という教員に直接お願いする一本釣り

で相談員を選出したのである。

また，部屋の場所もこれまでの裏通りから，一番学生の目につく学生センターの真ん前に，そしてがんばって広報をはることに努めた。まずは，

> 入りやすいこと，相談しやすいこと

に力点を置いたのである。たったこれだけのことだが，相談件数は年間700件超に急増した。

> 入りやすい受付に最適なインテーカーを置き，各相談システムへの振り分けを行う。そして，各システムのキーパーソンとの有機的なつながりを大事にする。

まさにこれだけであった。その後GPなどの外部資金をもとに，臨床心理士に常駐してもらい，年々相談件数を増加させ，昨年度はついに1000件を超えるまでに至った。

■ 2-2　工科系単科大学における学生相談の問題点と利点

　本学学生相談室に足らないものは，お金と人材であった。学内の教員のほとんどが工学博士であるため，教育よりも研究が主体となりがちであり，学生を使うことは得意でも，学生の声に耳を傾けることなど，不得手中の不得手だったためかもしれない。そんな「優秀な人材」の中から相談員を探し出すことは至難の技といってもよく，同じ匂いのする人材を求めて学内をさまようはめになった。それは事務系職員でも同様である。臨床心理士を雇い入れることができればよいのだが，定削のしわ寄せは最初に事務方に押し寄せているため，とても学生相談に特化した人など望めない状態である。さらに工学部という環境は学年が上がれば上がるほど，教員と学生との関係は密になってくる。このような研究室における密度の濃い寺小屋式教育はマッチすれば高い教育効果を示すものの，不幸にもミスマッチした場合，逃げ場のないアカデミック・ハラスメントの巣窟となってしまいがちである。

　しかしながら，逆にこの教育現場では，教員と学生の，そしてこの環境で育った事務方の思考のベクトルがそろっており，攻め方を考えるのには都合のよい，総合大学ではなし得ない環境なのである。たとえば，工学部教員はデータを一番重んじる，すなわち実験事実に裏付けられた言葉しか信じない人種である。つまり逆にデータさえあれば，とても気持ちよく納得してくれるのである。ハラスメント騒動などにおける学生の研究室移動などはとてもスムーズに進めることができる。もう1つ，本学の教員は教育・心理学面では素人であるということ，それぞれのミッ

ションは優れた研究成果を出すこと，学生支援などという業績につながらないミッションにはあまり興味なく，「ヨロシク！」と言ってくれるタイプの教員が多いことである．このように本学の学生支援は素人の集団であるがゆえの，問題点と利点とを有しているのである．

■ 2-3　学内で使えるツール

前節で述べたように，「ヨロシク！」状態であるので進めやすいといっても，相談室の少ない人材だけで進められるものではない．

> 学内の人材をどうやって使うか

ここが最も重要なポイントである．工学部教員が業績至上主義者であるがごとく述べてはきたが，もちろん教員としての資質を十二分にもちあわせている方も多くみえる．とくに本学出身者は，本学の位置取りも明確であり，何より学生が後輩であるという気持ちを強くもっている．つまり学生支援に力を振り分ける余裕がないだけなのである．また，逆に業績至上主義の先生方にはそんな面倒につき合っている暇はない．そこを上手に利用させていただくことを考えた．

また事務系職員も同様である．大学職員でありながら，ほとんど学生と接するチャンスのない職員も多く，学生への対応が苦手な方，中には学生への応対を怖がる方もみえるのである．適材適所ではあるのだが，事務系職員の活用は教員には難しく，時間が過ぎるのを待たねばならない時もあった．そんな中で，隠れた素材である学生を活用するに至るにはそれほど時間を要さなかった．このことに関しては，次節にて詳しく論じたい．いずれにしても，

> 人もお金もかけることの許されない現場では，使える人材使えない人材を的確に判断して，使いこなすこと

が肝要である．

■ 2-4　学生相談から見えてくるFD

学生支援に携わるにつれ大学教育について考えることが増え，かつその角度が変わってくる．これまではカリキュラムを考え，専門知識をいかに習得させるか，研

究の場では彼らに研究の進め方，テクニックを伝授し，他に伍していく力を与えることに注力していた。それが，学生相談の中に身を置き，学生たちの生の叫び声を聞くようになると，そのスタートラインにすら着けない学生が多く在籍し，またラインに乗っても，自分の強い意志ではなく，これまでの彼らの人生のように，ただ流れに流されて単位を取り，研究室に入り，就活をして，入れてくれる企業に入るという，主体性のない大学生活を送っている学生の多いことに気づかされた。

鶴田らは学年進行に伴った学生問題を整理し，詳細に解析している。入学期には，不本意入学・燃え尽き症候群・修学環境の変化への不適応などが顕著であり，中間期では，大学生活へのダレや，一度つまづいてしまった学生が流れに乗り直せず，ずるずる流されてしまう問題，そして将来への不安などがあげられている（鶴田・齋藤，2006）。ここまでは，文系・理系に関係しない問題が多いと思われる。ここまでのFDとしてはやはり少人数教育を充実させ，大学といえども，個々の教員が学生の人格形成をも含めた全人教育をなさねばならないと考える。この変化について来ることのできない大学教員が多いことを学生相談に携わり初めて感じた。ついで，鶴田らは学部卒業期，さらには大学院期においては，これまでと違う問題が発生することを指摘しているが，工業大学の場合，その違いは顕著である。工学部の研究室生活は，寺小屋教育と，同じ釜の飯を食らう体育会系部活生活が同居している。社会へ巣立つ彼らのキャリアパス形成に与える影響は甚大である。

斉藤らのまとめた「五大学アカデミックハラスメント研究協議会」報告（2006）にあるように，アカハラの巣窟は理系大学院であり，同一教員により繰り返し発生されている。アカハラは我々学生相談が取り扱う事例中で一番厄介なものの一つである。工学部教員の研究室運営に関するFDは，これからの大学において必須のものであると考えられる。

■ 2-5 学生相談の中の学習相談

もう1つ学生相談を通して痛切に感じたことは，修学面でのつまづきによって多くの学生が苦しんでいることである。留年して卒業が遅れるぐらいならばまだしも，そのまま人生に落第しかかっている学生を目の当たりにして気づいたことが学習相談の必要性であった。一昔前の学生には考えられないことである。

学生相談室をリニューアルして1年後には学習相談室の開室に至った。各学科より学習相談員を選出していただき，全学学生に周知した。ところが初年度の年間相談件数はたった3件であった。何だったのだろうか？ 学生が修学面でつまづ

いていることは自明であったのに。

　考えることとしてはやはりこれもシステムの問題，相談員の問題であろうということである。まったく前回の反省がなされていなかった。学習相談位ならばと，学科にその選出を任せたのが効いたようである。事務的に選ばれた先生が待っていても，学生は利用できないのであった。そこで考えついたのが，先輩による学習相談，次節で詳細に説明する本学におけるピアサポートシステム，「先輩のいる学習室」である。

3　学生による学生支援

　学生相談から浮き彫りにされてきた学生の修学問題，その支援の担い手として本学では大学院生によるピアサポートシステム「先輩のいる学習室」が稼働している。本章では工業大学だからこそ，ここまでやることのできたピアサポートシステムを紹介するとともに，このシステムを運営する中で見出されてきたFDの必要性について論じる。

■ 3-1　ピアサポートシステムの教育効果

　「ピア」とは友達を意味する。学生が学生を支援するシステム，これがピアサポートシステムである。それは学生がより近い立場から相談に乗るシステムであり，来談者と相談者との間の心の垣根を低くして相談しやすくするという効果がある。相談内容はメンタルな内容よりも，入学後の大学生活に慣れていない学生たちに，よき先輩として大学システムの紹介を行ったり，家庭教師役となって勉強を教えたりするのが主務となる。修学環境の大きな変化に戸惑っている新入生にはなくてはならないシステムである。一昔前であれば，先輩－後輩間の，そしてクラスメート間の縦や横の関係がそれを補ってきたのだが，昨今の学生たちにおいては希薄化してきている関係である。また，このシステムはサポーターたちの人格形成にも大きな教育効果を発揮するのである。

■ 3-2　本学におけるピアサポート

　学生支援におけるピアサポートの重要性は大きく認識され，数多くの大学で試みられている。とくにピアの草分けといわれる，広島大学では，サポート室開室以来14年を経て運営されており，多くの実績をあげている。全国多くの大学で開室さ

れているピアサポート室は、この広島大学のような教育に力を入れている総合大学がほとんどで、名古屋大学や、岩手大学も同様である。学生相談室の臨床心理系の教員が中心となり、数多くのカウンセリングに関する研修を課された後に、サポーターとして活躍しているのである。

ところが本学では、前述の学生なんでも相談室の相談員がそうであったように、担い手である大学院生はカウンセリングとは無縁の技術者をめざす学生なのである。ただし、カウンセリングでは素人な彼らも、後輩のことを大事に想う気持ちは総合大学と変わらない。カウンセリングには素人であっても、数学や科学の分野では専門家の卵なのである。本学のピアサポートシステムの成り立ちからして、後輩たちの家庭教師役として勉強を教えることができればそれで十分なのである。また、そういう目的に特化すれば、文・理入り混じった総合大学では簡単になし得ない、家庭教師役としてのピアサポートは本学では簡単に行えるのである。本学のピアは設立当初から、メンタル面での相談を受けつけることのない（元々どの大学でもピアがメンタル面での相談を受けつける事例はほとんどない）単なる面倒見のよい、兄貴姉貴の集団として稼働し始めたのである。

2006年から本格始動に至るわけであるが、その成り立ちは複雑であった。当初は前述通りの学習相談員のサポーターとして、それぞれの研究室の大学院生が選ばれていたわけであったが、やはりそれでは機能しなかった。先生から頼まれただけであり、研究に忙しいなか、ボランティア活動などやっていられないというのが実情であった——もちろんそれは今でも同じことではあるのだが。

そこで、その中から有志を募り、核になる学生を見出し、その学生の周りに集う仲間を全学から集め、20名程のグループとして本学ピアサポートチームは結成された。初年度で、相談件数337件を数え、他大学には類を見ない学習相談中心のユニークなピアサポートの船出であった。

■ 3-3　ピアサポートシステムの現状

このピアサポートシステムは、ここ数年全国の多くの大学で整備され始めているが、どこもまだ本学と同じ程度の経験しか有していないといっても過言ではない。そんな中で突出しているのが前述の広島大学のピアサポートシステムである。1997年に設立され、学生相談室のバックアップを受け、カウンセリング色の濃いシステムで、担当のカウンセラーである内野先生らの指導のもと、20時間以上の合宿形式の研修やセミナーを受講して初めてサポーターとして認められ、相談に立つので

ある。他大学の多くもこの広島大学システムを踏襲している。

　しかし，そのなかでも，三重大学のパターンは少し異質である。全学組織としてのピアは広大パターンで運営されているが，それとは別に一部理系学部に本学と同様の学習支援中心の独自のピアサポートを設置し，全学システムと有機的に連携しあって活動しているユニークな事例であり，このパターンが学習支援をも取り込んだ総合大学のピアサポートシステムの望ましいかたちになるのではないだろうか。

　さて，本学のピアサポートであるが，

> 相談室・学務課が後ろ盾になってはいるものの，学生代表が中心となった自主運営を行っており，週5日，毎日14～18時の4時間を2名づつの2チームで担当するシフト制で運営

されている。サポーターは

> 学生センターに併設されている学生が集える場所，「ゆめ空間」に「先輩のいる学習室」と銘打ったスペースを確保し，その一角に常駐する

形式をとっている。自習室である，「先輩のいる学習室」で勉強している学生たちがいつでも先輩に聞きにいく感覚で利用できるようになっている。年間350～400件の相談を受け，

> 学生だけでは処理しきれない場合は，なんでも相談室や学習相談員の教員を活用する

など，全学の支援システムと有機的に連携している。

3-4　ピアサポートシステムの課題

　これまで2系統のピアサポートシステムについて紹介してきたが，どちらにも共通する問題点がある。それは，サポーターたちの確保とそのモチベーションの維持である。サポーター学生の確保には，本学のような芋蔓式はまれであり，ほとんどは後ろ盾になっているカウンセラー教員の受け持つ授業中に公募して絞り込んでいくパターンが多い。教育学部や，心理系の学部のある総合大学ならまだしも，本学

のような工業大学ではこのようなボランティア精神に充ち溢れたサポーターを集めることは不可能であろうと危惧していた。よって，初年度はたまたま相談室室長の研究室の求心力のある学生に中心となってもらい，全学から有志を集め，次年度以降はサポーターが自分の後輩や友人を引き入れるという芋蔓式としたのである。

しかしながら，実際には思っていたよりも新しい学生の確保には困ることがなく，工学部の学生にも後輩のことを思う気持ちと余裕はあるものだと安堵した。集めたサポーター候補の教育であるが，本体の相談室ですら素人集団の集まりであるから，学生諸君にカウンセリングマインドを教授するなどおこがましいことはできず，また，学生諸君にも広大のような20時間にも渡る研修を受けるような余裕はないのである。ところが，我々のピアサポートは学習・学生生活の支援が主務であり，簡単な傾聴の研修を1回ぐらいやるだけで，十分であると判断して船出した。

さて，ふたを開けてみると初年度から相談件数が300件を超え，4, 5月の新入生への対応がひと段落した後もコンスタントに月平均20件程度の学習相談が入ってくる状態であった。サポーターの確保にはさほど問題がないように感じられた本学システムであったが，それでも，毎日4時間の待機に対して，数名の来談者が有るや否やが日常であり，工業大学院生としては，その時間はあまりにも浪費に近いものでる。当然のようにサポーターのモチベーションは下がり，シフトに穴があく。そうすると相談件数が減るという悪循環が生まれるのである。また，芋蔓式のサポーター募集では，サポーターの所属学科に偏りができ，当然のように来談者の所属学科にも偏りが生まれるのである。やはり学科先輩のところに相談に来るものである。

本システムはサポーター学生の後輩を思いやる気持ちから成り立っているのだが，学習相談室という大学組織に組み入れられているがために，事務方からの干渉も多く入る。学生の自主運営に任せているといっても，彼らのやる気に水を注されることも度々で，このサポートシステムを維持していくことには相当手こずらされているということもここで述べておきたい。

またどんな組織でも，成り立ちが勢いのある核の人物を中心にできあがったものほど，その核が消滅した後の組織の維持には困難がともなう。それが大学という，学生が必然的に数年で入れ替わってしまう組織ではなおさらである。彼らのモチベーションの維持と世代の引継ぎには相当気を使わなくてはならないのである。この問題に関しては，彼ら自身にも考えさせ，学内組織を運営しているのであるという自負をもたせるなど，いろいろと工夫はしたものの，難しい問題である。

■ 3-5　学生による学生支援の支援の開始

　そこで，学内で悶々としていてはいけないと，学生を引き連れて他大学ピアを訪問し，同じマインドと問題を共有できる仲間を探すことを始めた。そして四年前よりは，東海地区でピアを精力的に展開している，名古屋大学，三重大学と本学のサポーターが一堂に会し，ゲストとして，第1回は前述の広島大学のサポーターの皆さんを指導教員の内野先生とともにお招きした合同セッション「ぴあのわ」を開催した。

> それぞれの活動報告に始まり，問題点や悩みの共有を行う

ことで，自分たちの活動に自信をもってくれたように感じる。この「ぴあのわ」は年々参加大学が増え，第五回を迎える平成23年度の「わっか」は北は北見工業大学から南は九州大学まで14大学からの参加希望を頂き，大きく増殖中である。日本学生相談学会へもお願いして，ぴあサポートの組織作りができればと考えている。

　このように学生活動であるピアサポートはそれを引っ張ったり指示を与えたりするのではなく，その温かな火が消えないように支援することが肝要であると感じている。

4　ピアサポートによる教育改革

■ 4-1　さまざまな学生の活用

　本学のピアサポートシステムはここまで述べてきたように，学習支援がメインである。よって当然のように本学教育システムの一翼を担っている。教員では埋めることのできない大学教育の隙間を埋めてくれるのである。そして，このシステムはそれを担っているサポーターたちに対しても大きな教育効果をもたらしている。ボランティア活動を通して，学ぶことのできること，それは人への優しさであり，即物的な利益のない活動を維持することの困難さから学ぶ組織運営の力であり，さらには，大学という大きな組織の中で自己発現を行うための工夫作りである。大学によっては，このピアサポーターにあえて，発達障害の学生や，メンタルの弱い学生を組み込んで教育を行っている事例もあった。

4-2　学習支援ピアサポートから見えるFD

　授業評価などは，よく行われているFDへの戦略ではあるが，それはあまりにもいろんな考えをもった，利益相反母体からの意見（文句）であり，建設的でないものが多々みられることが問題視されている。教員からの評判もあまりよいものではない。それに対して，このピアサポートによって得られる情報，たとえば相談件数の分類，さらにはどの先生の授業に対しての質問が多かったかなどの統計は，個々の授業に対しての客観的な評価である，授業評価では評価しきれないデータとなるであろう。さらに，サポーターたちからの意見は，大学教育を学生という立場でありながら，第三者的な目を持ってみることのできる意見となるのではないだろうか？　最後に，それらピアサポーターたちからの意見を紹介して，本文を締めることにしたい。

> 　私は学部のときに，大学院生のチューターの先輩にとてもお世話になり，いろいろ勉学を助けて頂き，その先輩方の影響が励みとなり大学と大学院をがんばってきました。私も同じように，少しでも後輩の力になりたいと思い，ピアサポーターをやっています。ピアサポートでは，先輩がいる学習室を気軽に質問できるような雰囲気づくりを心懸けています。日本人学生はもちろん，留学生たちにも好都合なシステムだと思います。とくに学生同士なので，質問の回答だけではなく，学生目線からの勉強の仕方などを習得できる環境だと感じました。名工大のピアサポートは悩み相談室ではなく，学習相談室になっています。私はこのシステムは理工学系大学に対して独特で且つ必要な仕組みだと思います。不安だらけで授業になかなか付いていけなかった自分の学部時代を思い出すと，勉強を教えてくれる先輩の存在がとても心強かったです。もっともっと多くの後輩がこのピアサポートを利用して，大学生活において役に立てて頂きたいと思います。

> 　私がピアで活動して感じた事は，「ピアとは，先輩から後輩へ，大学の仲間として大学生活を豊かにするお手伝いが出来る」，そんな活動であるという事でした。
> 　名工大において教員は，研究活動が中心で，講義で受け持つ学生へのフォローが弱い事が多々あり，学生の中には友達や先輩といったツテを頼れずに，講義の理解や単位取得に苦しむ子も多く，大学に行き辛くなるケースも

あります。
　そこに勉強や不安を相談できる先輩としてピアが存在する事は，そういった学生を1人でも減らせたのではないかと思います。何度も来てくれた学生さんも多く，そういったリピーターの存在は「頼りになる先輩 ≒ ピア」と感じてくれているという事であり，私たちの活動のモチベーションともなりました。
　ピアは，着実な活動で多くの学生に知られ，今では名工大の財産でもあると思います。しかしまだ，困っている学生全てをフォロー出来てはいません。ピアメンバーも忙しい研究生活の中での活動ですが，アイデア次第で，学生にとってもっと気軽で頼りになる活動になれると思います。

　ピアサポートで活動してみて驚いたことは，サポーターや関係機関の協力があれば，自分でも相談に対してそれなりに対応することができたこと。もっと驚いたのは，相談者に頼られることが心地よかったこと。相談者からはよい先輩として見られていたかのかもしれません。
　ピアサポートでの活動を通じて得た相談者への対応の仕方や頼られたときに感じた心地よさは，社会人となり後輩ができたときに必ず役立ちます。きっとよき先輩として振舞うことができると思います。

【引用・参考文献】

「アカデミック・ハラスメント」防止等対策のための5大学合同研究協議会　(2006)．アカデミック・ハラスメント防止ガイドライン作成のための提言　北海道大学，東北大学，東京大学，東京工業大学，九州大学

鶴田和美・齋藤憲司 (2006)．学生相談シンポジウム―大学カウンセラーが語る実践と研究　培風館

20 教職協働によるFDの場づくり

神保啓子

1 はじめに

　大学職員はファカルティ・ディベロップメント（Faculty Development：以下FD）にどのように関わることができるだろうか。

　本章では，名城大学の事例を通して，大学教育を活性化する教職協働によるFDについて考える。まず，名城大学が教職協働によるFDの場づくりに着目している背景と場づくりのコンセプトについて簡単にまとめる。次に，名城大学のFDの特徴として，教員と職員がともに大学教育を考える実践の場と，そこで活動する人材育成（先述のFDやスタッフ・ディベロップメント：以下SD）を中心としたFDマネジメントに焦点をあてて紹介する。教員と職員と話し合いながら創ってきたFD実践の臨場感を伝えるため，マネジメントの全体像を述べるだけでなく，実際に試行錯誤した経験にも触れる。

2 教職協働によるFDの場づくりへ

■ 2-1 初めて参加したFD委員会

　大学教育を今よりももっとよいものにしていくために，大学全体で取り組んでいるFDという活動があると知ったのは，2001年，まだ私が，大学院生の時に参加した，ある国際シンポジウムの会場だった。その後名城大学の職員になり，FDの担当になって初めて参加したFD委員会に参加した私は，「どのような話し合いがなされているのだろうか」と期待に胸をふくらませていた。

　しかし，当時のFD委員会では，「毎日忙しく研究活動も十分に取れないなかで教育に時間を割く余裕などない」「FDなど何のためになるのか」「FDは教員を管

理しようとする大学側の都合ではないか」などの議論が繰り返されていた。どの意見も大学教育の現状や課題を表している大切な意見ではあろう。しかし，これでは教育現場の課題解決に向けて話し合う場にはなりえないのではないか。

■ 2-2 名城大学におけるFDの場づくりのコンセプト

名城大学のFDは，学生の学びを促す新たな実践を生み出すために，教員と職員による教育実践・開発を通したFDの実現をめざし，教職協働のコミュニティづくりの方法論として，経営マネジメントの要素を取り入れたコミュニティ・オブ・プラクティス（Community of Practice, 以下 COP）のコンセプトをもとに実践活動を展開しようとしている。この COP は，「共通の専門スキルや，ある事業へのコミットメント（熱意や献身）によって非公式に結びついた人々の集まり」と定義され（Lave & Wenger, 1993），個々の価値や興味の多様性を認め，自発的な活動による創造開発力に期待し，かつ組織力を高める方法論として取り入れられている。

このような COP の方法論は，大学の教育改革の原動力としても期待され始めており，カーネギー教育財団，インディアナ大学-パデュー大学インディアナポリス校やマイアミ大学における教員とプロフェッショナルスタッフによるラーニングコミュニティなど，複数の大学や教育機関で注目され，取り入れられている。その取組は，学部の垣根を超えた異分野の人々による創造的な研究開発の場であり，また個人のキャリア開発としての持続性をもった活動の場という特徴をもつ。そしてCOP のもう一つの目的は，学究的教授実践（scholarship of teaching and learning）の文化の醸成に寄与することである。

3 名城大学のFD活動の特徴

名城大学のFDの特徴のひとつは，教職協働によるFD実践である。名城大学のFDのミッションには次のように表現されている。

● FDのミッション：名城大学では，FD活動を通し，学生及び教職員のモチベーションを最大化する「名城教育力」を自主・自律の探求精神に基づき，持続的に創出する。

このミッションのもとに，FDの活動方針をFD委員会で決定しており，2009・

2010年度は次のように設定されている。

● 2009・2010年度のFD活動方針：学生の主体的な学びを促すための，教育活動の探求・実践および蓄積を目指したFD環境構築

これらのミッションのもとに実践される名城大学のFD活動の特徴を，FD組織化ベンチマーク（池田他, 2006）に基づいて表20-1に整理した。

表20-1 名城大学のFDマネジメント

ミッション・マネジメント	ミッション	名城大学では，FD活動を通し，学生及び教職員のモチベーションを最大化する「名城教育力」を自主・自律の探求精神に基づき，持続的に創出する
	活動方針	学生の主体的な学びを促すための，教育活動の探求・実践および蓄積を目指したFD環境構築（2009・2010年度）
	戦略マネジメントの体制	MS-15（Meijo Strategy-2015）のもとでのFD活動【ミッションステートメント：名城育ちの達人を社会に送り出す】
組織	組織体制	● 名城大学の全ての教員・職員 ● FD委員会（30名，2009年度現在）［委員長：副学長・教育担当理事，教員22名，職員8名］ ● 支援組織：大学教育開発センター
人材育成	SD（Staff Development）	● 教職協働のFDを実践するためのSDの充実： 　● 大学・学校づくり研究科での学び【大学院派遣研修制度】 　● 職員・教員のPOD（Professional and Organizational Development Network in Higher Education）派遣など【FD・SDコンソーシアム名古屋支援】
実践	実践活動	● 教職協働によるFD活動 FD委員会の中に，教職協働による次の5つのチームと1つの委員会で構成し，実践活動を展開（2009年度現在） 　● 教育年報チーム（5名） 　● ワークショップチーム（5名） 　● 学生満足度チーム（6名） 　● 自主開発チーム（5名） 　● 大学院チーム（6名） 　● 教育優秀職員選考委員会（9名）
	リサーチ&リソース	● 授業アンケート分析研究 ● 名城大学教育年報による教育研究・実践の共有 ● 授業参観・公開授業・参観分析　ほか
	実践コンセプト	● 日常的な教育研究・探求の共有を通した実践活動 ● Scholarship of Teaching and Learning ● Community of Practice

表に示したように名城大学では，2005年度から，「学校法人名城大学における基本戦略について（Meijo Strategy-2015：MS-15）」を策定し，2015年までの戦略構想をもとにビジョンの実現に向けて取り組んでいる。FD活動はこの戦略プランのもとに，教育の強みづくりを促進する取組の一つとして位置づけられている。

これまで大学は，大学をめぐるさまざまな環境の変化に対してそのつど，指針や活動を変化して対応してきた。しかし，その一方で，明確な戦略を知らされることなく振り回されてしまう部局の大学に対する信頼はそのつど揺らぐ。こうした観点からみて，未来志向で語り合う戦略マネジメント体制（MS-15）が果たす役割は大きい。

教職協働によるFD実践を進めるうえで，重要な役割を果たしているのは，FDの実施体制と職員の人材育成（SD）である。名城大学のFDは，FD委員長である副学長を中心に，全学組織であるFD委員会による活動を行い，大学教育開発センターがその活動を支えている。現在FD委員会では，5つのチーム（教育年報チーム，ワークショップチーム，学生満足度チーム，自主開発チーム，大学院チーム）による活動を展開している。各チームの活動は，日常的な教育研究・探求の共有を通した実践活動を奨励するものであり，そのチーム活動は，大学教育開発センターの職員が支え，チームメンバーとともに大学教育の実践を担っている。また，FD委員会には学務センターをはじめとする職員も委員として参画し，学生支援の視点や職員の立場からみた大学教育の課題などについて議論を深め，教員とともにチームメンバーとしてFD活動を展開している。さらには，FD活動の運営を円滑に進めるための部局間連携の役割も担っている。

このような教職協働の実践を進めるうえでは，大学職員の人材育成，すなわちSDの充実が重要である。本学では，大学院派遣研修制度として，大学・学校づくり研究科への派遣制度があり，大学職員が自らの現場の課題をテーマとして学ぶ環境が整っている。また2008・2009年度には，FD・SDコンソーシアム名古屋の支援を受け，職員・教員がPOD（Professional and Organizational Development network in higher education）というアメリカのFD担当者のためのネットワークを通して，海外のFD実践の経験交流を行う機会を得た。2008年は教員1名，職員2名が参加し，2009年度は，3名の職員が参加した。また2009年は参加者間の経験についての交流を深めることを目的に前年度の参加者とのインフォーマル・ミーティングを学内で実施している。このミーティングは，PODカンファレンスへの理解を深めながら，日常的な教育支援もFDにつながることを再認識し，職員の大学教育への関わり方を振り返るためのよい機会となっている。

4 教職協働における FD の実践例

次に、教職協働による FD 活動の事例として、授業アンケート分析、【授業参観／同僚に学ぶ】・授業の参観分析の実践を踏まえながら紹介する。

■ 4-1　FD 実践事例 1：授業アンケート分析

2002 年、名城大学では、授業アンケートの分析方法を開発する FD プロジェクトを推進していた。ここでは、授業づくりにいかす授業アンケートの分析方法とフィードバックの開発をめざしていた。プロジェクトメンバーは、授業アンケートチームの FD 委員、統計手法に詳しい教員、教務課（現、大学教育開発センター）職員で構成された。当時は、学内での授業アンケートの実施に対しても、「教員管理」だという批判があった。そのような状況の中で授業アンケートを、学生の声を聞きながら自らの教育を内省し、創意工夫を生み出すものとして教員に活用してもらうためには、教員本人にとってわかりやすいフィードバックを生み出すものでなければならない。また、実施運営段階で誤解の生じないように丁寧に伝えていくことも重要である。プロジェクトメンバーは、互いに忙しい身であったが、スケジュールの隙間を縫うように時間をつくり、「フィードバックしたときに喜ばれるものをつくろう」を合言葉に、アンケートの分析方法の開発、フィードバックの検討などを進めた。1 年後、この教職協同の FD の努力が実を結び、CS（顧客満足度）分析の考え方に基づいた方法を採用した授業アンケート分析が開発され、自分の授業で工夫したい点などをわかりやすく可視化したフィードバックシートが完成した。

授業アンケートは本来、教員の教育活動の省察の機会となることを意識して実施されるべきものだが、当時はまだ十分にその意図が理解されていなかった。そのため、アンケートの実施期間には何件もの電話を受けた。多くの教員が授業アンケートへの不信感をあらわにしていた。そのたびに大学教育開発センターの職員が研究室に向かい、何のために実施するものであるかを伝える役割を担った。また分析方法を開発する途上でも、多くの批判を受けたが、授業アンケートを各教員の教育活動を省察する機会にするために我々は何をすべきかをメンバー間で確認しあいながら、教員と職員の多様な視点や経験を活かして開発を進めていった。学生の教育に携わる教職員の様々な意見を聞き、それを実践に込め、反映させていくことは、困難を極める仕事でもあるが、それこそが、FD の仕事として重要な部分ではないか。

FDの範囲は正課内の授業にとどまらない。学生の学びに視点をおき，大学での経験を豊かにするという教育環境の視点まで含めて俯瞰的に考えることが必要であるが，そのような際に学生支援などに携わっている職員の経験は貴重である。教職協働のFDは，教員と職員それぞれの立場の見方や考え方を通して，多様な角度から議論を深める意味をもつ。

■ 4-2 FD実践事例2：【授業参観／同僚に学ぶ】から，授業の参観分析へ

　大学教育の現状について考えるとき，授業現場を抜きにしては語れない。しかし，大学の授業は実際のところ大学内ですらあまり共有されていないのが現状である。そのため学内で開催したFD講演会の参加者アンケートなどでは，授業の連携を円滑にするような授業参観・公開授業への必要性の声もあがっていた。

　授業アンケート分析を開発した翌年，学生が主体的に学ぶ授業工夫を共有し，授業や大学教育について語る場づくりについて検討する授業参観・公開授業チームをFD委員会の中に構成した（神保，2009）。そして教員・職員からなるプロジェクトベースのチームによる活動を行い，公開授業や授業研究で先進的な実践を進めていた京都大学を視察した。その上で実際に導入するにはどのような工夫をすればよいのか，授業参観後に参加者が自由に意見を交換する場はどのように設計すればよいかなど，各自手弁当で参加するランチミーティングの中で検討を重ね，2003年に【授業参観／同僚に学ぶ】を実施した。この公開授業には非常勤講師や職員も参加し，参観後に引き続き行う授業検討会では教員と職員がともに大学教育や授業の課題などについて率直に話し合う貴重な機会となった。授業検討会は，会議室ではなく，夜景の見える大学内の展望レストランで，お茶を飲み，音楽を聴きながら気軽に話しあうスタイルを採用した。このことにより，普段の会議で出される意見とは違う，開かれた意見が多く交換されることになった。話し合いの場の環境は，語り合う人々の意識に影響を与える。実践の中では，チームメンバーで検討を重ね，こうした細やかな環境づくりにも配慮した。

　この活動を基盤に，5年後の2008年には，専任教員，非常勤講師，職員による授業づくりの参観分析法式をパイロット的に実施した。300名弱の大人数授業では，アクティブ・ラーニングやディープ・ディスカッションの工夫が取り入れられ，参観分析という手法を通して学生の学習変容に接近しようと試みた。参観分析は，授業の狙いに沿って学生の学びの促進に注目し，参観後には下記の3つのポイントにまとめた簡潔なレポートを担当教員にフィードバックした。

> 【参観ポイント（例）】
> ①授業の魅力：学生の雰囲気
> ②学びの促進：アクティブラーニング・ディープディスカッションの工夫
> ③コースデザイン：コース全体からみた授業の位置づけ

　参観分析の目的は，授業者が学生の学びに焦点をあわせて，授業デザインを再考する助けとなることである。そのため参観レポートやその後の打ち合わせでは，授業者が学生に伝えたいコア（核）の部分に対して，学生の学びがどう変容しているかをフィードバックしようと心がけている。参観分析では，参観レポートとあわせて，授業の中間期と最後に学生満足度アンケートを取り，授業における質的情報と量的情報の両方を提供した。とくに，学生アンケートからは，授業のねらいについて学生が自己の問題と捉え始めた変容の様子に着目する。学生の変容については，授業者が一番わかっているものであるが，学生の学びを考えるときには，知識・態度・スキルなどの多面的な見方が関係するであろう。そこで，第三者が客観的な視点で可視化することにより，自らの授業工夫に対して学生がどう変容しているかを確認し，とくに大人数教室では気がつきにくい学生の様子などを再確認することで，新たな授業づくりにつながることがある。

　日本では，職員の立場で授業づくりに関わっている人はまだ少ないかもしれない。しかし，PODなどを通して，海外で出会ったFD実践者たちは，スタッフの立場で大学教育や授業の参観分析などにも積極的に関わっている。本実践は試行的な取組であるが，多様な視点で授業を捉える教職協働の授業づくりの一歩として位置づけたものである。

5　おわりに

　教員と職員が大学教育について語り，ともに実践に取り組む。考えてみればあたりまえのことであるが，現実はあたりまえではない。名城大学のFDも表20-1に示したミッションをめざして地道に歩んでいる途中である。実践では教員と職員とともに日々試行錯誤を重ねているが，FDとは本来，このように議論や話し合いを通して創っていくことが大切なのだと思う。

　名城大学の実践が必ずしも全てうまくいっているわけではないが，その苦悩の

プロセスや経験が，何らかの参考になることを願っている。どのような実践も，根底にはそれに関わる人々の信念や行動によって支えられており，その現場のリアリティの中にこそ，課題の本質がみえてくるものであると思う。本章が，教員・職員の垣根を越えて大学教育の新たな実践を開発しようとしている人々と経験を共有できる機会となれば幸いである。

ある授業アンケートの運営に携わっていた頃，授業アンケートの回収場所に立っていると，何人かの学生が話しにきてくれた。そのとき，ある学生が言ってくれた言葉の中に，教員と職員とともに創る大学教育の可能性を感じる。

> 大学の職員の人が，大学の授業をもっと良くしようと思っているなんて知らなかった。僕はもう卒業するけど，卒業する前に知ることができてよかったです。

最後に，FD実践を進めているFD委員会・大学教育開発センターの皆様，学内外を問わず本学のFD実践に貴重なアドバイスをいただいた全ての皆様に感謝の意を表します。

【引用・参考文献】

池田輝政・神保啓子・中井俊樹・青山佳代 (2006). FDを持続的に革新するベンチマーキング法の事始め 大学論集, **37**, 117-130

神保啓子 (2009). コミュニティ・オブ・プラクティスによる教職協働 大場 淳 [編] 大学職員の開発―専門職化をめぐって 高等教育研究叢書 **105** 広島大学高等教育研究開発センター, pp. 47-57

Lave, J., & Wenger, E. (1991). *Situated Learning*. (レイヴ, J.・ウェイガー, E. [著] ／佐伯 胖 [訳] (1993). 状況に埋め込まれた学習―正統的周辺参加 産業図書)

21 学生とともに教職員も身につける4つの力

日本福祉大学スタンダード

齋藤真左樹

1 はじめに

> 日本福祉大学ではGPの申請を事務職員が中心になって行っていると聞きましたが，事務職員がいったい何をやっているんですか？ 自分が想像する範囲だと事務職員がやることといったら会議室の予約をすることと資料を印刷することぐらいしか考えられないのですが？

　これは4，5年前，「GP申請に関わるノウハウを日本福祉大学から聞いて来い」という業務命令を某公立大学の学長から受けヒアリングに来たその大学の事務職員が，実際に口にした質問である。また，「どうして教学会議の招集メールが事務職員から届くのか？」「どうして教学の会議に事務職員が提案をするのか？」「なぜ事務職員が会議で発言するのか？」などなど，こういった意見はとくに国公立大学から赴任した教員から耳にすることが多い。同じ日本の「大学」でありながら，そこで働く「事務職員」の位置づけや働き方というものは大学によって相当の違いがあるようだ。
　日本福祉大学では，教学の各種委員会には，正式な構成員として事務局の課長，部長らが教員とまったく同じ立場で参加している。もちろん，発言も提案も教職員に平等に権利が与えられている。時には教員と職員が意見をぶつけあい，声を荒げた激しい議論も起こる。しかし，それは，教員と職員が互いに対等の立場で参加しているからこそ可能なのである。
　私が日本福祉大学に赴任したのは1992年の12月，ちょうど20年となる。私にとっては大学卒業後，ここが3つ目の職場であり，いわゆる「外様」である。職場

21 学生とともに教職員も身につける4つの力

表 21-1 日本福祉大学における事務局の位置づけ

①学内理事の構成は現在教員出身者が3名，事務局出身者が5名であり，事務局出身者が多数である。
②本学では「執行役員制」をとっており，業務執行領域ごとに執行役員を配置し，その責任と権限のもとに経営・教学の業務を日常的に執行しているが，その執行役員の構成は，教員5名，職員9名である。
③本学では学長選挙を公選制で実施しているが，事務職員は全員，教員と同等に1票を投じる権利を有する。
④教学の最高意思決定機関である大学評議会には，事務局から大学事務局長と総合企画室長の2名が正式な構成員として参画している。

としての大学は初めてということもあり，大学とはこういうもの，という感覚でいた。そのため，前述したような質問や疑問を投げかけられても，「本学ではこれが普通なので」という感覚しか無い。しかし，古い時代の本学を知る職員の話や昔の文書などを目にすると，現在の事務局の立場・権利は，幾多の「闘い」を経て勝ち取ったものであるらしい。その「闘い」については本章の趣旨からそれるため，ここでは触れないが，事務職員が獲得している現在の地位は我々の諸先輩方が相当な努力をされた結果であり，それが現在の事務局の組織風土となっているのである。

現在の事務局の位置づけを示すいくつかの項目を表 21-1 に示した。このような日本福祉大学における事務局職員の位置づけ，権利が，これから述べる「教職協働」を成立させる土台となっていることはいうまでもない。

2 日本福祉大学の特徴

日本福祉大学は名古屋市中心部から名鉄電車で約1時間南下した知多半島に位置する。キャンパス全体が里山の中にあり，海岸も徒歩圏内という自然に恵まれた環境である。愛知県内の各大学でも「都心回帰」が起こるなか，本学はこの「知多半島」にある，自然，文化，伝統，地域で活躍する人々などを教育資源とした，体験型フィールド学習を重視してきた。

また，日本で初めて「社会福祉学部」を設置した大学であり，愛知県にありながら47都道府県から学生が集まっていること，約 68,000 人の卒業生が全国で活躍していること，2001 年度より通信教育部を開設し，「生涯学習型ネットワークキャンパス」を展開していること，通信教育部の ICT 活用実績を活かし，通学課程でも

表 21-2 日本福祉大学 GP 採択状況

	採択年度	GP	名称
1	2003	特色 GP	学生とともにすすめる障害学生支援
2	2004	現代 GP	知多広域圏活性化にむけた学生の地域参加
3	2005	大学院イニシアティブ	国際型通信教育による実践的研究者の養成
4		現代 GP	福祉人材を育成するeラーニングプログラム
5		特色 GP	ユニバーサル・アクセス時代の通信教育
6	2006	現代 GP	新ふくしキャリア時代を生きる人材の育成
7		特色 GP	知タウンシップによる教育イノベーション
8	2007	現代 GP	ブレンデッド学習による学生中心の教育改革
9		大学院 GP	高度な専門性を備えた福祉現場の人材養成
10	2008	連携 GP	列島縦断広域型大学連携eラーニング
11		教育 GP	協働型サービスラーニングと学びの拠点形成
12	2009	大学教育・学生支援推進事業（テーマA）	福祉大学スタンダードきょうゆうプログラム
13		同（テーマB）	日本福祉大学就職支援組織「キャリア支援人材バンク」の構築
14	2010	大学教育・学生支援推進事業	教育の質保証に資する福祉大学型ＩＲの構築
15		大学生の就業力育成支援事業	「福祉力」組み立て型就業力育成プログラム

早い段階からeラーニングを積極的に導入し，教育実践を行ってきていることなどが特徴としてあげられるだろう。

　それらの実践が2003年度以降，「特色ある大学教育プログラム」や「現代的教育ニーズ取組支援プログラム」（Good Practice：以下 GP）などに多数採択されている（表21-2）。本章ではこの中から２つの事例を取り上げ教職協働の取組として紹介する。

3 ブレンデッド学習による学生中心の教育改革
：2007年現代 GP の取組から

　まず，表21-2に示した「ブレンデッド学習による学生中心の授業改革」につい

て説明しよう。この取組は，学習支援システムを活用してeラーニングと対面授業を融合させたブレンデッド型学習方式を全学的に展開することにより，さまざまな学習意欲，学力をもつ入学学生全員に対し，大学での学習に必要な「学ぶ意欲」「学ぶ力」を涵養することを目的としたものである。

　ここで注目したのは「これまではあまり活用されずにいた時間」である。授業の空きコマ，名古屋からの約1時間の通学時間，下宿での空き時間，春休みなど，これまで，ともすれば無駄に過ごしていたと思われる時間をいかに学習時間にあてるかが，この取組の鍵となる。そこで名古屋から約1時間の通学時間にはiPodによる学習コンテンツの提供，下宿での空き時間には遊び感覚で学べるエデュテイメント教材の提供，授業の空きコマにはオンデマンド授業の提供，春休みには「科目ガイダンス」の提供などを行った。この中から「科目ガイダンス」について特にくわしく紹介する。

3-1　科目ガイダンス

　「科目ガイダンス」は各講義科目のオンラインシラバス＋導入講義である。科目担当教員の動画映像により，教員の自己紹介，科目の学習目標，講義の流れ，成績評価方法，テキストの紹介などを行う（図21-1）。また，あわせて導入講義として短いもので10分程度，長いもので45分程度の授業を撮影する。1回分の授業相当の学習時間が確保されるような構成で作られたものは半期2単位科目の場合15回の授業のうちの1回分にあてることもできる。これはハッピーマンデーなどにより授業回数を学年暦上15回確保することが非常に困難になってきたことなどへの対応も意識したものである（現在は本学の学年暦は全ての曜日で前期・後期とも試験週

図21-1　「科目ガイダンス」イメージ

表21-3　「科目ガイダンス」の目的

①履修登録のミスマッチの低減
②春休みの時間活用
③組織的なeラーニングの導入の契機
④FDの一環として
⑤学生募集上の狙い

を含めず15週確保している)。「科目ガイダンス」導入の目的は，主に表21-3に挙げた5点である。順を追って説明しよう。

1) 履修登録のミスマッチの低減

「科目ガイダンス」の1つ目の目的は履修登録前に，学生が科目担当教員の動画映像によるオンラインシラバスや導入講義を見ることにより，履修登録のミスマッチを低減することである。これは毎年，科目によっては履修登録者の半数以上が定期試験を受けるまでにいたらず，途中で放棄してしまうことが相当あったこと，またその科目の途中放棄の理由が学生の授業評価アンケート結果によれば，「想定していた内容と違っていた」「内容が難しすぎる」「科目担当教員と合わない」などの理由が半数以上を占めていたことなどを改善するためである。

2) 春休みの時間活用

2つ目の目的は学生の春休みの時間の活用である。大学生の春休み，3月はほとんど勉強をしない時期である，というのは多くの日本の大学に共通していることではないだろうか？ 本学でも在学生は3月上旬に成績通知があると3月末の在学生オリエンテーションまでは何もない時期であった。そこで「科目ガイダンス」を3月の成績通知直後から在学生に提供することにした。4月以降の履修登録の参考とすることで，前述の履修登録のミスマッチを低減すると同時に，導入講義などを見ることで4月以降の学習モチベーションを高めるねらいもある。何よりこれまで何もしていなかった3月の時間を有効活用することができる。

3) 組織的なeラーニングの導入の契機

3つ目の目的はeラーニングを組織的に導入するステップとすることである。特定の教員や特定の学科などでeラーニングを一部推進している事例は多いが，大学全体として組織的に推進することは非常に難しい。それはeラーニングに対するイメージが教員ごとにさまざまであり，ICT（information and communications technology：情報通信技術）をあまり得意としない教員は，eラーニングに対して「食わず嫌い」で「根拠のない反対」をとなえる傾向があるからである。

そこで，この「科目ガイダンス」の提案にあたって，まず数パターンのプロトタイプを開発した。スタジオ収録のもの，個人研究室でのインタビュー形式，模擬授業形式，卒業生との対談方式などである。これは「科目ガイダンス」を一つだけ

の「型」にはめ，そのやり方を全教員に押し付けることから生じるかもしれない抵抗を回避するためである。そしてこのプロトタイプを各学部教授会でプレゼンテーションし，導入を決定した。また，このプロトタイプ以外でも，図書館で文献を紹介しながらというパターン，学外のフィールドで撮影するというパターンなど，担当教員からの要望があれば，全て受け入れることにした。その結果，さまざまなパターンの「科目ガイダンス」が完成した。

　導入初年度は全ての専任教員に1人につき最低1科目，2年目には専任教員が担当する全ての講義科目を対象としたが，それまでeラーニングに「根拠のない反対」を続けてきた教員の中には最後の最後まで抵抗をする方もいた。しかし事務局と教学役職者の粘り強い説得の結果，学内の全専任教員が「科目ガイダンス」を通じてeラーニングに関わることとなった。その結果，教員全員で自身がeラーニングに関わった体験をもとに，そのメリット，デメリット，「科目ガイダンス」の課題などについて，同じ目線で議論をすることが可能となるという大きな成果を得ることができた。もちろん教員自身の「実践」をベースとしたeラーニングへの批判は大歓迎であり，耳を傾けるべきである。

4）FDの一環として

　4つ目の目的はファカルティ・ディベロプメント（Faculty Development：以下，FD）である。先述のように「科目ガイダンス」の形式については担当教員の要望を極力受け入れ，ひとつの型にはめることなく自由に作成しているが，学習目標を明確にすること，毎回の講義の内容，成績評価方法，については必ず盛り込むことを徹底している。「科目ガイダンス」の開発前は印刷物での「授業科目概要」しかなかったが，その「授業科目概要」の中で，学習到達目標が明確になっているものは43％であった。しかし，科目ガイダンスを開発するなかで，この学習目標等を必ず組み込むことを徹底した結果，印刷物の「授業科目概要」上でも，学習目標が明確となっているものが88％へと上昇した（次頁，図21-2）。現在はほぼ100％が明確となっている。また，他の教員の「科目ガイダンス」の事例を参考にし，自身の「科目ガイダンス」の構成を改善するという動きも出てきた。これまでは授業科目が閉ざされた教室の中で担当教員だけのものであったが，科目ガイダンスで授業の一部がオープン化されたことによる効果である。

　ある教員はこの「科目ガイダンス」の経験を通常の対面授業で活かし，毎回の授業でその週の到達目標を提示して授業をすすめるようになった。その結果，授業

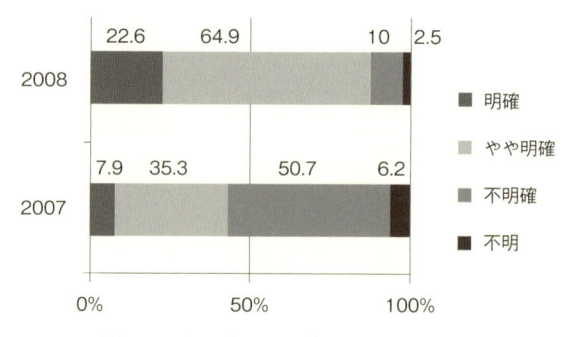

図21-2 シラバス上での学習目標の明確化

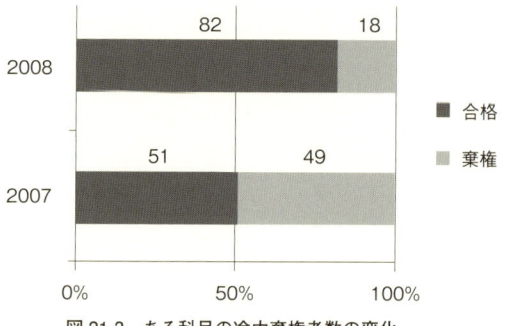

2008: 明確 22.6 / やや明確 64.9 / 不明確 10 / 不明 2.5
2007: 明確 7.9 / やや明確 35.3 / 不明確 50.7 / 不明 6.2

図21-3 ある科目の途中棄権者数の変化

2008: 合格 82 / 棄権 18
2007: 合格 51 / 棄権 49

の途中放棄率が毎年50％あったものが20％を切るところまで劇的に低減した例もある（図21-3）。しかもこの教員が最後の最後まで「科目ガイダンス」に対して「根拠のない反対」を主張して抵抗していた人物であったというところが興味深い。

5）学生募集上の狙い

5つ目の目的は学生募集である。印刷物での大学案内などにはどの大学でも学生からの評判もよく，場合によっては全国的にも知名度の高い教員が紹介される。しかし，その教員の実際の授業の内容，教員の雰囲気などは紙では伝わらない。

「科目ガイダンス」は一部本学のWebサイト上でも公開し，高校生，高校教員，父母の方々にも授業の一部として自由に閲覧できるようにしている。また，入学手続きを行った入学予定者には1年生科目の「科目ガイダンス」をDVDで事前に送付している。

アンケートによれば1年生1人当たり平均13科目の「科目ガイダンス」を入学

前に視聴したという結果が出ており,「入学前に大学の授業のイメージがつかめた」などの意見を新入生や保護者からもいただいている。

■ 3-2 インストラクショナル・デザイナー

「科目ガイダンス」の開発にはインストラクショナル・デザイナーの存在が欠かせない。そのためインストラクショナル・デザイナーを養成することをeラーニングを組織的に推進するにあたっての鍵であると認識し,事務局から2名をインストラクショナル・デザインの理論と実践を専門に学ぶことのできる熊本大学大学院の社会文化科学研究科教授システム学専攻に「業務」として派遣した。業務扱いであるので,当然大学院の学費は全額,大学が負担した。スクーリングなどへの参加は出張扱い,出張旅費も支給される。逆にそのため大学院修了までのプレッシャーも大きい。

派遣された職員はそこで学んだことを学内の開発スタッフに還元し,理論の学内への普及に努めている。具体的には,彼らは科目担当の教員とコミュニケーションを取りながら科目の到達目標などを含む授業の企画書を作成していく。科目ガイダンスの中で使用する図表の提示の仕方,実際の撮影時の話し方,目線などもアドバイスしながらコンテンツとして作り上げていく。

当初は「どうして事務職員に授業に関わることで口を出されるんだ！」と不満をあらわにする教員もいたが,開発スタッフのていねいな対応と質の高いアウトプットにより次第にそのような声は聞かれなくなり,逆に「科目ガイダンス」以外にも自身の担当科目の中で,一部にeラーニングを取り入れたいという相談もよせられるようになった。

またこのインストラクショナルデザインの理論は学生への授業提供という場面だけでなく,事務局職員の人事研修の場面,通常の各課室での業務を遂行するうえで管理職が部下を育成する場面,各業務プロジェクトでのプロジェクト管理の場面,会議をファシリテートする場面など,あらゆる場面で活用できる汎用的なものである。そのため本学ではインストラクショナル・デザインの理論を学んだ職員を永遠にeラーニングのコンテンツを開発する専門家として固定するつもりはない。理論と実践によりその職員が事務局内のさまざまな場面でその効果を発揮することを期待しているのである。

4 福祉大学スタンダードきょうゆうプログラム：09年度GPの取組から

次に，2009年度に文部科学省の公募プログラムである「大学教育・学生支援推進事業【テーマA】大学教育推進プログラム」に採択された「福祉大学スタンダードきょうゆうプログラム（☞236頁：表21-2参照）」における取組を紹介する。

■ 4-1 「4つの力」と日本福祉大学スタンダード

日本福祉大学では建学の精神を受け継ぐ教育標語として「万人の福祉のために真実と慈愛と献身を」を掲げている。この教育標語を体現するために必要な力を今の時代に置き換え，「真実＝見据える力」「慈愛＝共感する力」「献身＝関わる力」，それらの力の基礎となる「伝える力」を加えた「4つの力」を学生が身につけるべき共通の力，「日本福祉大学スタンダード」と定義づけている。現在はこの「4つの力」を「福祉力」と言い換え，本学における学士力と位置づけている。

この学生に必要な「4つの力」について教職員が議論をしていた時，誰からともなく，「学生に必要だといっているこの4つの力は，教職員にも必要だよね？」「伝える力が弱い教員って結構いるんじゃない？」「関わる力のない職員も多いよね？」などの意見が出始めた。そこで，本学の学生，教員，職員に必要な「見据える力」「共感する力」「関わる力」「伝える力」とはそれぞれ何なのかを明らかにし，それを身につけるためのプログラムを「スタンダードきょうゆうプログラム」として組み立てた。この「きょうゆう」は，これらの力を学生，教員，職員で共有していこうという意味である（図21-4）。

その中で学生の「学士力」と同様に，教員の「教育力」，職員の「職員力」としての「4つの力」のコンピテンシーを精緻化して整理し「日本福祉大学スタンダード運用基準」（標準的学習内容と個々の到達目標）として「スタンダードガイドブック」に明示する作業を現在行っている。次の段階としては学生・教員・職員それぞれの「スタンダード」理解と普及促進のため，それぞれの学習プログラムに参加させその資質向上をはかっていく計画である。その取組の一環である「きょうゆうサロン」について以下に紹介する。

■ 4-2 きょうゆうサロン

チームとしての教育力には「教員のコミュニティ」が欠かせない。しかし，日本福祉大学でもここ数年この「教員のコミュニティ」がほとんどみられなくなって

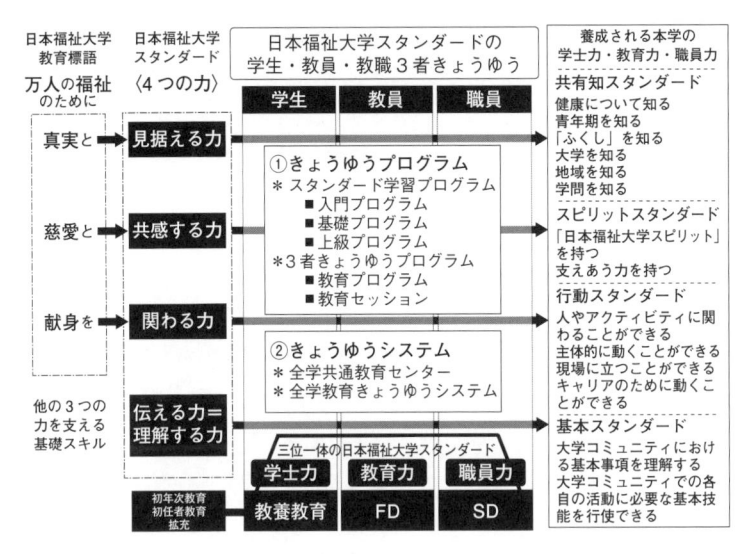

21 学生とともに教職員も身につける4つの力 243

図21-4 日本福祉大学スタンダード概要

きたといわれている。とくに本学ではキャンパスの立地の関係から車通勤者が多く，都心の職場のように「仕事帰りにちょっと一杯」という状況にない。また大学周辺にはそのような物理的環境もほとんどない。さらに近年の飲酒運転の取り締まり強化もあり，教員，職員のコミュニティ形成に必要な条件が乏しくなっている。そこでGPの取組の一環として「きょうゆうサロン」を企画し，これまで8回実施してきた（表21-4）。

表21-4 きょうゆうサロン実施状況

	日程	テーマ	参加者
第1回	2008年2月	知多学の夕べ：この豊かな地域の資源をさらに教育へ	47名
第2回	2008年5月	表現者は学ぶ：「表現」はいかに教育を豊かにするのか	48名
第3回	2008年11月	大学生，はじめの一歩：自身の学生生活を1年次から振り返って	46名
第4回	2009年2月	読み，書き，日本語：言葉をつかう面白さ	35名
第5回	2009年7月	学生の抱えるさまざまな障害：そのニーズにどう向き合うか	43名
第6回	2009年12月	本学の入試について理解する	36名
第7回	2010年7月	学生がいきいき学べる大学にするために	41名
第8回	2010年11月	基礎ゼミを中心とした導入教育の工夫	19名

この「きょうゆうサロン」は教職員，時には学生も含めて，毎回あるテーマについて一緒にケーススタディを行い，課題や問題意識を「共有」するFDとSD（Staff Development）を兼ねた企画である。これまでも本学ではさまざまなFD企画を実施してきたが，集合研修・講義型のFDに参加する教員はいつも特定の教員であり，また会議室や教室などを会場として実施した場合，主催者を除く参加者はごくごく少数であった。また時には「教員は教育者としてすでに完成されたものであるからその教育者に対して「研修」というものはふさわしくない」などという声もきこえてくる。授業がつまらなければ学生の履修者も少なくなるのと同じで，教職員を対象としたFDやSDも参加して楽しいものである必要があるだろう。そこでこの「きょうゆうサロン」に組み入れた「仕掛け」は「饗夕」と「教友」である。

これには「美味しい夕食を食べながら教職員が教え合う友になる」という思いが込められている。毎回の「きょうゆうサロン」では事例報告とディスカッションを一通り終えたところで，食べ物と少量のアルコールを出すことにしたのである。経費節減が強く叫ばれ，本学でも会議での弁当は廃止され，学内での懇親会などもほとんどが会費制となっているなか，この「きょうゆうサロン」の飲食は無料である。しかし，参加者がたらふく食べられるほどの量はいつも提供していない。「ちょっと物足りないな」くらいのところまでが「きょうゆうサロン」の役目で，あとはそれぞれが場所を変えてコミュニケーションの続きをしたくなるきっかけになればよいと思っている。食材もその時々の議論の「テーマ」に関連するものを取り寄せるようにした。

また，会場は従来のFD企画を実施してきた会議室ではなく，「教員ラウンジ（控室）」を利用した。会議室の扉をあけてかたくるしい雰囲気に足を踏み入れる時に感じるバリアは教職員にとっても大きいものである。そこで，オープンなスペースにソファが並ぶリラックスできる空間で，一角に給湯設備やガスコンロなども備えられている「教員ラウンジ（控室）」を会場とした。ガスコンロで干物を焼き，廊下中にいい匂いを漂わせれば当然この匂いに誘われて会場をのぞく教職員が出てくる。なかには毎回それだけを目当てにやってくる教員もいるが，それはご愛嬌である。コミュニケーションが少しでもはかられれば効果はあるのだから。

その結果それまでの全学的なFD企画の参加者が主催者を除けば5，6名程度しかいなかったのに対し，この「きょうゆうサロン」は毎回40名程度の参加者を集める企画となっている。ただ，次第にこのサロンもマンネリ化してきており，参加者も固定化してきているため，次の展開を考える時期にきている。

4-3 きょうゆうサロンバスツアー

先述のきょうゆうサロンとの連携企画として，きょうゆうサロンバスツアーというイベントを年に1回実施している。教育資源として豊かな可能性をもつ知多半島をマイクロバスで巡るもので，学生たちが地域の人々の多様な価値観にふれ，市民としての感覚を養い成長していくフィールドとして，また地域と連携した教育の新展開をはかるフィールドとして，地域の教育資源を見て，感じて，理解すること，それをまず教職員が自ら経験することを目的に実施している（表21-5）。

表21-5　きょうゆうサロンバスツアー実施状況

	日程	テーマ	参加者
第1回	2008年3月	知多半島NPO見学	19名
第2回	2009年2月	知多半島の醸造現場めぐり	20名
第3回	2010年2月	市民による地域づくりの現場	13名

5 新たな専門職人材としての職員

5-1 職員に求められる多様な能力

教員にしかできないこと，事務職員にしかできないことは当然ある。しかし，これからは教員と職員の中間的な立場に位置する人材が必要となる時代である。教員とともに授業を創っていく「インストラクショナル・デザイナー」もその一つであろう。体験型学習を充実していけば，その対象となるフィールドを開拓し，体験型学習のプログラムを開発していく人材，すなわち「フィールドワーク・コーディネーター」も必要となる。また，学生のキャリア形成や，社会的・職業的自立をはかるためのガイダンスやカウンセリングを行う人材，「キャリア・アドバイザー」なども必要となる。これらは教員と職員の中間に位置する新たな専門職人材であり，その確保と育成がこれからの大学には必要となる。どこの大学事務局職員の中にも，それら新たな専門職として力を発揮できる埋もれた人材もいるに違いない。本学でもその人材の発掘と育成は大きな課題である。

5-2　GPへのチャレンジと「4つの力」

大学の全入時代が到来し，多様な学生が入学してくる今，大学教育は従来の講義室で教員だけにより行われるものではない。もちろん教育に直接的に責任を負う

のは教員であり，事務局はそれをあらゆる角度から支えながら支援する立場にある。しかし，だからといって職員は教員の下働きではない。

1) なぜ職員中心で GP を申請するのか？

学内からさまざまな批判があったとしても GP 申請に職員が中心となることに私がこだわる理由は 2 つある。

①事務局が客観的に学生を見ることができる　1 つ目は事務局が客観的に学生を見ることができる立場にあることである。教員は自身のゼミ生や担当授業科目の履修学生を通して学生を見ることが多く，その限られた学生の状況が全体を代表しているかのごとく持論を展開することが多い。しかし，事務局は全ての学生を常に平等に見る立場にあり，かつ常に平等に対応することが求められている。情報システム上も全ての学生の成績情報や学生情報を扱える立場にあるのは事務局であり，その情報からさまざまな傾向分析，要因分析を行えるのも事務局なのである。

②問題を「なんとかしたい」という思いをもてるのは事務局　2 つ目はその全ての学生の状況に日常的に接し，さまざまな問題を現場で感じて「なんとかしたい」という思いをもてるのは事務局であるということである。その「何とかしなければならない要因」は事務局の窓口の問題であることもあれば教員に起因する問題であることもある。この「何とかしたい」という思いがどれだけ強いかで GP の申請書の文章の力にもなる。

本学では 2003 年以来，これまで 15 本の GP 等の教育改革プログラムに採択されてきているが，本学に専属の「GP ライター」がいるわけではない。申請するプログラム，テーマによって担当する事務局の課室も異なり，メインとなる執筆者もかわる。これまで本学で「GP 申請」という過程に関わった職員は 25 名，教員も 25 名，大学全体では合計 50 名を超える。採択された後に加わった教職員を含めれば実に 100 名近くの教職員が何らかの GP に関わっているのである。

2) GP 申請のチャレンジ効果と 4 つの力

GP の効果には 3 つの側面がある。「チャレンジ効果」「採択効果」「財政的効果」である。「採択効果」と「財政的効果」はわかりやすいが，この中で見逃されやすいのが「チャレンジ効果」である。前述のように本学では GP 申請に関わった教職

21 学生とともに教職員も 身につける4つの力

表21-6 チャレンジ効果と4つの力

プロセス	対応する4つの力
①申請過程でのブレーンストーミングによって教職員の組織内コミュニケーションが活性化する。	(→関わる力)
②「採択」という共通の目標に向かっての「申請チーム」としての一体感が生まれる。書面審査が通って面接審査に進む段階でそれはより強まる。	(→共感する力)
③申請取組のプランニング能力のトレーニングの場となる。また，採択されて事業を遂行し，年次計画をどう発展させるか，少なくとも補助期間（3年間）のPDCAサイクルを当初から意識することになる。	(→関わる力)
④常に文部科学省をはじめとする各省庁の政策動向を意識するようになる。	(→見据える力)
⑤文章力をつけるトレーニングになる。申請書の文章の構造化，一文一文の正確性・厳密性が求められるGP申請に関わることでそのOJTとなる。	(→伝える力)

員は50名を超えるが，GPへチャレンジをすることにより表21-6のような効果を生んでいると考えられる。

6 まとめにかえて

　GPは採択されることが勲章のように取り上げられる傾向があるが，採択されることよりもこのGPというものにチャレンジし，申請をする過程から得るものの方がはるかに大きいと私は考えている。GPへのチャレンジは主に職員に「4つの力」をつけるSD効果をもたらし，GPが採択されればそのプログラムのマネジメントをしていくなかで教員に「4つの力」をつけるFD効果をもたらす。そしてその教育プログラムでは学生に「4つの力」を身につけさせることになるのである。

　冒頭の某公立大学の職員からの質問へ，今，答えを出すとしたら次のように答えたい。「教員と職員が真剣に対等の立場でブレーンストーミングしながら，ああしたい，こうしたい，という「夢」を語り合うことができるかがGP獲得の鍵ですよ」と。

【引用・参考文献】

IDE大学協会（2009）．GPの光と影　IDE現代の高等教育，**516**

仲道雅輝（2009）．「科目ガイダンスVOD」を基軸とした全学的なe-learning推進に関わる研究―日本福祉大学を事例として　熊本大学大学院社会文化科学研究科教授システム

学専攻修士論文
福島一政 (2010). 大学経営論―実務家の視点と経験知の理論化　日本エディタースクール

PART 5
●FDを変える2つの発想
:学生参画と教職協働

22 学生本音トーク
i*See をふりかえって

語り手：中里祐紀
聞き手：清水　亮

1 FD に携わるまで

●清水　『学生・職員と創る大学教育：大学を変える FD・SD の新発想』の本音トークをはじめます。よろしくお願いします。まずは中里さんに自己紹介をしていただきます。

●中里　岡山大学文学部人文学科 4 回生の中里祐紀です。よろしくお願いします。大学では日本史を専攻しています。2009 年度は，岡山大学教育開発センター教育改善専門委員会の委員長，教育改善学生交流 i*See 2009 の実行委員長をつとめさせていただきました。

●清水　それでは，中里さんが学生・教職員教育改善専門委員会（以下，改善委員会）に入って 1 年目はどういう気持ちでどんな活動をしていたのかについて教えてください。

●中里　一年目の活動についてですが，岡山大学の改善委員会は，各学部からの推薦によって委員を選ぶという方法をとるため，必ずしも教育改善に興味をもつ学生ばかりが選ばれるとは限りません。私は，もともと教育改善に興味をもっていたわけではなかったので，1 年目は，委員会の活動にふれながら，来年中心となって活動する上で，「この活動なら興味をもってできそうだな」と思える活動を探そうというぐらいの気持ちで気楽に活動していました。

結局 i*See を選んだのは，教育改善学生交流という点以外は，扱うテーマから形式まで自分の思い通りに企画できる点が気にいったからです。私は，これまでの「伝統」を踏襲していくような活動よりも，多少たいへんな思いをしても，そうしたクリエイティブな活動をする方が好きなものですから，そうした意味で，i*See はまさにうってつけの活動だったと思います。

2 どのようにイベントを推進していったか

●清水　今度は，i*See を中里さんが推進するにあたって考えていたことについて質問したいと思います。どのようにイベントに向けて活動していったのかについて教えていただけますか。

●中里　まず，私たちは i*See で扱うテーマを決める前段階として，

> 学会やフォーラムに積極的に参加し，教育改善の現状と問題点を知る

ように努めました。そうした催しで，全国の学生，教員，職員の方と交流するうちに，立命館大学の学生 FD スタッフをはじめ，追手門学院大学・北九州市立大学などさまざまな大学の活動にふれることで，大学をよくしたいと願っている学生が全国にいることを知りました。また学会での発表や昨年の i*See2008 における職員の方との交流などから，職員の方が学生のことを本当によく考えていることを知りました。また教員についても，学会や研究成果にふれることで，そこまでやるかと思うくらい行き届いたさまざまな教育方法を模索，実践している方がいらっしゃることを知りました。つまり，三者がそれぞれ大学のことを考え，活動をしていることを知ったわけです。しかし一方で，三者が相互補完的には活動に取り組めておらず，そのため余計な労力を使っているのではないかとも感じました。その結果，i*See2009 を，学生・教員・職員が相互に協力し合ってどのように教育改善に取り組めるのかをテーマとして考える機会にしようという結論に至りました。

次に，クリアしなければならなかったのは日程の問題でした。これまでの i*See は 1 日開催でしたが，この

> 大きなテーマを扱うためには 1 日開催では困難

であると感じました。何とか 2 日開催とすることにはなりましたが，それでも学生・教員・職員それぞれの立場に注目して，プログラムを組むには，2 日間という日程は厳しいものがありました。そこで不本意ではありましたが，教員については学会などの場で積極的な議論が交わされているので，今回は学生と職員について知ってもらう機会と位置づけ，学生と職員にスポットを当てることにしました。

まず 1 日目は，学生に焦点を当てました。最初にお互いの顔と名前を覚えてもら

うためのアイスブレイクを兼ねたプログラムを導入しようということになりましたが，なかなかよいアイデアが出ず，最後まで苦心しました。結局，

> 学生に，普段の大学生活で思うことを自由に5・7・5の川柳にのせて表現してもらい，それを題材にして議論を行う

という形式をとりました。そしてその議論の成果も川柳で表現してもらうことにしました。また一人ひとりがつくった川柳を掲示し，川柳コンテストを行うことにしました。このプログラムについては改善委員会の天野憲樹先生にたいへんお世話になりました。

次に，「学生主体の教育改善活動について」と題したシンポジウムを行うことにしました。このプログラムでは，大学をよくするために学生は何ができるのかを考える上で，その具体例として，

> 学生主体の教育改善活動を行っている大学の学生の方に発表をしていただき，その後，シンポジストとフロアの議論を通じて考えを深めることができるプログラム

を作成しました。シンポジストとなる大学の選定や交渉については，改善専門委員会の橋本勝先生（当時）にたいへんお世話になり，大分大学・札幌大学・立命館大学・岡山大学の方に報告いただけることになりました。

2日目は職員に焦点を当てたプログラムとし，メインとなるグループ・ディスカッションのテーマを「職員による新たな形での教育改善活動」と設定しましたが，学生にとっては実感がわきにくいテーマではないかとの指摘があったため，

> いきなりディスカッションを行うのではなく，まず教育改善活動を熱心に行っている職員の方による講演を通して個々に考えを巡らしてもらう

ことにしました。

そしてその後，「職員による新たな形での教育改善活動」というテーマで議論を行うことにしました。議論の後は，それぞれのグループで話し合われたことを報告するわけですが，例えばAグループから順に話し合われたことを10分ずつ9つの

グループが発表する一般的な形式だと，90分の時間がかかり，しかも全て聞き終わった後にはもう最初のグループの発表は忘れてしまっているのではないかという懸念がありましたので実行委員は新たな報告形式を模索しました。その結果，

> 最初にディスカッションを行ったそれぞれのグループから1人ずつを選び，それを1つのグループとしてもう一度ディスカッションを行う

ことにしました。全てのグループの報告を聞くことができ，かつ質問などがあればその場で聞くことができるフランクな報告会になりました。

●清水　イベントを学内に広げる点で，岡山方式の核になっているものがあれば，それらについてもお願いします。

●中里　それは改善委員会が公的機関であることを前面に出した形での広報活動になります。学内の掲示板などにポスターを貼ったりするわけですが，正直言ってこの方法だけでは，あまり効果は上がりません。それに加えて橋本先生をはじめとする委員の先生方にチラシを講義の後などに配布していただくよう要請したりもしました。委員会では各学部から選出された教員委員がいますから，全ての学部へ広報をよびかけました。

3　お祭りで終わらないためには？

●清水　i*Seeのようなイベントを推進するためには，さまざまな力が必要ですが，学生力が大きな力だとは思います。しかし「大学在学中に，年1回，2回のお祭り（？）のようなイベントがありました，そして卒業しました」で終わらせてしまっては，学園祭，盆踊りなどと同じではという悪魔のささやきも聞こえてくる気もします。そうならないためにはイベントを梃子に，学生力を大学の教育改善にどうしたら結びつけられるかがカギだと思います。学生の視点からみて，イベントを大学のFD推進に結びつけるには，どんな努力が必要でしょうか。

●中里　この点については，私は大学が学生の声に耳を傾けるという点だけでなく，イベントを主催する学生側にも努力が求められていると感じています。なぜお祭りのようなイベントとみられてしまうのかを考えると，やはり，

> 学生が教員・職員の事を考えていないイベントにしてしまうこと

が1つの要因ではないかと思います。学生主体のイベントだからと学生ばかりが盛り上がり，教職員はおいてけぼり……．これでは，なかなか大学のFD推進に結びつきません。

いくら学生主体のイベントだからといっても，単に自分たちが興味のある分野の内容をそのまま取り上げるだけでは不十分で，教員・職員の関心事を考慮に入れたものにしなければなりません。そのため教育改善に関するイベントを行う場合，まず

> 学生は教職員主体の学会やフォーラムに積極的に参加し，そこでどういう取組がなされているのか，どういう点で行き詰まっているのかをきちんと把握した上でテーマ設定を行うこと

が大切ではないでしょうか。もちろんそのうえでテーマとしては学生が関係するものを選ぶというのが理想ですが，それ以外のことについては企画する学生の興味・関心が反映されたものにすればよいと思います。

個人的には，教職員による議論だけでは限界がある部分に対して，学生の視点からの意見を表明するという立場が望ましいのではないかと考えますが，そこは個々人でいろいろな考え方があるでしょう。大切なことなので繰り返しますが，

> 教員・職員のことをきちんと考えたイベントを開催するという点

は学生が留意しておくべきことだと思います。このプロセスを経て学生が，教育改善のイベントを行うなら，学生主体の教育改善のイベントは，単なるお祭りどころか大学にとって，「教育改善」という深い世界で先がみ通せない時の一筋の光となり得るのではないかと思います。

4 イベントを継続していくには

●清水　私は，i*Seeのようなイベントは，回を重ねるにつれ，継続性とその成果の内部へのフィードバックと外部へ発信力が重要になってくると考えています．現

在のところ,岡山の改善委員会の中で,継続性と成果の内部フィードバックの方法について,制度やシステムというものは,存在しないと思いますが,例えば先輩から後輩へのような形で,継続性は担保されていると思いますか? 担保されているとすれば,どのような形で担保されているのでしょうか?

なぜそういうことをお尋ねするのかというと,岡山は,実行委員長の考えで,テーマが変わりつつあるような気がします。テーマの継続性はあまり重要視されておらず,常にその年,その年の関心事で推移していると考えるほうがよいのでしょうか? もしそうだとして,回を追うごとに,点が増えていくわけですが,その点と点は結べるものなのでしょうか,あるいは,いくつかの点は,一つの平面の上にすべて載ることになると考えた方が,よいのでしょうか?

●中里 一口に継続性といっても幅広いので,各回ごとに変わるテーマなどを「狭義の継続性」,イベントそのものの理念などを「広義の継続性」,として,両者を分けて回答したいと思います。

まず,狭義の継続性についてですが,これはあまり継続性を重視していないように思います。私自身も i*See2008 の実行委員長からテーマの選定などに関して制約を受けることはありませんでしたし,i*See2010 の実行委員長に対しても,このテーマを継続するようにといった類のことは言っていません。これは,実行委員長をはじめ

委員会のメンバーの自主性を尊重する雰囲気

が委員会内に存在するからであり,そのおかげで i*See の実行委員長は,そうした制約なしに自由にかつ大胆にテーマを選択することができます。とはいっても,参加者の誘導や案内板の表示など,運営面での反省点に関しては,きちんと引継ぎを行い,参加者の方々がより有意義な時間を過ごせるように毎年進歩し続けています。

次に,広義の継続性についてですが,これは「i*See」という名称が継続して使用されていることからもわかりますが,「教育改善学生交流」という理念自体は脈々と継続しています。私も先に挙げたような理由から,i*See の名称を変更することも考えましたし,実際に提案したこともありましたが,結局変更には至りませんでした。つまり,i*See の実行委員長は,前年の内容などにとらわれず自由にテーマを選択できますが,意識的か無意識的かの違いはあれど「教育改善学生交流」という枠内には収まった内容のものでなければならないという認識はどの代の実行委員

長ももち続けているのだと思います。

5 成果の学内・学外へのフィードバック

●清水　中里さんが活動をしていく中で，学生の視点からのFDを推進しているとすれば，成果のフィードバックのチャンネルの確立と，他大学への発信力と他大学の活動から学ぶことは，非常に重要ではと思いますが，どうでしょうか？

まず，中里さんの関わったi*Seeは，岡山大学の内部にどうフィードバックされていると考えますか？　周知のように「あったらいいなこんな授業」が大学で実践されたというのは，大きなフィードバックと考えられますが，ここ2回ほどのi*Seeでは，テーマが異なり，その点で学内フィードバックの点で，以前より「みえる化」がされていないのではと思うのですが，いかがでしょうか？　また外部的への発信力を考えると，和歌山大学の吉田雅章先生が，岡山的なイベントを和歌山大学で実践されたことは，1つの成果と考えられますが，その他に思い当たるものはありますか？

●中里　清水さんが「ここ二回」という表現をされましたが，これが重要な点です。つまり，言い換えれば「学生FDサミット（13章参照）が始まった年から」とも表現できるのです。正直なところ，i*See2009を開催する上で，学生FDサミットのことはある程度意識していました。しかも第一回学生FDサミットは，i*See2009より約一ヶ月早い開催でした。私としては，橋本先生もi*Seeのことを「「元祖」教育改善学生交流」という表現を用いられることがありますが，

> 「来月，似たようなイベントが岡山でもあるらしい」とみられることは，絶対に避けたい

と考えていました。そうしたこともあって，単によいテーマ設定をする以上に従来のi*Seeを越える必要性を感じていました。また私自身は，学生主体のイベントにおける「学生が中心で，教職員はおまけ」的な発想に疑問を感じていましたので，今回は趣向を変えて，教員の世界で問題となっている事柄に，学生・職員を加えてみるといういわば逆転の発想のもと，「学生・教員・職員三者がどのように教育改善に加われるのか」というテーマを考えてみました。このテーマは，従来の「新しい授業を作る」といったテーマと異なり，具体的な成果が目にみえてわかるという

類のものではありません。私自身も，開会の挨拶で「今日話し合ったことは，必ずしも明日使えるものではないかもしれない」と述べた通り，実践的なことばかりを扱ったわけではありませんでした。そうした意味で，フィードバックの度合いをi*See2009以前と以後では，同じフィールドで評価できないのではないかと思います。

しかしながら，フィードバックがみえないという清水さんの指摘については，反省するところがあります。特に今回のテーマは，新しい授業やイベントの企画とは異なり，委員会だけで議論された内容を実現することは不可能なものでした。だからこそ岡山大学の教職員のトップ，あるいはそれに近い方々にもっと参加していただくように努力しなければならなかったと思います。教員としては，副学長が出席してくださいましたが，職員については，そうした方々の出席がなかったことは反省しなければならない点です。やはり，個々の教職員の参加も重要ですが，フィードバックという観点からは，そうした

> 組織のトップ，あるいはそれに近い方に出席していただき，トップダウンの形で実施していただいた方がスムーズ

でしょう。そうした点からすれば，清水さんの指摘は真摯に受け止めなければならない点だと思います。

またイベントを通じて他大学の活動から学ぶことはたくさんあります。またそこで行われた議論を通じて，今後の活動に新たな展望が生まれることも少なくありません。現に，i*See2009のテーマもそうしたイベントの中での議論から生まれたものであり，そこで職員の方々から教育改善に対する熱意をお聞きすることができなかったら，i*See2009で職員について取り上げることなど思いもよらなかったことでしょう。

またイベントからの刺激という観点からは，改善委員会に所属する学生の場合，上記に加えて次の二点が大きいと思います。まず

> 自大学の教育改善の現状を知る

ことができます。正直なところ岡山大学の学生委員は，自大学の教育改善活動が先進的なものであるなどといった自覚を最初からもってはいません。私自身もそうで

した。これは，岡山大学の先生が学生に「うちの大学ではこんなすごい組織をもっているんだ」という説明だけでは正直実感がわかないもので，他大学の方々と交流することではじめて理解し実感できることです。また，岡山大学の場合，前に述べたように，学部の推薦で委員が選ばれますから，モチベーションが高い学生ばかりとは限りません。その

> モチベーションを上げるカンフル剤的役割を果たす

のがイベントです。私自身も，委員会では「教育改善は楽しいか？」という問いを常に心の中にもちながら活動してきましたが，イベントではこれを「楽しい」とはっきり言えるたくさんの学生たちと交流できたことが，とても刺激になった記憶があります。

　また，フィードバックのチャンネルの確立も重要です。この点については，教職員が学生を意識することは非常に重要な点だと思います。これがきちんとできていれば，フィードバックのチャンネルの確立は，半分以上でき上がっているような気がします。ただ，学生・教員・職員は，大学の構成員という意味では対等なのだと思いますが，FD についていえば，学生は教員が主体的にがんばっている活動に「参画」する（参画させていただく）というスタンスが現実的ですし，委員会の委員長をやった自分の感覚からいっても，それが学生にとっても活動しやすい立ち位置だと思います。そもそも三者の「対等」は，学生・教員・職員の三者が FD に対して責任を負わなければ成立しないものではないかと感じます。しかしながら，学生にもそのような責任を割り当ててしまうと，（おそらく教職員の方が一番求めておられるであろう）学生独自の「大胆な」視点や発想が萎縮してしまう可能性があるため，ことさらに「対等」を強調することには疑問があります。ではどんな関係がよいかということになりますが，それは，以前，立命館大学の学生 FD スタッフ OB で，現在は法政大学職員の平野優貴さんが三本の矢の故事を引き合いに出されたことがありますが，まさにその関係だと思います。

　あの三本の矢は，戦国時代の毛利・吉川・小早川の三氏を指すことは周知のことでしょう。この三者は三本の矢の構成員という意味では対等かもしれませんが，実際には小早川・吉川の両氏は毛利家をもり立てる役割を果たすため，そうした意味で，三本の矢の一本である毛利氏は二者に対して優位にたちます。私は，学生・教員・職員を三本の矢に例えれば，教員が毛利氏のような位置づけになるのではない

かと思います。私は，いくら学生参画といっても，FDの形式は，あくまで教員がリードしていく形が原則だと思います。問題は，リードすべき教員が，「自分たちは，一本でも折れない丈夫な矢だ」という気持ちや，「残りの二本の矢を足しても対して補強されない」といった学生・職員を軽んじた考え方を捨てることにあるのでしょう。そうした意味では三者が「対等」であるという考え方は重要なものではないでしょうか。

6 イベントの連携性と大学教育へのフィードバックの理想と現実

●清水　教員・職員・学生の三本の矢の中で，教員がリードすべきであるが，学生・職員と「対等」である考え方をもっていることが重要であるという指摘がありました。この点を少し掘り下げ，さらに大学教育へのフィードバックをどう担保するかの理想と現実について考えてみたいと思います。

　というのも岡山大学にはi*Seeとは別に，教職員向けの桃太郎フォーラム，新任・転入教員研修会が開かれています。外から見ると，学生・教員・スタッフの3者が三つ巴で，大学というコミュニティを構成員としてお互いのことを理解し，大学教育を前進させるための取組に見え，学生・教職員教育改善委員会という名前の委員会の存在がさらに一体感を強調しているように映ります。しかし，実際，3つのイベントの間にどれだけ密の連携・相乗効果があるのでしょうか。教職員は桃太郎フォーラム，学生はi*See，新人教員はまず研修会という棲み分けがある程度できてしまっていて，一つひとつの矢が対象になっていて，三本の矢で考えるイベントにはなっていないのではないでしょうか。そういった指摘をここでさせていただいた上で，イベントの継続性と大学教育へのフィードバックの理想と現実についてもここですこし突っ込んだ質問させてください。

　i*Seeと学生参画型FDとかけて，なんと解きますか？　祭？　駅伝？　駅伝と解くと，タスキをつなぐという任務が出てきますが，箱根駅伝復路のように，タスキはつながれず，繰り上げ出発のケースも出てきます。ルートは毎年一緒，駅伝を走りタイムを競うだけ，ガリバーの手のひらの上で走っているだけであることに気づかず恒例のイベントをこなしているだけで，到達点は一緒ということもできるかもしれません。一方，祭と解くと，神輿が街を練り歩き，露店が出て，多くの人が足を運び，また来年！　駅伝も祭も毎年開催されるわけですが，伝統ですから伝説の何人抜きという記録は残ったとしても進化することはほとんどないのです。こ

の事態を,学生参画・主体型 FD の推進役を一方で担ってきた岡山は進化によって打開できるのか,それとも祭・駅伝で終わるのか? まず個人的な見解を教えてください。祭・駅伝的なイベントで続いていくと思うのなら,なぜそう思うのか。あるいは,進化できると思うのなら,その予兆を答えてください。

●中里　私は岡山大学は,イベントを進化できると思います。あるいは既に進化し始めていると申し上げてもよいのではないかと思います。と言いますのも,i*See 2009 で交流した複数の教員の方がこうおっしゃいました。「岡山のイベントは,結構深いところまでやるね」と。この指摘こそ岡山大学の学生主体のイベントが今後進化しなければならない,いや既に進化し始めている点なのです。

ここからは個人的な考えになりますが,教育改善のための学生交流型イベントの現状を踏まえるなら,こうしたイベントでは,全国の様々な人と交流して,自らの知見を広げるという総合的な目的に加えて,少なくとも次の3つのことが想定されなくてはならないと考えています。

> ①学生を FD に参画させる意義を理解してもらい,学生参画に向けて取り組んでもらう(組織の形成)。
> ②学生の FD 組織をより充実したものとする(組織の発展・継続,相互ネットワークの形成)。
> ③学生自身が,教員世界の FD を学生なりに学ぶ(学生自身の開発)。

補足すると,①-③では,対象が異なっているということがいえるでしょう。①の場合,学生を FD に加えることに疑問を持つ教職員,あるいは「FD ってなんだ?」というレベルの学生などが対象として想定されています。これに対して②,③の場合は,FD に学生を参画させる意義を認めておられる教職員や実際にそうした組織で活動しておられる学生・教職員などが対象として想定されます。

おそらく,i*See が始まった当初(他のイベントと比較されることのなかった時代)は①のみを想定しておればよかったのだと思います。しかし,学生参画型の教育改善に理解のある方が増え,さまざまな学生主体の教育改善イベントが各地で行われるようになった現在は,①だけを追求すればよいという状況ではなくなっています。①-③は別々の方向を向くべきではありませんが,①-③を一つのイベントで兼ね備えることは正直言って難しいのではないでしょうか。

②,③の対象として想定されるような人は,当然①を目的としたイベントにも参

加し，参加者を教育改善へ取り込む努力をしなければなりません。しかし，①の対象として想定される人が，いきなり①を飛ばして②や③を目的としたイベントに参加することは難しいのではないかと思います。

　ではどうするか。①－③それぞれに特化したイベントを行うべきではないでしょうか。個人的には，「岡山のイベントは，結構深いところまでやるね」という指摘を踏まえるならば，2009年の場合，①・②型の学生参画型のイベントと②・③型i*See2009が上手く調和して開催されていたと見ることは，全くもって的外れな考えとはいえないのではないかと思います。

　ただ，先述のとおりi*Seeの実行委員長は自分の好きなテーマを選べるようになっていますから，こうした「調和」がこれからも続くという保証はどこにもありません。しかしながら，これはいつかやらなければならないことだと思います。①で想定される人々を対象としたイベントは，「もうその役割を終えた」とは言えません。ですから，そうしたイベントはこれからも必要です。しかし，一方で②や③に特化したイベントもまた必要になっているのではないでしょうか。

　それでは，②や③のようなイベントを主催するのはどこか？ということが議論になります。これはなかなか難しい問題ですが，個人的には「今②，③のようなイベントが手薄だから今度イベントを新たに開催する大学がこれを行う」というのはあまり望ましくないと思います。むしろ，①を目的としてイベントを行ってきた大学が，新たにイベントを開催する大学にそれを譲り，②・③を目的としたイベントへと「転生」する必要があると思います。

　清水さんが「ここ二回」という指摘のように，岡山大学も①型一辺倒ではなく，②や③の要素も重視したイベントへと「進化」している最中であり，こうした流れは継続していくのではないでしょうか。

●清水　中里さんが，指摘してくれた，教育改善学生交流のイベントに想定されなければならない3つのことは，これからの学生参画・主体型FDを推進するために考えなければならないよい指針だと思います。

　それではイベントから得たフィードバックを大学教育にいかに担保するかについても聞いてみたいと思います。毎年どれだけ大きなイベントが開催されても終了した時点で，また来年！では，確かにイベントを企画運営した人たちや参加した人たちにやり遂げたという達成感こそ残りますが，イベントで得られたフィードバックは，大学教育の改善には結びつきません。

　多くの大学では，授業評価アンケートをして，それを報告書にまとめ，保護者に

対して私たちは教育に情熱を注いでいますというアピールをし，自己点検評価にもFDはしっかりしていると記載している——しかし，この程度で終わっている大学の教育改善はあまり期待できないでしょう。そんな大学の中で，岡山大学は，学生参画型のイベントや授業で他の幾つかの大学とともに群を抜いているように見えるのに，フィードバックが担保されないとすると，実際には，その盛り上がりは見せかけで，成果は学生にも還元されていないということになります。それはあまりにもったいないと思いませんか。

　例えばFDセミナーなどに参加しても，大学の理事やスタッフがちゃんと参加し，情報交換会まで残って話をしていると印象的だし記憶に残りますよね。それに学生諸君がセミナーや情報交換会にも積極的に参加してくれるとさらに素晴らしいものになると思いますが，そのような充実した環境を作るため，岡山大学ができることがあるとすれば，何でしょうか？　実現可能なことはあるのでしょうか？

●中里　大学の教育改善のイベントに，大学の理事や教職員が学生とともに参加し意見を交換することで大学全体が教育改善に向いていく環境を作るため，岡山大学ができることがあるとすれば，何か，そして実現可能なことはあるのかという質問についてですが，岡山大学の場合，理事の方（i*See2009の場合は副学長）が最初の挨拶だけでなく，その後のプログラムにも出席していただいています。

　表面的な話になりますが，できることとしては，

- 出席された理事の方にこうしたイベントに参加するよう他の教員を促していただくこと
- 学生は早めに出席していただきたいという熱意を理事などに伝えること

が挙げられると思います。

●清水　なるほど，そういった地道な活動から活路をひらくということは大切なことですね。他に，こうしたことに関連して何かおっしゃりたいことはないですか。

●中里　例えば，以前i*See2009に参加していた奈良県立大学の学生に誘われて「学生の地域創造 IN NARA」というイベントに参加させていただいたのですが，そこである先生から，「（今回は主催者の大学から交通費などの援助がされているけれども）君たちはそうした援助がなかったとしても，自腹でこうしたイベントに参加するか？」と問われたことがあります。なかなか心に刺さる質問でしたが，たいへん重要な点だと思います。おそらく学生FDに関わる学生も，この質問に「はい」と言える

学生ばかりではないでしょう。学生ＦＤのイベントに参加し，自らの大学で学生参画型のＦＤを進めたいという意欲のある学生が，できるだけ資金面で制約をうけることなく，学生ＦＤのイベントから様々なことを学び，自らの大学の教育改善に活かすことが出来るように大学がサポートする体制があるとすばらしいと思います。

7　学生参画型・学生主体型 FD の昨日・今日・明日
：次世代の学生参画型・学生主体型 FD を担う教職員・学生諸君への想い

●清水　お答えありがとうございました。さて，中里さんの観点から，岡山大学の学生参画・主体型 FD のこれからについて話してもらいましたが，ポスト橋本先生時代を想像して，岡山大学はどう対応していくのか，そして，どう対応すべきかについてお考えを述べてください。2010年度末に橋本先生は岡山大学を退職し，富山大学に移られました。岡山大学は，中里さんのコメントを見る限り，トーチがつながれていくのだろうと推察しますが，橋本先生が抜けた後，i*See 及び岡山大学の教育改善委員会の方向性に変化が出てくると考えるかどうか，変化があるとすればどんな変化が予想できるのでしょうか。

●中里　i*See2009 を開催する際，橋本先生は，実行委員を積極的にサポートしてくださいましたが，内容などに口を挟むことは無く，自由にやらせていただきました。このため，今後委員会に変化が生じたとしても，それは「橋本先生がいなくなったから」生じるものではないと感じています。

変化といえば，近年の委員会は，学内の知名度をあげるためにさまざまな取組がなされていると思います。例えば，委員会有志によるブログなどの新しい試みに加え，既存の活動を行う際にも委員が率先してビラを学生に配ったり，授業評価アンケートについて学生にアンケートをとったりと積極的に委員会の活動を学内に周知させようとしています。さらには愛称まで，「SweeTFooD」ですからね。これは，「委員会」というのが固いからだそうです。私はその「固さ」がわりと好きなタイプの方ですので，なんだか寂しい気もしますが，学生たちに親しんでもらうという点を考えればよい取組だと思っています。

●清水　岡山大学の現在についてお答えありがとうございました。その橋本先生ですが富山大学で 2011 年度から新たな活動を始められています。橋本先生のことですから，岡山とは違う何かを打ち出してこられると思っていますが，もし，この新しいキャンパス（キャンバス）で新機軸の学生参画・主体型 FD を始めるア

イディア・ヒントを橋本先生から中里さんに求められたとしましょう。もう一度 i*See をやるならということにもつながると思いますが，どのようなアドバイスを中里さんはされますか。

●中里　そのご質問には，私がもう一度 i*See の実行委員長になったら，どういうテーマを扱ってみたいか，という形で答えてみたいと思います。扱ってみたいテーマは沢山ありますが，二つほど挙げさせてください。

まず

> 「大学は何をするところか？」

という点を，じっくり議論してみたいですね。今の学生にこの問いをすると，仲間作りとかセルフマネジメントといった言葉が返ってくる割合がかなり高いのではないかと思います。では，これは「間違い」なのかという点をまず議論してみたいと思います。私は「学問をするところ」という基本中の基本というべき答えがたとえ建前でも最初に返ってこないということは非常に問題があるのではないかと思っていますが，どうもそうした認識では一致をみない予感がしますので他の学生の意見も聞いてみたいと考えています。そして「学問をする」「仲間作り」「セルフマネジメント」「就職対策」といった要素の関係について，「学問をする」が主たる目的であり，その他を補助的なものと位置づけるか，また別の位置づけ方があるのか考えてみたいと思っています。また，「学問をすること」以外を補助的なものと位置づけるとしても，大学の運営はそれでよいか（特に「就職対策」などを補助的なものと扱ってもかまわないか）などについても議論してみたいと考えているところです。

また，もう一つ考えてみたいと思っていることは

> 「大学生が「学生」になるのを妨げるのはなにか」

という点です。学会などでよく，学生が自分たちのことを「生徒」とよぶことを問題視している方によく出会います。私は以前，これは学生の意識の問題だと思っていたのですが，最近一概にそうともいえないのではないかと感じています。最近，学力などが低下しているといわれますが，それでも大学生は「大学生」です。何がいいたいかというと，大学生はまがりなりにも，（保育園・幼稚園など→）小学校→中学校→高等学校というそれぞれ異なる教育環境で，最初は変化に戸惑いながら

も，必死に新しい環境に適応しようとして，これに成功してきたわけです。ですから，大学生には生徒から学生になる力が（君たちはこれからは生徒ではなく学生だと長々と説明しなくても）基本的に備わっていると思います。

さきほど「必死に適応しようとして」という表現を用いましたが，やはりこれは古い習慣を脱ぎ捨て新しい習慣を身につけようとする作業ですから，若干苦労することもあるかもしれません。人間誰しも楽をしたいと思いますが，例えば「中学までのやり方ではだめだ」と気づくことで必死に高校生になろうとするのです。ですから，「高校までのやり方ではだめだ」と気づけば生徒は必死に学生になろうとするのではないかと思います。しかしそうはならないことが，現実に問題となっているように思えます。

この問題の原因を考えてみるとき，今までそうした環境の変化に適応してきた学生の能力が止まってしまったのかといわれれば，それはちょっと違うのではないか，むしろ

> 現在の大学が生徒から学生への変化をしなくてもなんとかなってしまう環境であることに問題があるのではないか

と最近になって感じるようになりました。こうした視点から，生徒が学生になる上でさまたげとなっている点は何か考えてみたい。そしてそれをどう改善すればよいかを考えてみたいと思っています。

●清水　重要なアドバイスをありがとうございました。橋本先生に関連した質問をさせていただきましたが，橋本先生は言わずとしれた「カリスマ」と言っても過言ではないかと思います。そのつながりで，今度はまた角度を変えて質問させてください。今，日本のいくつかの大学で進みつつある学生参画・主体型FDは，そのFDを推進するカリスマがいるから進んでいるというのは極論でしょうか？　いや，学生の意識の高まりがコアになっているという確信が中里さんにはあるのでしょうか？　もしあるのであれば，その根拠はいかがでしょう。

●中里　現在いくつかの大学で進んでいる学生参画・主体型FDとカリスマ教員の存在という清水さんの指摘は，別に極論ではないと思いますが，それは，カリスマが原因なのか学生の意識が原因なのかという二者択一の因果論ではなく，両方あるから推進できているのだと思います。

つまり学生参画型FDの組織は，コーディネーターとなる教員が組織を作って学

生の参画を募る形式が望ましいことは明らかです。意識ある学生が集まって組織を作って,「参画したい」という形式では教員との対立を生むだけではないでしょうか。このようなコーディネーターたる教員をあえて「カリスマ」と呼ぶならば,カリスマがいるから進んでいると言えると思います。

ただし,そうしたカリスマたる教員も,せっかく学生参画型のFDを進めようと思っても,学生が参加してくれる見通しが全くたたないとなると,学生参画型FDを進めることはできません。その見通しをたてる上で,学生の意識の高まりというのは重要な判断材料になっていると思います。

●清水　答えにくい質問だったと思いますが,お答えありがとうございました。最後に学生参画・主体型FDの次世代を担う教職員そして学生諸君に最後にこれだけは言っておきたい,再度強調しておきたいメッセージをお願いします。

●中里　学生参画・主体型FDを担う次世代の教職員・学生諸君へのメッセージということですが,私は学生の立場でFDに参画させていただいたので,次世代の学生参画・主体型FDを担う学生のみなさんへのメッセージを記述したいと思います。

若干きつい言い方かもしれませんが,委員会をしている人間は,自分たちにしかできない特別なことをやっているわけではありません。言いかえれば,活動内容自体は同じ大学に通う学生なら誰にでもできることなのです。委員一人ひとりの価値はどこに見出されるかを問えば,それはいかに「大学全体で物事を考えられるか」これにかかっています。つまり,

> 大学全体という大きな規模で物事を考えてください

ということに尽きます。

再三,言ってきましたが自分たちが学生だからと学生の権利ばかりを主張しているだけでは,教員・職員は学生を「対等」とは扱ってくれません。委員が行う提案は,決して学生が楽をするためだけの提案であってはならず,教職員に必要以上に,しかも理不尽な負担を強いるような提案であってはなりません。

「学生全体を考えた提案をする」という点も重要です。おそらく,「そんなの当然のごとくやっている」と全国のFDに関わる学生のみなさんに言われそうですが,果たしてそう言いきれるでしょうか？

例をあげてみましょう。一回生で委員会に入った学生委員が,「一回生から履修

できる専門科目が少なすぎるから，これを増やす提案をしたい」と考えたとします。この提案自体は悪くありません。こうした提案を出そうと活動して二回生になりました。するとどうなるか。自分たちが専門科目を比較的自由に履修できるようになると，今度は「ただでさえ大人数なのに，そんな提案をしたら勉学環境が悪くなる」という懸念が出てくることは想像に難くありません。そんな時に，みなさんはどうするでしょう。

　自らの利益にならぬと，この提案を廃案にして（あるいは議論のペースを落として）しまうのか，それとも両者の立場を考えながら，最善の策を考え出そうとするのか。ここで学生全体のことを考えた判断ができること（委員会に関わる教職員は，これができているかチェックしておかなければならないと思います），これが教職員から学生・教員・職員が「対等」であるとみてもらうための必要条件だと思いますし，それができる学生委員こそが「学生・教員・職員が三位一体となって」という表現がされる場合の「学生」を代表する資格を与えられているのではないでしょうか。

　「学生」を代表するといっても，「自分たちは委員である前に学生だ」として，自分たちの考え＝「学生」全体の意見という慢心に陥らないように常に注意しなければなりません。ここが欠けると学生全体からの広い支持が得られませんし，逆に「自己満足」という評価につながる可能性さえあります。そうした評価をされてしまうと組織の知名度もなかなか上がりません。そうならないためには，自分たちの成果を積極的に公開すること，自分たちがやった活動で大学がこう変わったということをアピールすべきです。「自分たちは，すぐに学生が「変わった」感がもてない事をやっている」という場合も，これは重要な点で，あまり適切な表現ではありませんが，学生全体にとって「アメ」にあたるようなことも並行して扱っていくべきだと考えています。

●清水　中里さん長い時間お付き合いいただきありがとうございました。岡山大学で，学生参画型・学生主体型FDを引っ張り，活動やイベントを通じて，より広い視野から現在の学生参画型・学生主体型FDを見つめ，考えてきたコメントは，これから学生参画型・学生主体型FDを担っていく学生諸君にはもちろん，学びの主権者である学生を支える知の協動体である大学の構成員である教職員にとっても，これからの大学教育を考える重要な視座を与えてくれたように思います。本当にありがとうございました。

23 学生参画による学士課程教育の再構築

清水　亮

1 はじめに

　2008年12月に出された中央教育審議会答申『学士課程教育の構築に向けて』では，大学教育の教育観を従来の教員中心，内容重視のものから，学生中心，ラーニングアウトカムズ重視のものへ転換することの必要性が強調されている．今まで，多くの教員は自らの研究と教育を進めるなか，とりわけ教育の改善については，いかにすればよりよい授業ができるかについて考えながら，自らの授業法の改善に取り組むことが多かったのではないだろうか．これらの努力の多くは，大学教育で「教員が何をどれだけ，教えるか」という教育を前提として行われてきた印象がある．しかし，これからは，「学生が何を学んだか，何ができるようになったか」が可視化できるFDへの取組が求められている．

　中教審の答申で指摘されている学士力を，大学4年間において学生が身につけなければならない最低限の到達目標と考えると，入学生個々人の入学前の資質・能力に応じたサポートをいかに学士課程教育のなかに構築できるかが，その目標達成の鍵となる．つまり大学教育をフライトに例えるなら4年間という予定飛行時間の間に，入学生の資質・能力の有無による向かい風や追い風を想定しながら，大学という知の協働体は，学生を大学が育成をめざす人材像へと導きながら学士力の修得という目的地に送り届けなければならない．入試制度が機能し，ある程度の基準で学力による選抜が可能な大学では，大学の育成すべき人材像・学士力達成において，向かい風の要因およびその対応への配慮はあまり存在していない．しかし大学全入時代を迎えた現在，定員割れで学力試験が形骸化してしまった私立大学においては，向かい風の要因およびその対応の配慮が急務となっている．このような状況下に，私たちはどのようにFDを進めていけばよいのだろうか．

教育開発センターや中期目標のもと，組織的なFDが推進可能で，しっかりPDCAが働いている大学では，多少時間がかかったとしても，大学のめざす人材像・学士力達成へのメカニズム（DP：ディプロマ・ポリシー，CP：カリキュラム・ポリシー，AP：アドミッション・ポリシーの構築確立を含む）が確立されFDが推進されていくはずである。しかし，残念ながら，日本の大多数の大学には，教育開発センターのようなFDの追い風になる組織は存在していない。中教審答申の実現には大学という知の協働体の構成員の個々人の努力が不可欠となる。とはいえ，教育開発センターのような組織がなく組織的なFDが推進できない場合，他大学の教職員・学生との情報交換のネットワークを活用しながら，自分の大学の置かれている状況を把握していくことが必要である。大学全入時代を迎え，学力のばらつきがどの大学にも重くのしかかっているが，教育開発センターのような組織のない大学では，とりわけ教育力の向上に取り組む必要があるにもかかわらず，FD＝授業評価アンケートというFDの形骸化が進み，気づいてみたら募集停止ということになる事例も現出している。テレビ朝日の「本当は怖い家庭の医学」では，ちょっとした異変が実は大病の兆候であるとは思わず，たいへんな結果に至る事例が紹介されていることをご存知のみなさんは多いだろう。「本当は怖い大学のFD」という番組の事例の1つになってしまう前に，本章では，教員1人でも実践可能で，ラーニング・アウトカムズを向上させることのできる可能性を秘めた学生参画型・主体型授業に焦点をあてて考えてみたい。

2 「大学の実力」調査から見えてくるもの

2009年に読売新聞社が行った第2回「大学の実力」調査で，全国の私立大学で学力を筆記試験で測る一般入試を受けた新入生の比率が44％になったことが明らかになった。大多数の新入生が一般入試を受けている国公立大学や有名私立大学・学部以外の大学では，学生の学力のばらつきにいかに対応するかが喫緊の課題となっている。第2回「大学の実力」に回答した大学は529校，国立大学81大学，公立大学62大学，私立大学386大学である。「全学的な教育改革を進めるうえでの問題」について「学生の学力のばらつきが大きい」を挙げた学長は，国立大学で23校（28.4％），公立大学で12校（19.4％），私立大学で205校（53.1％）にのぼる。一方「教員の意欲や能力に問題がある」をあげた学長は，国立大学は無，公立大学で11校（17.7％），私立大学で103校（26.7％）になっている。私立大学の53.1％の

学長が，学生の学力のばらつきを問題とすると同時に，26.7％の学長が教員の意欲や能力に問題があると回答している。天野郁夫（2009）が指摘するように「教育改革の一層の推進には教員の意識改革が必要ということだろうが，教育は相互的な営みである。授業評価を含めて，学生を教育改革の過程に積極的に参加させる仕組み作りが，併せて必要になっている」。

　学生の学力のばらつきへの対応とともに，大学全入時代がもたらすものは，学習意欲も目的もはっきりしないまま大学に進学する学生の多さである。後に詳しく説明する金子元久（2007）の4類型で，疎外型と考えられる学生たちである。「大学の実力」調査では，「シラバス（授業計画書）」に授業以外の学習課題を明示しているかも調査されており，明示している大学の比率は一部実施も含めると，国立大学で62％，公立大学45％で，私立大学35％となっている。この結果について「「学力のばらつき」を問題視する学長が過半数を占めているだけに，ちぐはぐな印象も」という分析がなされているが，私の解釈は少し異なる。金子の4類型のうち同調型，限定同調型，受容型の多い大学，つまり国立大学，公立大学と一部の有名私立大学では，学生に要求しなくても学習意欲があり目的もはっきりしている。そのためシラバスに学習課題を明示すれば自主的な学びの推進が期待できるので明示されていると考えればよい。そして全入時代における学生の学習意欲の低下，「学力のばらつき」に直面し，それらが問題化した私立大学の多くでは，それらを明示しても学生に学習意欲がなく目的もはっきりしておらず学習課題には着手されないうえ，教員もどうしたら学生に学ばせることができるのかわからないので，35％に留まっているというのが現状ではないだろうか。

　このような状況を考えるならば，FDを狭義に教員の授業改善と捉えているだけでは，中教審の答申の達成は，まず不可能である。学士課程教育の構築に向けて，「学びの主権者」たる学生たちそして大学という協働体の重要な構成要素である教員と大学職員を含めたFDを展開していくことが不可欠である。また4年間という年限で，学生に各々の大学が育成をめざす人材像と学士力を達成させるには，入学後早い時期に自主的な学びへの誘いと目標達成への自信の醸成が必要である。時代が大学教育に要求する学士力の達成はもちろんのこと，次世代を担う学生が学びたいことを学ばせることも大学の使命であるのだから，国立大学の23大学（28.4％）の学長が「全学的な教育改革を進めるうえでの問題」と指摘している「学生の主張が強い」ことを教育改革推進の向かい風としてではなく，追い風にする知恵が求められている。

そのためにはここ数年，岡山大学，立命館大学を始めとする全国の国公私立大学で注目を浴び，学生の主体的な学びの伸長に成果を上げている学生参画型FD授業を導入し，学生・職員と大学教育・学士力を創るFDを展開していくことで，1つの活路が見出されるのではないだろうか。ここでは学生の主体的な学びを推進し，大学を「学習させる大学」に変化させる第一歩として，今日からでも自分の授業に導入できる双方向型の学生主体型授業について紹介し，中教審答申達成の活用法について考えてみたい。

3 学生主体型授業とその実践

3-1 学生主体型授業がなぜ注目されるのか

『学生と変える大学教育—FDを楽しむという発想』（清水他，2009）が出版されてから，さまざまな大学が，うちでも学生主体型授業を実践していますと発信することが多くなったような気がする。その一番の例が，2010年8月に出版された『学生主体型授業の冒険：自ら学び，考える大学生を育む』（小田・杉原，2010）ではないだろうか。『学生主体型授業の冒険』は，『学生と変える大学教育：FDを楽しむという発想』で，「FDネットワークで授業改善・教育力向上」の1章を書かれた山形大学高等教育研究企画センターの小田隆治が，同じく山形大学の杉原真晃と共編で作り上げた意欲作であり，山形大学が2001年より開催してきている山形大学基盤教育FD合宿セミナーを通じて発信してきている授業のあり方がどのように誕生し，どこに向かおうとしているのかについての背景と全国での実践例16が紹介されている。

なぜ学生主体型授業に今，注目が集まるのか。中教審の答申を受けて，DP，CP，APの構築を真摯に進める大学では，ラーニングアウトカムズの達成のためには，今までのような講義形式の授業方法では，学士課程教育のなかで，シラバスに掲げる到達目標の達成は到底おぼつかないという確信があるからではないだろうか。このままではたいへんなことになるという恐怖に突き動かされた教員・職員がステークホルダーの学生の主体的な学びを誘う授業形態へシフトするのは当然と浅学非才の私はすぐ考えてしまうのだが，山形大学の小田は，より高い次元から学生主体型授業の必要性を説いている。

小田は，「われわれは学問を教えることこそが大学の根幹であることを信じて疑わないし，伝統的な講義スタイルの存在意義を認めている」としながら「大学の大

衆化が急速に進行する時代の転換点である現代においても，時代に対応する（迎合するということでは決してない）授業法が模索されてしかるべきである」と指摘している。そして学生主体型授業への崇高な思いを「学生主体型授業は，全入時代に伴う学生の学力低下や意欲の減退への対症療法だけの役割を担っているのではない。ましてや精力的な職業人を求める財界からの要請に応えるためだけのものでもない。もっと積極的な意義として，より良い未来を創りだす批判力と創造力，行動力を伴った人間を育成するための挑戦であり冒険である」とまとめている。

■ 3-2 「学習させる大学」へと変化するために

小田の高次元からの学生主体型授業への思いはすばらしい。しかし，その思いを受け止めた上で大学が「学習させる大学」に変わるためには，学生主体型授業が「現場の文法」に合っていることを，東京大学の両角亜希子（2009）が，2007年に東京大学の大学経営・政策センターが行った全国の大学生を対象にした大規模調査のデータで実証的に示していることをここで紹介しよう。両角は，学生がどのような学習行動を行うかは，大きく学生の特性と大学における教育の違いという2つの要因によって決まると述べている。学力や学習意欲の程度により大学生活の送り方は大きく影響を受け，授業への出席率と授業外学習時間が学生のモーティベーションによって異なることを指摘している。両角は，東京大学の金子元久（2007）が示した「大学教育の射程と学生」の学生の4類型（図23-1）を活用し分析する。

授業への出席率と授業外の学習時間について，両角は，高同調型学生は，授業でも授業外でも最も熱心に取り組む一方，卒業後にやりたいことと授業との関係がない限定同調型学生は，授業と関係ない学習には熱心なものの，授業への出席率は低いとしている。そして卒業後にやりたいことが決まっていない受容型学生は，授業でやりたいことをみつけようとし，授業には真面目に出席するが，授業外の学習はほとんどしていないこと，及び，卒業後にやりたいことも定まらず授業にも期待していない疎外型学生は，授業にも授業外の学習にも不熱心であることを指摘している。

また学生がどのような学習行動を行うかを左右する，もう一つの要因である大学における教育の違いについて両角は，大学や教員が学生に「学習させる」力の強さの違いであると述べているが，同時に，有効な教育プログラムは，学生の特質（学力など）によって異なるものであり，一義的に良い教育・授業というものは想定できないと留意している。

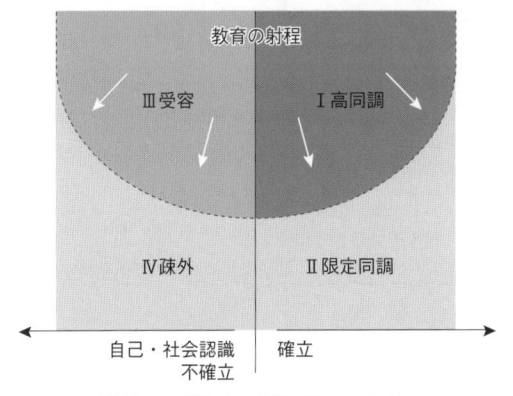

図23-1 学生の4類型（金子, 2007）

金子は，学生を2つの軸（タテ軸は，学生が，大学の側から見て学生が教育の射程に入るか，つまり大学教育の側の教育の意図と合致するか，ヨコ軸は，学生の自己・社会認識の確立の度合）で分類し，下記の4類型に分類している。

I 高同調型　自分について自信を持ち，将来の展望が明確で，大学教育側の意図と学生の将来の展望が一致している
II 限定同調形　学生の自己・社会意識の確立度は高いが，そこから生じる「かまえ」と大学教育の意図が必ずしも一致していない
III 受容型　自己認識や将来への展望は必ずしも明らかでなく，大学教育が目指すものが自分にとってどのような意味を持つかは不明確であるが，不明確であるからこそ，とりあえず大学教育に期待し，その要求に進んで従おうとする
IV 疎外型　自己・社会認識が未確立で，大学教育の意図との適合度も低い，したがって授業に興味が持てない

さらに両角は，学生の授業外の学習時間に大学のどのような教育特性が影響を与えているかを分析し，「授業を工夫し，初年次教育のような教育プログラムを多く取り入れている大学が『学習させる』大学であることが明らかになった」としている。また，どんな工夫が有効なのかについて，両角は，授業手法をその特徴から表23-1に示す3つに分類し，大学によって授業方法に大きな違いが存在しているとし，「教員の努力が比較的少なくてすむ統制型の授業は導入率が高く，学生配慮型や双方向型の実施率はそれほど高くない」と指摘している。

これらの分析を踏まえ，両角は，大学の教育特性（授業の特徴や初年次教育の導入率を含む「個性」）の違いが，学生の学習時間にどのような影響を及ぼしているか考察し，

- 「双方向型授業＋学生配慮型授業」で大きな効果
- 初年次教育も限定的な効果あり
- 統制型授業は効果なし

表23-1 授業手法の3分類（両角, 2009）

学生配慮型授業	興味がわくよう，理解しやすいような工夫がされ，TAなどの補助的指導もある授業
統制型授業	出席重視，最終試験の他に，小テストやレポートの課題がある
双方向型授業	コメントが付されて提出物が返却される 授業中に自分の意見や考えを述べる グループワークなど学生が参加する機会がある

という結論に達している。つまり，「双方向型授業＋学生配慮型授業」である学生主体型授業は，『学習させる』大学へと変化するために日本の大学にとって有効な授業形態であることが，現場のデータからも明らかになっているのである。

■ 3-3 『学生主体型授業の冒険』の理念と実践例が教えるもの

学生主体型授業は，学生を放任するのではなく，教員は臨機応変に対応していくことが必要で，学生の多様な能力を引き出そうとするならば，授業者もゆっくり構えることが必要である。とはいえ，小田のいうように「教師の存在によって，学生主体型の授業は授業として成立するのである」。

それでは学生主体型授業の構築には何が不可欠なのだろうか。私はそれが教員の資質・能力，とりわけ教員の人間性と授業の構築力，コミュニケーション力，双方向性を確保するための工夫と仕掛け，そして忍耐力にかかっている気がしてならない。

ここで学生主体型授業の実践に不可欠なエッセンスとは何かについて，『学生主体型授業の冒険』の執筆者の北海道大学の阿部和厚（2010）と北星学園大学の田実潔（2010）の論考をもとにまとめてみたい。

田実の指摘するように，学生主体型授業の第一歩は，目の前の学生の求める教育内容（教育的ニーズ）を把握することから始まることは間違いない。学生の求める教育ニーズに対して，教員がそれぞれの立場や環境において独自の教育的観点からそれらのニーズと教育内容（講義内容）をブレンドさせていくことが求められるわけである。しかし，大学の全入時代に突入した今，とりわけ多くの私立大学では，学生が当該の授業に望んでいるニーズの解明よりも，授業の到達目標の達成には，どこから始めなければいけないのかを確認することから着手しなければならないのではないだろうか。学生の当該授業を受講し到達目標を達成するのにニーズを把握

し，教育手法・内容が適合しているかについて，田実が強調しているように，いわゆる P-D-C-A サイクルの P の前に A（Assessment）が入る A-P-D-C-A サイクルを活用し，「学力のバラツキ」にどう対応するかの新たな授業設計が求められる。

　A-P-D-C-A サイクルにより，学生の教育ニーズに学生主体型授業の手法を導入する際には，阿部の学生主体型授業の実践をもとに考えると，

> ①学生主体型授業は，1人でも進められるが，仲間がいたほうがよい。
> ②反省的実践家は行為しながら考える。
> ③授業設計を何重にも考え，改善を怠らない。
> 　「急がず焦らす，指導のタイミングに注意」
> 　「発表を有効に活用し学生を乗せる」
> 　「現場へのリアリティを重視する」
> 　「学びを社会的責任に結びつける」
> ④カリキュラムマップの中における必要性の考察

が必要になる。

■ 3-4　多様な実践に共通する理論的基盤とは何か？

　『学生主体型授業の冒険』で紹介されている実践例には，到達目標が明示的に設定できると考えられるものと，デザイン科目などのようにある意味，学生の取り組みに応じてオープン・エンドになっているものがある。また，将来プロフェッショナル・知識人（医師，聴覚士，建築家など）として活躍する際に必要な知識・技術・ノウハウの構築の第一歩を狙いとしたものと，山形大学の「自分を創る―表現工房の試み」「フィールドワーク―共生の森もがみ」，Humanity と Environment の2つのキーワードを基に分野の異なる3人の教員が担当した「未来学へのアプローチ」，北海道大学のフィールドに出る学生主体型授業「フレッシュマンセミナー」のように，教員を指揮者に例えれば，できる限りオーケストラの団員を奮い立たせ，最後にすばらしい演奏を披露できるかにかかっているものもある。『学生主体型授業の冒険』では紹介されていないが，同志社大学の PBL の授業も後者の学生主体型授業と考えられるだろう。

　これらの種類の異なる学生主体型授業に共通している理論的基盤は何かと考えると，北海道大学の鈴木誠が「蛙学への招待」を構成する理論基盤としているバン

デューラ（Bandura, 1977）が提唱した自己効力感ではないだろうか。「自分が，学習や課題を解決できるかどうかに対する自信と信念」の強化を目標として実践が行われている。学生主体型授業で学生の「やれば，できるね。俺ってダメじゃないじゃん」という自信をつけることができれば，学生たちはやる気になる（鈴木，2010）。自己効力を引き出せた学生は次のステップへと歩み始める。そのステップを，学生主体型授業の中で加速する工夫も可能である。『学生主体型授業の冒険』の共編者の小田が，その秘策を披露している。「プレゼンテーションが終わったら，目の前ですぐに評価を伝えています。（中略）この班は100点満点で85点です。授業のオリエンテーションで説明したように，次の班が今回と同じレベルならば減点して75点になります」（小田，2010）。

中教審のめざす「学生が何を学んだか，何ができるようになったか」が可視化できるFDの推進によって，ますます学生主体型授業に期待が寄せられることは間違いない。

■ 3-5　アメリカ出羽守ではないものの

実は『学生主体型授業の冒険』のなかで，とりわけ小田や阿部の実践の紹介で明確に指摘されている学生主体型授業の推進に不可欠な観点は，2000年にアメリカの大学の授業にアクティブラーニングの手法を導入した先駆者たちによる書籍 *The New International Studies Classroom: Active Teaching*（Lantis, et al., 2000）で，彼らがアクティブ・ラーニングの実践に必要と考えた観点と重複している（Holsti, 2000）。小田は，「学生主体型授業にあっては，授業全体の達成状況や学生の能力・個性を把握して，段階的により高いハードルを提示する，ということが授業者の果たす重要な役割となる。この高いハードルによって最終的には達成感と自信が彼ら（学生）の中に育まれていく。これが大きな教育成果である」としているが，12年前に出版された前掲書では，目の前の学生のレベルに合わせて，彼らが勉強しないだろうと，学生の期待を絶対に下げてはいけないこと，学生には24時間注意を払うこと，自分の専門分野に特化した授業しか担当しないこと——専門分野であれば，自らの知識を生かして，いくらでも授業の企画，内容について工夫をすることが可能であるはずであるから——などがすでに指摘されている。

NHKテレビで今年「ハーバード白熱教室」と題して放映され，翻訳本も出版されたハーバード大学のマイケル・サンデル教授の「正義」の授業をご存知の方も多いだろう。名門ハーバード大学で最も人気のある授業とされ，あれほどの大教室で，

現代の難問「正義とは」について，受講生とサンデル教授が，あたかも1対1で向かい合っているような空間を醸し出す授業である。たとえ伝統的な講義スタイルでも，自らの専門性をフルに活用すれば，「能動性・主体性・コミュニケーション能力・ディスカッション能力，プレゼンテーション能力，それに課題発見・解決能力の育成」が可能であることを示しているのである。

いくつかの大学教育開発センターの教員が海外のFDの状況の視察に赴き，海外では日本以上に大学をあげて組織的なFDが推進されているという事例報告をよく耳にするが，留学時の印象からすると，やはり教育力の向上は，一人ひとりの教員が，テニュアのシステムと格闘しながら，地道に行っているという気がしてならない。その点で，学生主体型授業を導入することにまだ躊躇されている方々には，*The New International Studies Classroom* や，『学生主体型授業の冒険』などから，東京工芸大学の大島武（2010）の言葉を借りれば「よいと思ったものはどんどん取り入れる「健全なパクリ」が重要」な一歩になるはずである。

4 大学全入時代における学生主体型授業活用の行方

大学全入時代を迎え，今ほど大学の教育力が問われているときはない。学びの習慣さえ身についていない学生が大多数を占める大学では，教育の質保証ができる体制の確立が喫緊の課題であるはずである。つまり，AP，CP，DPのより細やかな体系化と実質化が求められている。しかし，実際には，かたちだけ体裁をつくろうAP，CP，DPに終わっている印象がぬぐえない。FDが形骸化し，学習意欲のある学生がごく少数の大学では，学生に学習させることができるかどうかが，文字通り大学の存亡を左右することになる。

金子元久（2007）は，「『学習させる』大学へのシフトには，一般的なモデルがあるわけではない。むしろ個々の大学がそれに向かって実態を把握し，現状を改善していく姿勢が必要である。そうした意味で，『学習させる』大学は，自身が『学習する』大学であることを求められている」と述べているが，今，学生主体型授業を推進している大学こそが，『学習する』大学であるような気がする。しかしながら，残念なことに，全ての大学で，すぐに学生主体型授業が導入できるわけでない。大学の自然淘汰が始まっている今，学生主体型授業をどのように導入すればよいのだろうか。現代の大学生の姿を，違った観点から分析している前述の金子，両角の研究と京都大学の溝上慎一の研究（溝上，2009）がその導入へのヒントを与えてくれ

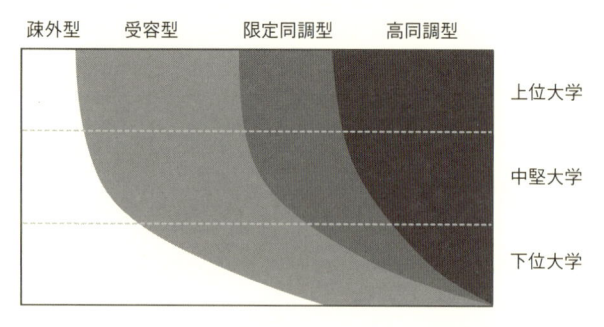

図23-2 大学のレベルと金子の学生4類型の相対的比率

るかもしれない。

　金子は，学生の4類型のうち，高同調型は東京大学においても3割に満たず，各種の調査の結果でも多くないとし，その一方で，受容型と疎外型は少なくないし，増加していると指摘している。しかしながら，大学のレベルによって分布の状況は大きく異なると考えられる（図23-2）。

■ 4-1　高同調型，限定同調型，受容型中心の場合

　4類型のうち，高同調型，限定同調型，受容型が大部分を構成し，若干の疎外型が存在する大学では，学生参加型，学生主体型授業の導入は，比較的容易であるはずである。『学生と変える大学教育：FDを楽しむという発想』や『学生主体型授業の冒険』で紹介されている大学のほとんどは，このような学生の構成になっていると考えられる。つまり，学生は，自己認識・将来展望をもっており，基礎学力を備え，どう学べばいいのか（学習行動）がわかっており，モーティベーションをもっている。その学生に対して，大学は，それぞれの大学の教育理念・教育目的のもと，学生が専門知識体系を享受できるようなカリキュラム・授業プラクティスを推進し，その実現に不可欠な学習環境の整備を進める。

　これらの大学での，学生主体型授業導入は，大学に期待されつつも，十分にその責を担ってこなかった専門分野の知識技能における問題点を改善することに寄与するはずである。すなわち，大学で習った知識は使えない，細分化しすぎているという問題点の解消につながるのではないか。さらに，新しい試みとしての学生主体型授業の導入することで，「大学の授業の内容は，実際の社会の変化に適応していない」という今までよく指摘された問題点の解消につながることも期待できる。

つまり学生の学習をさらに推進し，大学で習った知識が社会に出ても活かせるという実感を与えることができるはずである。そして一般教養科目はもちろん，上位大学では専門分野においても活用することができるだろう。大門正幸が名古屋大学で実践している「全員先生方式」が成果をあげていることからも確かである（大門，2009）。

■ 4-2　多くが受容型の場合

少ないものの高同調型，限定同調型も存在するが，多くが受容型で，ある程度の疎外型が混在する大学では，上位大学とは違い，学生が自ら資料を集め，研究する主体的な学びに覚醒していない。そのような大学で，学生主体的授業を展開するには，田実（2010）が強調しているように，いわゆるP-D-C-AサイクルのPの前にA（assessment）が入るA-P-D-C-Aサイクルを活用し，「学力のバラツキ」に対処する新たな授業設計が求められる。

この方法がみえてくれば，これらの大学でも学生主体型授業を展開することはできるだろう。『学生主体型授業の冒険』に登場した大学のようには順風満帆とはいかないにしても活用できるはずである。名古屋大学同様，本部校の中部大学で大門（2009）は「全員先生方式」で成果をあげており，学生主体型授業の将来に期待をもたせる。

この点について，鈴木（2009）は，自らの授業のめざすことは，「自分が，学習や課題を解決できるかどうかに対する自信や信念」を意味する自己効力を学生から引き出すことであると述べている。「現在の学習課題や自分が置かれている学習状況，また自分の目標の設定がしっかり把握できている学生は，意欲が高いことは言うまでもない。」としている。

一方京都大学の溝上慎一は，「大学生活の過ごし方」が「学びと成長」をどのように説明するのかの検討を授業外学習・読書（因子1），インターネット・マンガ（因子2），友人・クラブサークル（因子3）の3つの因子分析で行い，学生像を4タイプに分類している。溝上は，成長する学生像をタイプ3の「授業に出席し授業外学習や読書もおこなう，さらには遊びや対人的な活動にも多くの時間を費やす，言い換えれば『よく学び，よく遊ぶ』活動性の高い学生タイプである。」と結論付けている。

鈴木と溝上の分析の示すものは，金子の高同調型，限定同調型，受容型（その中でも比較的向学心の高い学生）の分類の学生と合致すると考えられる。

溝上は、どうしたら学生をタイプ3に導くことができるかについては言及していないが、そのヒントを鈴木は提示している。鈴木は「自分の目標が明確でなければ、やる気など起きるわけがない。学生が進める授業準備のねらいがここにある。」と指摘している。鈴木は学生主体型授業は、「「教える役割」のように、学生が授業で活躍する文脈を設け、主役となれるように授業の前面に引きずり出」し、「「ひょっとして、オレにもできるかもしれない」という学習への自信が芽生え、意欲を引き出すことにつなが」り、「教師が学生に対して期待感を持って接する」ことで学生の自己効力を強化することができると。つまり、学生主体型授業の導入により、「金子の高同調型、限定同調型、受容型（その中でも比較的向学心の高い学生）の分類の学生たとえ学習内容が膨大で難しくても、学習の目的や学びの方法が学生に理解され、何を学ばせるのかといった授業デザインが教師側にしっかりできていれば、学生の意欲は引き出すことが十分可能である」と考えることができる。

■ 4-3 疎外型中心の場合

上位大学、中堅大学では、スタート時点で、学生の教育ニーズの把握ができ対処法を盛り込んだ授業設計がなされれば、学生主体型授業の実践は、ますます盛んになっていくはずである。一方、学生の大半は疎外型そして少数の受容型、そして若干の限定同調型、高同調型はほぼ皆無の下位大学において、学生主体型授業を推進するには越えなければならないハードルが数多く存在している。再び鈴木（2010）の分析を借りれば、「自分の目標が明確でなければ、やる気など起きるわけがない」。下位大学でも、学生の大半を構成する疎外型と少数の受容型の学生に対するA（Assessment）がしっかりでき、どの段階から主体的な学びへの動機付けが必要であるか、どこから着手すればよいか、などといったことが判定でき対処法を考えることができるなら、学生主体型授業の実践は可能になるはずだ。しかし、その実践にはかなりの困難が伴うはずである。

5 むすび：高等普通教育の時代

金子によれば、これからの日本の高等教育は、高等普通教育の時代に入る。そういった状況の中での学生主体型授業の導入は、学生に求められている自己認識・将来展望、基礎学力、学習習慣・モーティベーションの向上につながり、学習と成果のメカニズムにおいて、大学と学生の接点である教授、そして学習過程にプラスの

影響をもたらす。同時に大学教育を構成する2つの軸（大学の教育・学生）の双方にも作用する。大学の教育については，①授業のプラクティス，教員の姿勢，②カリキュラム，教育組織，③理念，教育のガバナンスを考え直す機会を，学生にとっては，①専門教科の学力，基礎学力，勉強の習慣，②社会認識：大学教育の自分にとっての位置づけ，社会のなかでの自分の役割，③自己認識—自分が何をしたいのかという自信の構築に寄与するのである。学生は，静岡大学の佐藤龍子（2010）の言葉を借りれば，学生主体型授業のおかげで，「自己学習力」と「自己発電」力を体得するチャンスを得るのである。

しかし，学生主体型授業の導入は，上位大学，中堅大学と下位大学の教育環境の違いをいっそう明らかにし，格差を拡大することになるはずである。学生主体型授業がますます導入される上位，中堅大学は，どんどん進化する一方で，学生主体型授業といわれても，4年間の在学期間の間に，目の前の学生に学生主体型授業が効を奏するまでに育てるのは無理とお手あげする他ない大学が，かなりの数現出するのは明らかである。両角の「分析対象とした20大学は厳密にサンプリング（高，中，低ランク）したものでないため印象論であることを免れないが，中ランクの大学で教育改善の努力が少ないケースが多いようだ」という指摘にも留意しなければなるまい。

2006年以来2月に大学特集を組んでいる中央公論の2011年2月号で，立花隆は，「大学の質は，「相互刺激の総量」で決まります。教師と学生との相互刺激が重要で，それを引き出す場を用意し，引き出す刺激を与えることが重要なのです」と指摘している。私たち大学教員は，この指摘を肝に銘じ，現在の状況を真摯に受け止め，学生に求める以上に自己学習力と自己発電力を向上させる必要に直面しているのではないだろうか。学生主体型授業をリードし『学生主体型授業の冒険』に寄稿されている先生方の大学でさえ，授業アンケートに「今までにない授業」「今までの授業は先生が一方的に話して，最後にテストして終わり，って授業多かったですが」などのコメントが寄せられているのを読むにつけ，学生主体型授業の推進は，実は，依然として一部のカリスマ的な先生方の実践の域を越えて，大学全体に定着するまでには至っていないという現実が垣間見える気がしてならない。

大学教育のステークホルダーである学生のため，上位，中堅，下位の大学の教員が今こそ，知恵を出し合い，今よりよい10年後，20年後をみすえて，交流を深め，知恵を出し合い，次世代を担う大学教育のあり方を考え，学士課程教育の再構築に向けて考えるときに来ているのではないだろうか。学生のため，日夜，組織のバッ

キングもなく孤軍奮闘されている教員は，私を含めて計り知れないほどいらっしゃるはずである。

　本書に寄稿されている日本のFDをリードされている先生方に，私の声は届くのだろうか？　たとえ届かなくとも，今少しこの楽曲を心に刻んで，微力ながら，少なくともあと1年は，がんばりたい。

重き荷を負いて

作詞・作曲：中島みゆき
編曲：瀬尾一三，中村　哲

足元の石くれをよけるのが精一杯
道を選ぶ余裕もなく　自分を選ぶ余裕もなく
目にしみる汗の粒をぬぐうのが精一杯
風を聴く余裕もなく　人を聴く余裕もなく
まだ空は見えないか　まだ星は見えないか
ふり仰ぎ　ふり仰ぎ　そのつど転けながら
重き荷を負いて　坂道を登り行く者ひとつ
重き荷も坂も　他人には何ひとつ見えはしない
まだ空は見えないか　まだ星は見えないか
這いあがれ這いあがれと　自分を呼びながら　呼びながら

掌の傷口を握るのが精一杯
愛をひろう余裕もなく　泥をひろう余裕もなく
ひび割れた唇は噛みしめるのが精一杯
過去を語る余裕もなく　明日を語る余裕もなく
がんばってから死にたいな　がんばってから死にたいな
ふり仰ぎ　ふり仰ぎ　そのつど転けながら
重き荷を負いて　坂道を登り行く者ひとつ
重き荷は重く　坂道は果てもなく続くようだ
がんばってから死にたいな　がんばってから死にたいな
這いあがれ這いあがれと　自分を呼びながら　呼びながら

まだ空は見えないか　まだ星は見えないか
ふり仰ぎ　ふり仰ぎ　そのつど転けながら
重き荷を負いて　坂道を登り行く者ひとつ
重き荷は重く　坂道も果てもなく続くようだ
がんばってから死にたいな　がんばってから死にたいな
這いあがれ這いあがれと　自分を呼びながら　呼びながら

【引用・参考文献】
天野郁夫（2009）．改革には学生参加が必要　読売新聞　2009年7月9日24面
小田隆治・杉原真晃（2010）．学生主体型授業の冒険―自ら学び考える学生を育む，ナカニシヤ出版
金子元久（2007）．大学の教育力―何を教え，学ぶか　筑摩書房
立花　隆（2011）．大学再生には，今一度の「一九四五年」体験を！　中央公論　2011年2月号，26-31.
溝上慎一（2009）．「大学生活の過ごし方」から見た学生の学びと成長の検討―正課・正課外のバランスのとれた活動が高い成長を示す　京都大学高等教育研究，**15**，107-118.
両角亜希子（2009）．学習行動と大学の個性，IDE現代の高等教育，2009年11月号
Bandura, A.（1997）．*Self-efficacy: The Exercise of Control*. NY: W. H. Freeman and Company.
Holsti, O. R.（2000）．Reflections on Teaching and Active Learning　J. S. Lantis, L. M. Kuzma, and J. Boehrer（eds.）The New International Studies Classroom: Active Teaching, Active Learning, Boulder, Co. : Lynne Rienner Publishers.
Lantis, J. S., Kuzma, L. M., and Boehrer, J.（eds.）（2000）．*The New International Studies Classroom: Active Teaching, Active Learning*, Boulder, Co. : Lynne Rienner Publishers.

24 1Q99
学生による授業評価真理教を脱会して

圓月勝博

1 FD元年パラレル・ワールド1Q99

　1999年9月，大学設置基準に第25条の2「大学は，当該大学の授業の内容及び方法の改善を図るための組織的な研修及び研究の実施に努めなければならない」という附則が追加された。この大学設置基準改正以降，日本における全ての大学は，FD（ファカルティ・ディベロップメント）の実施に努めなければならなくなった。いわゆる「FDの努力義務化」である。2008年の大学設置基準改正においては，「実施に努めなければならない」という文言が「実施するものとする」という表現に改まり，「FDの義務化」へとさらに強化されて，現在の大学教育論のいささか重苦しい通奏低音となっている。1999年をFD元年と名づけよう。

　1999年の大学設置基準改正による「FDの努力義務化」は，その前年の10月に公表された大学審議会答申「21世紀の大学像と今後の改革方策について：競争的環境の中で個性が輝く大学」によって，既定路線として予告されていた。副題の「競争的環境の中で個性が輝く」というフレーズは，市場原理の導入を改革の切り札として歓迎する10年前の日本社会の空気を凝縮した見事なネーミングであったが，上記大学審議会答申のなかには，次のような一文が書き込まれていた。

> 　各大学は，個々の教員の教育内容・方法の改善のため，全学的にあるいは学部・学科全体で，それぞれの大学等の理念・目標や教育内容・方法についての組織的な研究・研修（ファカルティ・ディベロップメント）の実施に努めるものとする旨を大学設置基準において明確にすることが必要である。

　「FDの努力義務化」を招き込んだ上記大学審議会答申の一節は，文部科学省関

連公式文書のなかでFD（ファカルティ・ディベロップメント）という言葉が正式に使用された初出例であった。大学教育の主役であるはずの学生の学習活動に対する言及がないことを確認しておこう。「FDの努力義務化」が「FDの義務化」に進展するなかで，現在の公的FD論における学生の不在は，学生に関する奇妙な知的混乱を増幅していく引き金となる。

　1999年の「FDの努力義務化」以降，日本全国でFD企画が開催されるようになった。「FDはフロッピー・ディスクではありません」というジョークが必ず冒頭で口にされていたことは，公的FD論の不毛を考えるにあたって，象徴的でさえあると言えるかもしれない。今の学生は，フロッピー・ディスクなんか知らないからである。それでは，フロッピー・ディスクでなかったとしたら，FDとは何だったのか。リアル・ワールドが封印してしまった学生の学びにもう一度目を向けるために，あれからちょうど10年後に出版された村上春樹の『1Q84』の趣向にならって，FD元年1999年のパラレル・ワールドとしての1Q99を語ることが本稿の目的である。

2　学生による授業評価真理教の登場

　1999年にFDが公的に認知されても，実際のところ，誰も何をしてよいのかわからなかった。このような心の隙間に忍び込んだものが学生による授業評価であった。当時，FD関係者によく読まれた書物の一つとして，日本私立大学連盟が1999年に上梓した論集『大学の教育・授業をどうする―FDのすすめ』（東海大学出版会）がある。まとまった邦文文献がほとんど皆無の状態のなかで，「FDのすすめ」という副題を掲げた上記論集は，聖典のような輝きを示していた。

　この「FDのすすめ」は，事実上，「学生による授業評価のすすめ」であった。東海大学出版会から上梓されたことからもわかるように，中心人物の一人は，東海大学教授であった安岡高志（現立命館大学教授）である。今，上記論集を読み直すと，FDの組織的取組について，大半の執筆者が手探り状態にとどまっていたことが明らかだが，安岡の論考「学生による授業評価の試み―東海大学の場合」だけは，目から鱗が落ちるような議論を展開していた（安岡，1999：pp.91-114）。東海大学自己評価体制組織図を掲載したうえで，学生による授業評価の組織的取組成果を統計学的データに基づいて語り，将来的には教員評価に発展させる道筋が明快に提言されていたのである。

1999年以降のFDの普及に対する安岡の貢献は，いくら評価してもしすぎることはない。事実，彼が先頭に立って主導した学生による授業評価実施は，瞬く間に日本のFDの模範例として広く認知された。文部科学省のホームページにも，それ以来，「学生による授業評価の実施状況」が大学教育改革推進の指針としてグラフで掲載されている。

2009年10月3日，大学コンソーシアム京都において，加盟大学FD担当者を対象としたFD関連企画が開催されたが，設定されたテーマは，当然のごとく，学生による授業評価の活用法であった。前回のアンケートで，「次に期待するテーマ」を参加者に尋ねたところ，「学生による授業評価の活用法」という回答が突出していたからである。現在の日本の大多数の大学関係者のなかでは，学生による授業評価結果を活用することこそ，大学教育改革の正しい道であるという根強い信仰が存在しているようだ。学生による授業評価真理教と私が名づける所以である。「学生」を書名に関する本書に進んで寄稿している筆者も，当初，学生による授業評価真理教の周縁的信者であったことを喜んで付言しておこう。

3 学生の声は神の声か

「私は全面的に学生による授業評価は信頼できると確信しております」と安岡は，『大学の教育・授業をどうする―FDのすすめ』所収の論考のなかで断言している。真面目に回答しない学生もいるのではないか，という今では聞き飽きた批判など，1999年時点ですっかりお見通しの安岡は，「この授業はふざけた学生を生んだ授業ということで，やはり正しい結果であると思います」と見事に機先を制している（安岡，1999：p.93）。

学生の声を神の声のごとく全面的に信じ，全ての罪を教員が教育者として担うことを毅然として説く安岡の言葉は，神々しいまでの倫理的響きをもつ。安岡が唱導する学生中心主義的大学教育改革論は，心ある大学関係者のなかに多数の信者を生み出した。本稿が考察してみたい点は，学生による授業評価が多数の支持を集めた理由である。

まず，学生による授業評価真理教は，ベテラン教員よりも若手教員，さらに，若手教員よりも職員に熱心に支持されてきたことを指摘しておきたい。学生による授業評価の数値が年齢とともに低下することを詳細に説明しつつ（安岡，1999：pp.104-6），大学教育の低迷の責任を全て教室内の教員に帰する安岡の議論は，若手

教員の共感をひそかに獲得する一方で，職員には責任がないことも暗黙に保障することによって，教室と研究室という2つの聖域に立てこもる教員に口出しすることを許されてこなかった職員の不満に格好のはけ口を与えた。権威的な教授が学生から教育者失格の烙印を押されて落胆する様子は，想像しただけでも痛快であるということを否定する者を筆者は偽善者とよぶ。職員を支持基盤としたことは，前例のない改革戦略で，大学において常に透明人間的存在であった職員の潜在的影響力を明らかにしたが，学生と職員の隔絶および教員と職員の相互不信を再強化した点で，大きな禍根を残すことにもなった。本書の秘められた目的は，この禍根を修復する作業に着手することである。

次いで，学生による授業評価真理教は，欧米至上主義を基盤とするという事実も確認したい。本書の編者の1人である橋本勝は，「アメリカ出羽の守」という卓抜な造語を用いて，「アメリカでは」という枕詞を愛用する近年の大学教育論を痛烈に批判するが，学生による授業評価こそ，欧米至上主義的大学教育論の最たる見本なのである。「ロンドン大学の講義評価票を見て，これこそ必要なものと思い研究者4名で1985年から授業評価を始めました」とちょっと得意そうに告白する安岡は，正確に言えば，「アメリカ出羽の守」ならぬ「イギリス出羽の守」なのだが（安岡，1999：p.92），学生による授業評価が欧米の先進例という権威に裏付けられていたことは間違いない。学生による授業評価の普及は，欧米先進事例を突きつけられると，思考停止状態に陥ってしまう幕末以降の日本人特有の悲しき〈黒船コンプレックス〉によっても拍車を駆られた。

4 学生像に関する3つの偶像破壊的断章

若手教員と職員を支持基盤として，欧米至上主義を根本教義とする学生による授業評価真理教の根底には，3つの学生像が潜在している。順番に検討してみよう。

4-1 統計学データとしての学生

学生による授業評価が支持層を一般社会にも拡大した理由は，結果が定量化できるという疑似科学的レトリックが功を奏したからでもある。〈黒船コンプレックス〉からいまだに脱却できない現代日本人は，欧米先進事例全般に弱いが，ことのほか科学的客観性に弱い。科学者である安岡の論考「学生による授業評価の試み―東海大学の場合」の成功の秘密は，論考をふんだんに飾り立てるグラフにある。論考の

最後には，議論の決め技として，「重回帰分析」による「予測式の係数」が5つの表によって示されて（安岡，1999：p.107），読者を完全にノックアウトする仕掛けになっている。典型的な文科系人間の筆者は，何度見ても何のことだか皆目わからず，安岡に対する畏怖の念に今でも打ちひしがれてしまう。

「学生個々の評価は信頼できない場合があり，信頼できるのはクラス平均です」という安岡の言葉は，なかなか意味深長である（安岡，1999：p.93）。学生に対する全面的な信頼感を表明していた安岡だが，彼が信頼している学生とは，実は，個々の具体的な学生ではなく，統計学データとして処理された抽象的な学生なのである。必ずしも信頼できない個別データを集積すれば，全面的に信頼できるデータになるという論法は，統計学が錬金術のような疑似科学であることを疑わせる。統計学ブームがもたらした最大の罪は，顔が見える学生から私たちの目をそらしたことにあると言えよう。

■ 4-2 消費者としての学生

「あなたはこの授業に満足しましたか」という定番の質問項目からもわかるように，学生による授業評価は，企業の顧客満足度調査を源流としている。学生による授業評価の根底には，学生を消費者と見立てる学生観があり，それが大学教員だけではなく一般社会からも多くの支持者を獲得した理由は，現代の消費者運動と連動しているからである。「消費者は王様」であり，消費者の声に謙虚に耳を傾けることは，模範的企業の責務なのである。消費者運動的視点の導入による市場原理の実践は，教室と研究室という2つの聖域に安住して，特権的高等遊民を気取っていた従来の日本の大学教員の時代錯誤的自己理解に対する強烈なアンチテーゼとなった。

「大学は教育サービス産業であり，その商品である教育内容を高めることが重要」という言葉は，金沢工業大学の石川憲一学長の揺るがぬモットーである（『産経ニュース』2009年3月17日）。「教育付加価値日本一」を自他ともに認める金沢工業大学が「競争的環境の中で個性が輝く大学」であることに賞賛を惜しむつもりはない。そこで，そのホームページを拝見すると，「学生を始めとする学園に関係する方々（顧客）の満足度の向上を目指します」と明記してある。少し含みを持たせた表現になっているが，基本的には，顧客としての学生満足度向上が目標に掲げられている。満足度向上が学習意欲向上につながり，学習意欲向上が学力向上につながるという図式は，一般論として成立するであろう。正確にいえば，最終的な目標は，学力向上であることを確認しておきたいのである。そして，学力向上が最終目

標であるとすれば，大学が提供する「商品」は，「教育内容」そのものではなく，「教育内容」によって「教育的付加価値」を付加された卒業時の学生ということになると考えるのが妥当であろう。

■ 4-3 商品としての学生

「FDの努力義務化」を政策誘導した大学審議会答申「21世紀の大学像と今後の改革方策について」から10年が経過した2008年12月，中央教育審議会答申「学士課程教育の構築に向けて」が公表されたが，その第4章には「公的及び自主的な質保証の仕組みの強化」という見出しがついている。「質保証」を説明するに際して，産業界における商品管理システムとして知られるようになったPDCAサイクルという言葉が何度も援用されていることからもわかるように，大学教育が商品管理を実施することが責務とされているのである。「学習成果」という言葉が63回も上記答申の本文中に使われていることからみても，大学が最終的に管理すべき商品は，卒業時の学生と考えるべきである。

学生を商品とする考え方は，私たち大学関係者の神経を逆撫でするが，大学進学率が50％を超えて，産業界の要請に応えることを完全に無視することが困難になった今，完全に否定することが現実的には難しいことも率直に認めるべきであろう。本稿が指摘したかった点は，学生商品論に月並みな批判を加えることではなく，学生による授業評価の普及のなかで，神の声を発するがごとくみなされていた学生が，実際には，統計学的データや顧客や商品としてみなされており，私たちが学生の声のなかに聞き取ったと思った神の声は，幻聴であったということなのである。

5 学生の声に教員は何を学ぶべきなのか

学生の声が神の声でなく，だからと言って，学生が単なる統計学的データや顧客や商品でもないことを望むならば，学生による授業評価を通して，教員は何を学ぶべきなのか。学生による授業評価真理教から正式に脱会するために，学生による授業評価の定番ともよぶべき質問について，少し落ち着いて考え直してみよう。

■ 5-1 「あなたはこの授業に満足しましたか」

聞き飽きた質問である。回答する学生も辟易しているにちがいない。学生が自分の授業に満足しているかどうかを教員はどうしても聞き出したいらしい。裏を返

せば，学生が自分の授業に満足しているかどうかがわからず，多くの教員は不安なのである。「最近の学生はわからない」という不満を同僚からもよく耳にするが，本当にわからないのなら，学生と話し合えばよいだけの話であろう。学生は確かに未熟だから，面と向かって話し合えば，失礼なことも言う可能性は高い。そこで，教員は自分自身が傷つくことが怖いので，学生と向き合うことを避けている。だからと言って，学生の満足度が気にならないほど人間ができているわけでもない。そこで，統計学的フィルターを通して，実体がなくなった不特定多数の匿名の声として，自分が学生に人気があるかどうかをひそかに確かめてみたいのである。そうすれば，万が一，意に反した回答結果が出た場合も，匿名性を盾に取った学生の無責任に原因を帰して，自分を慰めることができる。話し合いから逃げている者は，学生ではなく教員なのかもしれない。どこか姑息なのである。姑息な人間が愛されることはない。「愛されたいのなら，愛されるようにせよ」という古代ローマ最高の恋愛詩人オウィディウスが語った愛の鉄則を思い出すべきである。

■ 5-2 「あなたはこの授業を適切に評価できますか」

失礼な質問である。人にものを尋ねるのなら，まず，その人の意見を信頼する姿勢を示すことが礼儀というものであろう。質問の意図に関して，学生からも当惑の声を聞くことが多い項目である。その意図に関しては，「あなたはこの授業に出席しましたか」という同工異曲の質問を思い出せば，誰の目にも明らかになる。クロス集計などの情報処理を行って，自分の授業に共感を示さない可能性の高い学生の回答を最終結果から事前に排除しようという魂胆なのである。「学生個々の評価は信頼できない」が，「信頼できるのはクラス平均」という学生による授業評価真理教が示す統計学的データ的学生観の最悪の教育論的帰結がここにある。進学率が50％を超えた現在の大学教育において，最も大事なことは，教育に対して肯定的な感情を抱けない学生がいるという事実を受け入れたうえで，その学生の学習意欲を向上させる方策を考え出して，学生一人ひとりの人間的成長を促すことなのである。人間的成長がみられない学生を事前に排除してしまっては，教育関係者の職務放棄に等しいと言われても反論できない。「共感してもらいたいのなら，共感されるようにせよ」という共感の鉄則を思い出すべきである。

■ 5-3 「この授業は役に立ちましたか」

時期尚早な質問である。授業が役に立ったかどうかは，原則として，学生が全

課程を修了して，大学の外に踏み出してから決まることを改めて思い出したい。私塾寄り合い所帯のような従来の大学を否定して，「学士課程教育」を明確に構築することの重要性が力説される所以である。若さゆえに目先の結果に一喜一憂しがちな未熟な学生をなぐさめたり，たしなめたりしながら，巨視的な観点から学生の学びの方向性を定める舵取り役を務めることが教員の仕事であるにもかかわらず，当の教員が率先して目先の結果に一喜一憂していては，本末転倒もいいところであろう。さらに，学生による授業評価について考えるとき，いつも疑問に思う点は，まだ最終評価が出ていない段階で，上記の質問を尋ねられても，学生には自信をもって回答することができないという点である。「役に立ちました」と回答して，成績評価が不合格であれば，洒落にもならない。成績なんて学生は気にしていないと考える教員も少なくないが，成績評価の厳格化が叫ばれるなか，そのように開き直っている限り，大学教育が社会に信頼されることなどないであろう。「信頼されたいのなら，信頼されるようにせよ」という信頼の鉄則を思い出すべきである。

6 学生の声は人間の声である

　学生の声は断じて神の声ではない。以前，同じ科目を週に2コマ担当することになったとき，最後の授業時間に学生による授業評価を実施するに際して，上に述べた成績評価に関する疑念も念頭に置いて，ある実験をひそかに試みたことがある。一方の授業では，「できることなら君たち全員にAをつけてあげたいと思っているから，試験もがんばってください」などと笑顔で語ってから，学生による授業評価アンケート用紙を配った。他方の授業では，「試験の結果は学生の自己責任だから，君たち全員にFをつけても教員の私は痛くも痒くもないことを忘れないように」などと無愛想に語ってから，学生による授業評価アンケートを配った。予想していたように，ほとんど同じ教育内容であったにもかかわらず，全ての項目に関して結果に大きな差が出た。前者の授業が後者の授業よりも評価が圧倒的に高かったことは言うまでもない。

　学生の声は，教員の声と同じく，とても人間的なのである。学生は若い。若いがゆえに，ちょっとした他人の言葉や周囲の環境にも，大人が驚くほどしなやかに反応する。そのしなやかさは，時に予想を超えた成果を生み出すし，時に考えられないような失態を演じさせる。神でも顧客でも商品でも統計学的データでもない個々の学生に対して，自分自身も決して完璧ではないことをわきまえた大人が少し

豊かな人生経験をいかして人間的に向き合うことが求められている。学生による授業評価の普及を我知らず推進した職員も，自分たちの潜在的影響力をもっと自覚して，大学教育論に堂々と参加するべきであろう。本論集が推進したいと願うFDとは，学生が本当に必要とする学力とは何かを粘り強く考えていくために，学生一人ひとりの声に耳を澄ますことができる人間力をもつ大学教職員の育成なのである。大学における学びのなかから急速に失われつつある人間の声を取り戻すことにこそ，1Q99の物語があることを祈らずにはいられない。

【引用・参考文献】

安岡高志 (1999). 学生による授業評価の試み―東海大学の場合 社団法人日本私立大学連盟・研修企画委員会［編］シリーズ大学の教育・授業を考える1 大学の教育・授業をどうする―FDのすすめ 東海大学出版部

むすびにかえて

　2009年の読売新聞社の「大学の実力」調査によると全国の私立大学で一般入試を受けた新入生の比率が44％にとどまった。これは，大学全入時代のなかで，国公立大学も含めて，より多様な学生を受け入れざるを得ない大学の現状を浮き彫りにしていると同時に，大学教育の現場での苦悩と苦労を暗示するデータでもある。ただし，そうした状況下で，大学での学生たちの学びを活力あるものとして展開している実践例も数多くあることもまた事実である。

　「学生・職員と創る大学教育」と「大学を変えるFDとSDの新発想」というコンセプトがテーマは，FD・SDの現場の一般の目に受け入れられるか。日本の大学これからのあり方について，FDの理論と実践をリードする論客の国際基督教大学学長の鈴木典比古氏の「教育改革は現場主義で行こう：空理・空論の時期は過ぎた」の檄文に始まり，「学生と職員と創る大学教育」のさまざまな実践例の「地上の星」に光を照らし，同志社大学前教務部長の圓月勝博氏の「1Q99：学生による授業評価真理教を脱会して」に至った旅は，今ここにとりあえずの目標地点に到着した。日本の大学教育とFDの現状を把握し，グローバル化とユニバーサル化の2つのどちらの波の渦中にあっても，日本の大学が取り組まなければならない教育力の向上を推進するための新しい2つのコンセプトの提案に少しでも読者の方々が共感を抱いていただけたなら幸いである。

　「学生・職員と変える大学教育」にしても「大学を変えるFDとSDの新発想」にしても，一見斬新な考え方のようにみえるかもしれないが，知の協働体である大学の構成員・ステークホルダーは，学生，教員，職員であるという考え方に立てば，本来，大学がいきいきとし，輝きを増すためには自然に出てくる考え方であろうと，私たちは考える。つまり，この発想転換ができれば，大学の教育力はムリなく向上できるのではないか，そうすれば，日本の大学は，グローバル化にもユニバーサル化にも対応できる術を見出せするのではないかという気がするのである。

　大学教育やFDの課題は，大学教育関連のフォーラムでの議論や全国紙の記事からみつかることもあるが，むしろ，日本全国の大学の現場に散在している現場の教員や職員，そして学生の生の声からの方がみつかりやすいという立場にわれわれは立っている。

　2008年のFD義務化に続き，来年度からはキャリア教育が義務化される。大学全入時代に突入した現在，各大学は，2008年12月の中教審答申に代表される「教育の質保証」の重圧のなかで，こうした矢継ぎ早の義務化に戸惑っているのが実情

ではないだろうか？

　2010年，劇場版第3作が公開された「踊る大捜査線」の主人公の有名な台詞を借用すれば，「事件は会議室で起こっているのではなく現場で起こっている」のであり，大学教育もまた，現状を直視して，現場の対応を優先するスタンスに立たなければ，ステークホルダーの学生のためになるFDもキャリア教育も推進はできない。現場重視の姿勢をとったとき，教員の発想・感性・知性だけに頼らず，大学の構成員である学生と職員とともに進めるという重要な方向性がみえてくる。学問的知識ではなく，さまざまな人々の知恵の共有が必要なのである。

　大規模大学では大学教育開発センターを核として組織的なFDを推進し，課題の解決に邁進（まいしん）できるはずであるが，中小の大学では，組織に期待できない場合も多い。結局，日本の大学における広義のFDの真の推進は，個々の教員・職員の活力を向上し，学生と職員と創る大学教育を実現できる方法いかんにかかっているのではないだろうか。そうだとすれば，そうした現場の教員や職員たちの背中はもちろん，FDに参画してこんなにがんばっている大学生がいることを，一般の大学生にも伝え，彼らの背中も少しでも押せないだろうか，そんな気持ちからこの本の企画は始まっている。

　その企画を支えてくれたのは多くの出会いである。企画書には，大学教育に造詣が深く，さまざまなFDフォーラムや研究集会で講師を務める先生方のなかで，この人のノウハウを是非紹介したいと考えた先生や職員の方々をリストアップした。大学の教育は，正課に限られるわけではなく正課外活動も含まれる，とすれば大学というコミュニティの構成員である教員，職員，学生が一体となって大学教育を創造するという発想が，これからの大学に求められるものではないか。全国各地で，行われているさまざまな実践，学生・職員と教員が創り出している大学教育の実践・主張を何とか集めることはできないだろうか，という思いが日に日に強くなっていったが，同時に，そのプロセスの中で，考えを同じくする仲間たちの存在と奮闘に大いに勇気づけられた，前作の執筆陣に勝るとも劣らない多彩な陣容で本書が完成したことは大きな喜びある。

　私たちの試みがうまくいったのかどうかは，読者の皆さんのご判断にお任せするしかないが，これほど多くの専門分野やバックグラウンドの異なる執筆者が，日本の各地で日々大学教育の現場で奮闘していることを伝えることで，理想ではなく現実と向き合わねばならない大学教員を精神的にバックアップすることができ，FDに躊躇している教員，職員，学生諸君への応援歌になるならば，これほど嬉しいことはない。

　学部の学生諸君と彼らと向きあう教員・職員に与えられている時間は通常4年

にすぎない。3年次編入や大学院修士課程では，2年とさらに短い。この限られた時間の中で，ステークホルダーの学生，大学院生に，この大学・大学院に来てよかったと感じてもらうためには，学生と教職員が協働して大学教育を創造していくことが不可欠ではないだろうか。そのために大学の教員・職員はお互いに何ができるか，そして学生にどう向き合い大学教育を創り出すべきかを想いながら，本書のサブタイトル「大学を変えるFDとSDの新発想」を考えるとき，必ず頭に浮かぶ楽曲がある。中島みゆき氏の「I Love You, 答えてくれ」に収録されている「顔のない街の中で」である。

顔のない街の中で

作詞・作曲：中島みゆき
編曲：瀬尾一三

見知らぬ人の笑顔も　見知らぬ人の暮らしも
失われても泣かないだろう　見知らぬ人のことならば
ままにならない日々の怒りを　物に当たる幼な児のように
物も人も同じに扱ってしまう　見知らぬ人のことならば
ならば見知れ　見知らぬ人の命を
思い知るまで見知れ
顔のない街の中で
顔のない国の中で
顔のない世界の中で

見知らぬ人の痛みも　見知らぬ人の祈りも
気がかりにならないだろう　見知らぬ人のことならば
ああ今日も暮らしの雨の中　くたびれて無口なった人々が
すれ違う　まるで物と物のように　見知らぬ人のことならば
ならば見知れ　見知らぬ人の命を
思い知るまで見知れ
顔のない街の中で
顔のない国の中で
顔のない世界の中で

ならば見知れ　見知らぬ人の命を
思い知るまで見知れ
顔のない街の中で
顔のない国の中で
顔のない世界の中で

今，大学のコミュニティを構成する学生，職員，教員がお互いを見知らなければ，日本の大学教育の将来はないといっても過言でない。逆にお互いを，仲間として思いやるならば，日本の大学はまだまだ捨てたものではない。

本書は，単に机上の理想論や私見を述べたものではなく，さまざまの大学の実践報告でもある点に留意していただきたい。ある大学でできるのだから他でもできるのかどうかは即断しかねる。さまざまなハードルが予想されるからである。しかし，こうした発想でFDを進めることが，FDの推進にとっては重要であることは自信をもって主張することができるだろう。

本書に関する批判は大歓迎したい。

最後に，前作に引き続き，この本の企画に賛同してくださったナカニシヤ出版営業部の中西良氏，私たちの編集作業を温かく辛抱強く見守っていただいたばかりでなく，各章の内容についても幾度となく具体的かつ示唆的なコメントをいただいたナカニシヤ出版編集部の米谷龍幸氏にお礼申し上げたい。米谷氏は，編集の最終段階で，校正その他の作業を一手に引き受け，超人的な忍耐と努力を惜しむことなく発揮してくださり，編者一同心からお礼申し上げる次第である。また表紙に作品『人気傘 東西南北』の使用をご快諾いただいた現代日本を代表する絵描きミヤケマイ氏，ミヤケ事務所の尾上実榮氏，中島みゆき氏の楽曲の許諾をいただいたヤマハミュージックパブリッシングの関係者にもお礼を申し上げたい。

2012年1月
編者

執筆者紹介（執筆順，＊は編者）

清水　亮＊（しみず・りょう）
同志社大学学習支援・教育開発センター准教授
担当章　01・22・23

鈴木典比古（すずき・のりひこ）
国際教養大学学長
担当章　02

沖　裕貴（おき・ひろたか）
立命館大学教育開発推進機構教授，機構長補佐
担当章　03

佐藤浩章（さとう・ひろあき）
愛媛大学教育・学生支援機構教育企画室准教授，副室長
担当章　04

杉原真晃（すぎはら・まさあき）
山形大学基盤教育院准教授
担当章　05

橋本　勝＊（はしもと・まさる）
富山大学大学教育支援センター教授
担当章　06

小山昌宏（こやま・まさひろ）
東京外国語大学留学生日本語教育センター兼任講師
担当章　07

山田和人（やまだ・かずひと）
同志社大学文学部教授
担当章　08

宇佐見義尚（うさみ・よしなお）
亜細亜大学経済学部准教授
担当章　09

長谷川　伸（はせがわ・しん）
関西大学商学部准教授
担当章　10

竹本寛秋（たけもと・ひろあき）
鹿児島県立短期大学准教授
担当章　11

末本哲雄（すえもと・てつお）
大分大学高等教育開発センター講師
担当章　12

青野　透（あおの・とおる）
金沢大学大学教育開発・支援センター教授
担当章　12

木野　茂（きの・しげる）
立命館大学共通教育推進機構教授・立命館大学教養教育センター副センター長
担当章　13

中原伸夫（なかはら・のぶお）
同志社大学　国際連携推進機構国際センター留学生課長（専任職員）
担当章　14

藤岡　惇（ふじおか・あつし）
立命館大学経済学部教授
担当章　15

仲野優子（なかの・ゆうこ）
特定非営利活動法人しがNPOセンター専務理事，特定非営利活動法人ひとまち政策研究所理事
担当章　15

高野雅夫（たかの・まさお）
名古屋大学大学院環境学研究科准教授
担当章　16

市原宏一（いちはら・こういち）
大分大学経済学部教授
担当章　17

尾澤重知（おざわ・しげと）
早稲田大学人間科学学術院准教授
担当章　17

吉田雅章（よしだ・まさあき）
和歌山大学経済学部准教授
担当章　18

山下啓司（やました・けいじ）
名古屋工業大学大学院物質工学専攻教授
名古屋工業大学キャリアサポートオフィスオフィス長
担当章　19

神保啓子（じんぼ・けいこ）
名城大学大学教育開発センター主査
担当章　20

齋藤真左樹（さいとう・まさき）
日本福祉大学常任理事，企画局長，学長補佐，総合企画室長
担当章　21

中里祐紀（なかざと・ゆうき）
岡山大学大学院社会文化学研究科博士前期課程，岡山大学教育開発センター学生・教職員教育改善専門委員会第9代委員長，教育改善学生交流 i*See2009 実行委員長
担当章　22

圓月勝博（えんげつ・かつひろ）
同志社大学文学部教授
担当章　24

(株)ヤマハミュージックパブリッシング
出版許諾番号 12017P
(この出版物に掲載される楽曲の出版物使用は,(株)ヤマハ
ミュージックパブリッシングが許諾しています。)

重き荷を負いて (282 ページに掲載)
作詞 中島みゆき 作曲 中島みゆき
© 2006 by YAMAHA MUSIC PUBLISHING, INC.
All Rights Reserved. International Copyright Secured.

顔のない街の中で (295 ページに掲載)
作詞 中島みゆき 作曲 中島みゆき
© 2007 by YAMAHA MUSIC PUBLISHING, INC.
All Rights Reserved. International Copyright Secured.

学生・職員と創る大学教育
大学を変える FD と SD の新発想

2012 年 2 月 29 日	初版第 1 刷発行	定価はカヴァーに
2013 年 8 月 29 日	初版第 2 刷発行	表示してあります

編 者　清水　亮
　　　　橋本　勝
発行者　中西健夫
発行所　株式会社ナカニシヤ出版
〒606-8161　京都市左京区一乗寺木ノ本町 15 番地
　　　　　　　Telephone　075-723-0111
　　　　　　　Facsimile　075-723-0095
　　　Website　http://www.nakanishiya.co.jp/
　　　Email　iihon-ippai@nakanishiya.co.jp
　　　　　　　郵便振替　01030-0-13128

印刷＝ファインワークス／製本＝兼文堂／装幀＝白沢　正
Copyright © 2012 by R. Shimizu & M. Hashimoto
Printed in Japan.
ISBN978-4-7795-0484-6

本書のコピー,スキャン,デジタル化等の無断複製は著作権法上の例外を除き禁じられています。本書を代行業者等の第三者に
依頼してスキャンやデジタル化することはたとえ個人や家庭内の利用であっても著作権法上認められていません。